秦始皇帝陵园考古报告

（2011～2018）

秦始皇帝陵博物院　编著

科 学 出 版 社
北 京

内 容 简 介

本书是2011～2018年秦始皇帝陵园考古成果的报告，分为工作报告与考古成果两大部分。工作报告部分的主要内容为前期工作及学术基础、秦始皇陵考古分区规划、年度工作进展、发掘工作；考古成果部分的主要内容为封土、台体建筑、墓道、建筑遗址（西内外城间建筑遗址、北内外城间建筑遗址）、陪葬坑、祔葬墓、门观、道路、工程及相关设施等秦始皇陵遗迹的勘探成果。

本书适合对秦始皇帝陵历史感兴趣的专家学者和社会人士参考、阅读。

图书在版编目（CIP）数据

秦始皇帝陵园考古报告. 2011～2018 / 秦始皇帝陵博物院编著. -- 北京：科学出版社，2025. 6. -- ISBN 978-7-03-079431-4

Ⅰ. K878.85

中国国家版本馆CIP数据核字第20245GE675号

责任编辑：张亚娜　周艺欣 / 责任校对：张亚丹
责任印制：张　伟 / 封面设计：美光制版

科学出版社 出版
北京东黄城根北街16号
邮政编码：100717
http://www.sciencep.com
北京汇瑞嘉合文化发展有限公司印刷
科学出版社发行　各地新华书店经销
*
2025年6月第　一　版　开本：787×1092　1/16
2025年6月第一次印刷　印张：16 1/2　插页：21
字数：440 000

定价：298.00元

（如有印装质量问题，我社负责调换）

前　　言

秦始皇陵位于陕西西安，处于秦岭的余脉——骊山的北麓。

秦始皇陵的主人是结束了六国纷争、一统天下、自名为始皇帝的嬴政，他创立了以最高统治者——皇帝为核心的中央集权王朝——秦，秦王朝中央集权制度与国家治理体系两千多年来一直影响着亚洲东部地区的政治经济格局。

20世纪70年代兵马俑坑的发现举世瞩目，揭开了规模宏大的秦始皇陵的冰山一角。这座陵墓的建设动用了全国的人力、物资与先进技术，具有重大的思想、艺术与历史价值。秦始皇陵考古在中国考古学乃至世界考古学殿堂中占有重要的地位，它是秦汉考古学乃至中国考古学研究的重点内容，也是全球考古学研究的重要内容。1987年联合国教科文组织将秦始皇陵列入世界文化遗产名录，在其会议纪要中称之为世界最大的考古学储备之一，从全人类知识体系的高度予以了极高的评价。

兵马俑陪葬坑发现后，秦始皇陵又相继出土了铜车马、石甲胄、陶百戏俑、青铜水禽等重要的“奇器珍怪”，司马迁在《史记》中描述的神秘帝陵一步步走进人们的视野。在一次次重大发现的光环背后，秦始皇陵的考古学研究也一直在试图避开“重大发现”所带来的干扰，希望从学术研究的层面来全面系统地建立起考古学材料基础，并在此基础之上形成认知体系。但是由于秦始皇陵的复杂程度远超出一般遗址，考古工作者所做的努力直到近年才初步达到效果。一方面这是考古学长期积累的结果，与几代考古学者的努力不可分开；另一方面也是近年来以新方法、新理念系统开展田野考古工作的必然收获。

一、新时期秦始皇陵考古的理念与思路

秦始皇陵大遗址考古通过对秦始皇陵物质遗存的研究，揭示秦始皇陵大遗址物质、技术层面的遗存内涵，将遗存放在秦始皇丧葬礼仪的时间、空间范畴中讨论其结构组成、功能，最终揭示陵墓的理念思想等深层次内容。通过秦始皇陵考古，我们可以发现史书未见的文明细节，还原时代历史的本来面目。

秦始皇陵真正科学意义上的考古活动开始于20世纪60年代，2009年之前经历了三个阶段：一是20世纪60年代，初步开展了考古工作；二是20世纪七八十年代，围绕封土发现了大量的重要遗存，奠定了秦始皇陵考古工作及认识的基本框架；三是世纪之交，又发现、发掘了一批重要的遗存，并对墓室开展了高科技的物探实验。2009年以来，随着秦始皇帝陵博物院的成立，秦始皇帝陵遗址考古工作进入了新阶段。

近年来的秦始皇陵考古工作是在大遗址保护进入新的阶段、国家考古遗址公园成为大遗址保护和利用的新模式背景下展开的。由此秦始皇陵考古的意义不仅着眼于个别、零散甚至具有轰动效应的遗存的新发现，而体现在以科学的方法、整体思考的理念指导下对大遗址进行系统的勘探调查而取得基础、全面的考古材料，并上升到深入阐释遗存内涵、价值，对大遗址的进一步保护和利用提供科学的支撑这一更高层面上。在新的历史时期，秦始皇陵考古的理念可以理解为以整体观来系统思考、全面把握大遗址的内涵与价值，统筹解决遗存的环境、内涵、礼仪结构，以及思想理念等诸层次的问题。

秦始皇陵大遗址考古工作的深化，将有力推动秦汉考古学及相关学科的发展，从某种程度上也可促进我国考古学前沿认识水平的提升。另外，秦始皇帝陵大遗址考古也有重要的现实意义，考古工作的系统化、考古研究的深入化也是秦始皇陵大遗址保护、展示、利用的科学依据和基础，对指导秦始皇陵大遗址保护和国家考古遗址公园建设、展示，传承弘扬中华民族优秀传统文化具有重要意义。

为了科学地开展秦始皇陵大遗址考古工作，我们设立了系统考古分区，将可能存在秦始皇陵遗迹的整个骊山北麓地区囊括在内，并建立了基于GIS的考古信息管理系统。基于这一分区系统，展开全面的调查和系统的全覆盖式勘探，对一些重要遗存进行主动性、学术性的发掘，以解决重要的学术问题，形成有秦始皇陵特色的大遗址考古模式。

二、近年秦始皇陵系统考古勘探的收获

秦始皇陵的主要遗存可分为墓道墓室正藏、墓上建筑、外藏、祔葬、祭祀、墙垣、门阙、道路、陵邑、工程以及附属遗存等，在前辈工作的基础上，近年的工作除了对之前发现的遗存有了更系统的认识外，还对墓上建筑、墓道的形制结构，以及相关的工程建造等有了更多的认识，所得到的信息远超出前人对秦始皇陵的想象，为世人从科学层面认识秦始皇陵提供了基础的材料。我们倾向从功能角度在系统论框架下理解秦始皇陵的结构。考古学文化遗存都是人活动的结果，具体到秦始皇陵，实际上

是秦始皇丧葬活动的遗存。而丧葬活动是丧葬礼仪行为的结果，礼仪活动又具有时间延续特征，所以这些遗存对学术研究而言有助于复原丧葬礼仪，并重构其社会关系。只有放在丧葬礼仪过程中，物质遗存才有社会意义，才具有其功能。通过对秦始皇陵新发现的认识，我们认为在结构组成上秦始皇陵应该包括以下九个子系统，共同构成了礼仪上的“丽山”。

（一）封土与墓上建筑系统

秦始皇陵的墓上建筑指广义的墓室上部人工营造结构。秦始皇陵墓上建筑外观为巨大的封土堆，但是近年发现其内部还有体量巨大的细夯土建筑，因此其墓上建筑指二者组成的整体。封土是秦始皇陵作为墓葬最重要的地面标志，具有重要的礼仪意义；关于秦始皇陵的封土及墓上建筑曾一度是学术界的热点问题，当年曾引起墓上建筑的大讨论。2003年封土内又发现了大型夯土建筑遗存，段清波先生认为这即是文献记载中的“中成观游”[①]。我们认为从建筑结构上来看，秦始皇陵的墓上建筑的最终形态是一座中腰部有木构建筑的复合体，其主要的部分为封土，次要部分为木构建筑及九层台体。因此墓上建筑的主要功用为礼仪标志，次要的功能因在丧葬礼仪的不同时段而异，在葬礼尚未举行的修筑时段，这一建筑有实用功能；在葬礼时段这一建筑具有礼仪功能；在葬礼完成后，这一木构建筑虽有实用功能，但更重要的功能与始皇灵魂的需求有关。

（二）墓道、墓室与正藏系统

这是作为墓葬的“丽山”礼仪系统最核心的部分。从“葬”的理念看其功能应满足多层次需求。不仅要作为始皇身体的容纳之处，更要作为始皇死后世界的居所，还要作为灵魂栖息之所，还要能体现身份地位的等级差别等。早年的考古发现已基本明确了地下墓室的空间规模位置、外层结构等[②]。本次工作期间我们又重点勘探了墓道，发现了被巨大台体建筑所覆压的四向墓道。这也可以确认秦始皇陵为商周以来最高等级墓葬所使用“亚”字形墓葬结构。秦始皇陵的这些发现部分也可与《史记·秦始皇本纪》记载的“宫观百官奇器珍怪徙臧满之。令匠作机弩矢，有所穿近者辄射之。以水银为百川江河大海，机相灌输，上具天文，下具地理。以人鱼膏为烛，度不灭者久

---

① 段清波：《秦始皇陵封土建筑探讨——兼释“中成观游”》，《考古》2006年第5期。

② 段清波：《秦始皇帝陵的物探考古调查——“863”计划秦始皇陵物探考古进展情况的报告》，《西北大学学报（哲学社会科学版）》2005 年第1期。

之”相互印证。从文献与考古发现上看，墓室与正藏系统营造出了一个宇宙空间结构，正藏可理解为天文地理框架下的内容。

（三）外藏系统

外藏，见于文献记载者虽晚到西汉《汉书·霍光传》所载的“枞木外臧椁十五具”，但秦始皇帝陵的“外藏系统”已是这一制度的高级形式。商代以来大型墓葬外车马坑、墓外的殉人正是这一制度的源头。秦始皇陵正藏之外大量的陪葬坑是外藏发展中的鼎盛形式，其内容远超商周以来的车马陪葬，也远非作为人臣的枞木外藏椁所能盛纳。秦始皇陵外藏系统突出的还是其藏的功能，而且与墓室内的正藏有所区别。在前期工作的基础上，陵园内外又发现一大批外藏坑。外藏坑的数量已达近300座。特别是上焦村区域经过大遗址的系统勘探，对这一区域的小型外藏坑有了明确的认识。在前期发现两座陪葬坑的基础上，我们又明确了在外城以北至鱼池南岸存在着南北三排共5处陪葬坑。

（四）祔葬系统

文献记载祔葬在秦始皇陵葬礼中曾有系统地发生，考古发现大致也能与文献记载相对应。目前发现秦始皇陵的附属墓葬以群组形式出现，分别是兵马俑坑西“甲”字形墓、上焦村17座墓、陵西砖房移民点“中”字形墓、陵园内城北区99座墓，这些墓葬与秦始皇死后相关人员的从葬行为有关。祔葬是从属于墓主人的合葬，从先秦以来的祔葬看，有同穴与异穴之分。这两者在秦始皇陵均有，而考古发现的遗存主要属于后一种类型。祔葬源自传统宗法观念，从目前的考古发现来看，秦始皇陵的祔葬应该还是以家族成员的异穴合葬为主。

（五）祭祀系统

秦始皇死后，秦二世下令增加秦始皇寝庙牺牲。因此，对于秦始皇的国家级别的祭祀主要为宗庙祭祀和陵墓祭祀。而秦始皇陵的祭祀就是如文献中所说以陵侧出寝为核心的陵寝祭祀，这一祭祀体系包括祭祀者、祭祀场所、仪式与祭品等要素。目前陵园内城区域封土北侧面积达17万平方米的11排建筑是这一体系的核心建筑，西、北内外城间还发现有大量的建筑遗存，从出土文字看这些建筑与供给祭祀食物有关，应为祭祀体系的附属建筑。结合文献我们大致可以得出以上秦始皇陵陵寝祭祀的体系认识。严格的秦始皇陵陵寝祭祀应该发生在葬礼之后，祭祀体系的功能主要体现在如何让秦始皇的灵魂接受歆享上。

（六）墙垣系统

从物质遗存上看，墙垣系统由内、外两重墙垣组成，两重墙垣在空间结构上呈“回”字形。内城由一条东西向墙垣将内城分为南北两部分；北半部又由两道墙垣分隔成西、中、东三部分。内城墙垣与外城墙垣的结构可能稍有不同，显示出二者的功用有所差别。陵园墙垣作为一种地面建筑其基本功用应该为建筑的实用功能；另外更重要的是作为礼仪系统的一个子系统，墙垣应该是丧葬过程中最后修筑的部分，主要功能发挥在陵墓的使用阶段，因此在礼仪上具有标志、强化礼仪分区等意义。

（七）门观系统

目前两重墙垣上共发现9座门址，其中外城四向墙垣各有1座，内城除四向墙垣各有1座外，内城中部东西向隔墙还有1座城门[①]。前期的工作证明西内外城间、东内外城间有廊房、三出阙遗存，这些建筑与内外城门为一整体，我们认为其为门观系统，近年来的工作证明，北内外城间也存在着与西、东内外城间不同的门观系统[②]。考古发现已证明门观系统的物质遗存是陵墓建筑最后时段的产物[③]，因而门观系统除了实用功能外，其重要的功能表现为最终阶段的礼仪标志。

（八）道路系统

陵园内外的主要道路遗存分布于内外墙垣的各门址间和内城封土周边区域。秦始皇陵的道路交通网络分为两个层次：第一层次为帝陵与都城的连结道路，见于《史记·秦始皇本纪》二十七年条所记的“自极庙道通郦山”的极庙道；第二层次为帝陵区域的道路系统，可分为环形道路和“十”字形道路两大系统。分别为“十”字形架构的羡道、司马门道与神道和环形架构的祭祀道、徼道等。两层次的道路系统均以封

---

① 原认为内城北墙西部有1座城门，此说法有误。见张卫星《秦始皇陵门观系统研究》［《秦始皇帝陵博物院（2014）》，陕西人民出版社，2014年］。

② 秦始皇帝陵博物院：《秦始皇帝陵园内城北部道路遗存勘探简报》，《秦始皇帝陵博物院（2014）》，陕西人民出版社，2014年。

③ 张卫星：《“骊山之作未成”考古学观察》，《文物》2010年第6期。

土及其下的地宫为核心设置。作为物质遗存的道路首先有其实用功能，但是道路与门观系统相连结，更具有礼仪意义。

（九）陵邑系统

秦始皇陵的陵邑为郦邑。郦邑因陵而设，其主要功能以物质的供给、修陵机构的管理，以及奉陵为主。陵邑在嬴政为秦王时期设置，首开陵墓设邑之制，也成为西汉陵墓制度中的一项重要内容。

三、近年秦始皇陵考古对一些重大问题的解决

在近几年秦始皇陵的考古工作中，我们立足于核心区域——陵园，面向整个大遗址，以整体观来系统思考、全面把握秦始皇陵的各类遗存。在考古材料逐步完善的基础上，秦始皇陵考古中的一些重大问题逐步得到解决。新的考古发现使得一些因材料不足、长期悬而未决的问题迎刃而解，如墓道、墓上建筑、内外城北门、道路、祭祀建筑、从葬墓等问题在材料面前已无争论的必要；更重要的是，通过对新的材料归纳梳理，也促使我们超越材料，对秦始皇陵考古研究中的一些重大、核心问题，以及研究的理论、思路、方法、体系结构做出深层次的思考。近年来我们在下面几个问题上的认识有了新突破。

一是对秦始皇陵的环境、空间及范围的认识。秦始皇陵坐落在南依骊山北临渭河的一处高敞之地，文献称之为“骊山之阿”。通过近年对这一地区空间特征的分析，骊山之阿所形成的曲隅之势对秦始皇陵的选址、规划以及空间规制都有重要的影响，始皇陵的东西、南北轴线以及陵墓的核心设施——墓室的选址等都是遵循这一空间格局而规划设计的结果。秦始皇陵的空间范围也是依骊山、渭河及其支流的局域环境而设。早年判断秦始皇陵的范围有50多平方千米，根据我们近年对这一地区所做的考古调查，在南依骊山北临渭河的约100平方千米的区域都与秦始皇陵的规划、建设有关，这一山环水抱的形胜之地是秦始皇陵的最大范围；渭河支流鱼池水（沙河）与山前台地所围成的塬地为秦始皇陵丧葬礼仪遗存分布集中的区域，有30多平方千米；核心为约2.13平方千米由墙垣围起来的茔域。

二是对秦代物质技术层面的深化研究。秦始皇陵建造的主要时段在统一天下之后，此时的秦帝国得以集中全国的人力、物力和技术储备，在土木、石作、制陶、髹漆画缋、金属加工、水利等方面达到了世界级的高度与水准。秦始皇陵正是由于这些

原因，成为中国古代技术成就的结晶，完美统一了思想、材料与艺术，成为先秦以来物质文明的集大成者。近年来，通过不断的细化研究，对秦始皇陵各类遗迹所反映的建筑物、器物的基本结构形式、构造工艺、技术进行系统的研究，在冶金、彩绘、土木结构等方面都取得了新的进展。

三是对秦始皇陵礼仪结构体系的认识。秦始皇陵是丧葬礼仪进程的物质遗存。它不仅是丧葬仪式的载体、场所，具有空间、时间性，还是具有内在机制的结构整体。我们看到的具有物质属性的遗存，包括墓上建筑、墓道墓室与正藏、外藏、祔葬、祭祀、墙垣、门观、道路、陵邑九个方面的内容，从礼仪功能上看可视作九个子系统，它们共同构成了礼仪意义上的“丽山”陵墓。近年来我们不仅从物质材料层面对以九个子系统的形制、结构、内涵着力进行了调查研究，还从各子系统的内在功能与外部联系以及与整体的互动影响方面进行系统分析研究。

四是从物质技术、礼仪结构上升到对理念思想层面的研究认识。墓葬作为死者在另一个世界存在的居所，从某种程度上看是生前状态在死后的映射。秦始皇生前掌控着天下，其陵墓也着力重塑另一种形式的天下形态。陵墓礼仪结构的内在秩序映射了现实中他所努力缔造的帝国秩序，陵墓的构建一如他控制的天下，这是秦始皇陵建构中最深层次的理念。秦始皇陵的地下墓室“如下天状”，“上具天文、下具地理，以水银作百川江河大海”，其内部的设置遵从着他对天下、对宇宙的认识；陵墓的墙垣、门观、道路所体现出规整的陵墓形制，体现了以整齐为规则的天下秩序；陵墓的各礼仪结构、整体的空间布局以及向位关系，无不体现了以皇帝为核心的理念；所有的这些内容归结起来，就是秦始皇所认识的天下。这与他生前所建立的秦帝国秩序，其理念内核是一致的。

总结近年来的工作，在一些方面已大大突破了前人的认识，为全面理解秦始皇陵提供了更进一步的材料，这些材料对系统地理解秦始皇陵至关重要。如通过对陵园以及更大范围的道路遗存、门阙建筑、墙垣建筑的系统勘探，我们对陵墓的整体格局在前人认识的基础上有了更深入的理解；外藏、祔葬、祭祀建筑等遗存的新发现，强化了对陵墓制度的理解；特别是陵园内大量建筑遗址的发现，对认识和理解陵寝制度的具体内容及其在这一时期的变化有着重要的意义。此外对K9901、内城陵寝建筑、内城从葬墓、道路系统，以及兵马俑一号坑、二号坑等的发掘，为认识始皇陵丧葬礼仪进程与遗迹建造先后关系、建制结构体系、遗存的空间布局、朝向等秦始皇陵研究中的重要问题提供了新的材料。我们相信随着这批材料的进一步整理，也会为秦始皇陵的研究提出新的课题，将秦始皇帝陵的研究推向新层次。

在将来的秦始皇陵考古工作中，应该继续通过系统的考古工作，以考古研究为主体，结合多学科的优势，从理论方法和科技手段的应用上提高秦始皇陵大遗址考古的整体水平；在新的考古材料支持下对一些重大的课题方向着力突破。争取以秦始皇陵考古为平台，提升帝陵考古学的水平，从人类思想文化知识体系来加深对陵墓与人、与秦代、与古代中国的关系认识。

四、编写说明

本书是在秦始皇帝陵博物院原秦始皇陵考古队、秦始皇陵考古一队及秦始皇帝陵博物院考古工作部等架构下，根据历年工作的成果与收获编写而成。2009年秦始皇帝陵博物院成立秦始皇帝陵考古队，由张卫星负责，原博物院考古队部分工作人员隶属该队；当年春进入陵园开展工作。2010年由秦始皇陵考古队分出一部分人员另成立秦陵二队，原考古队改称为秦陵一队。2016年，撤销了所有的考古队，博物院成立考古工作部按项目制管理考古工地及参与工作人员，开展了面向整个秦始皇陵大遗址的系统勘探。本书成果集合了原秦始皇陵考古队、秦陵考古一队及考古工作部架构下，主要由张卫星作为队长、部门主任负责的考古工作成果。本书的大部成果已在秦始皇帝陵博物院创设的刊物上发表，还有一部分成果如台体、墓道、大遗址勘探等尚未公开，为了系统展示这一时段的成果与收获，特将所有材料进行整合，整体发表，以飨学界。报告中除明确标明执笔者的章节，余者由张卫星执笔并统稿完成。除标注外，绘图由张卫星、吴学功完成。因为材料积压时间较长，且主要执笔者不再继续从事田野发掘工作或调离工作岗位，若有疏漏或不当之处敬请谅解。

目　　录

上篇　工作报告

下篇　考古成果

插图目录

图版目录

上　篇

工作报告

第一章　前期工作及学术基础

一、2009年前工作回顾

2009年2月，陕西省人民政府正式批复在秦始皇兵马俑博物馆基础上成立秦始皇帝陵博物院和秦始皇帝陵遗址公园。这标志着经过十年的努力，秦始皇陵地区终于有了统一的规划管理体制及管理机构。此前陕西省人大常委会已制定了《陕西省秦始皇陵保护条例》，为秦始皇陵地区的统一管理奠定了法律基础，也为秦始皇帝陵博物院在该地区从事考古工作提供了法律依据。

2009年4月初，秦始皇帝陵博物院成立了秦始皇帝陵考古队，对秦始皇帝陵开展专项考古工作。秦始皇帝陵考古队正式成立以后，在博物院领导关心下，有组织地开展了秦始皇帝陵考古的前期准备工作，并系统地开展了陵园考古工作。这些工作，既面向秦始皇帝陵博物院、秦始皇帝陵遗址公园的开放与展示，也面向更广阔的秦始皇帝陵地区的遗存予以宏观和深入的研究与认识。

秦始皇陵考古历史上真正科学意义上的工作始于20世纪60年代。至2009年，秦始皇陵的考古经历了大概三个阶段。

第一阶段是1962～1974年。1962年，陕西省文物管理委员会组织考古工作者对陵园进行了为期数月的考古调查与勘探，测绘出第一张陵园平面布局图。此后又进行了零星工作。

第二阶段是1974～1985年。随着1974年兵马俑的发现，老一辈考古工作者进驻秦始皇陵考古现场，正式开展科学的考古工作。这期间的重要考古发现，基本上奠定了秦始皇陵考古的资料基础与学术框架。如1976年袁仲一先生订正了对内城北区的认识，同年发现了上焦村马厩坑、上焦村秦墓，首次试掘了铜车马坑；1977年局部试掘了陵北便殿建筑、郑庄石料加工场；1978年兵马俑一号坑正式发掘，第二次试掘了铜车马坑，出土了两乘铜车马；发现了封土西北侧的“甲”字形大墓、姚池头墓地；1979年发现封土北侧的陪葬坑、寝殿、地宫宫墙、赵背户墓地；1979～1982年间还发现了园寺吏舍、封土各方向的墓道、双门阙、食官遗址等。此后，考古工作基本上是配合当地经济建设而展开的局部清理工作，如1995年临马路拓宽发掘了陵北建筑遗址、1995年发掘了鱼池遗址动物坑、1998年局部试掘了石甲胄坑等。

第三阶段是1998～2008年。以整理石甲胄坑发掘资料为契机，1998年陕西省考古所与秦始皇兵马俑博物馆组建了联合考古队，在秦始皇陵地区开展进一步的工作。这期间在发掘、调查两方面都取得了重大收获，进一步拓展了秦始皇陵的内涵、拓宽了学术研究的思路。主要工作有整理K9801石甲胄、局部发掘K9901、调查陵园内外城垣、发现了K9902等陪葬坑、发掘K0006和K0007，并以国家863项目为依托对秦始皇陵进行了高科技物探试验（图1-1）。

本报告所述的秦始皇帝陵考古工作时间段正处于新的历史时期，秦始皇帝陵博物院在前人工作的基础上（图1-1），全面规划、系统开展了调查、勘探与重点发掘工作，对秦始皇帝陵的重要学术问题的研究认识也在逐步深化。

二、2009～2010年工作回顾

（一）2009年

秦始皇帝陵博物院首次组织专门的考古队进入陵园开展工作，独立从事田野工作。工作首先从基础的调查勘探工作做起，勘探了陵园北内外城间轴线区域（IC区）。

另外还重点勘探了外城北门及内城北墙上的两座城门，首次确认了外城北门的存在，并勘探了北门的位置、形制及建筑结构；内城北门的工作，也纠正了以往对这两座城门位置、形制与建筑结构的错误认识。

（二）2010年

为配合遗址公园建设进行了陵园暴露遗址的调查工作，重点调查了包括封土、城垣、建筑遗址、陪葬坑等在内的28处暴露剖面，为文物保护及规划的制定奠定了基础。

同时为配合遗址公园基础设施工程，系统勘探测绘了陵园的内外城墙，利用新的坐标系统，获得了第一手的城垣、门观测绘资料，并勘探发现了内城北部一条新的南北向墙垣。

该年系统勘探了内城北部西区的建筑遗址，发现了南自封土北边缘，北到内城墙的面积约17万平方米的建筑遗址，为认识陵寝建筑提供了基础材料。

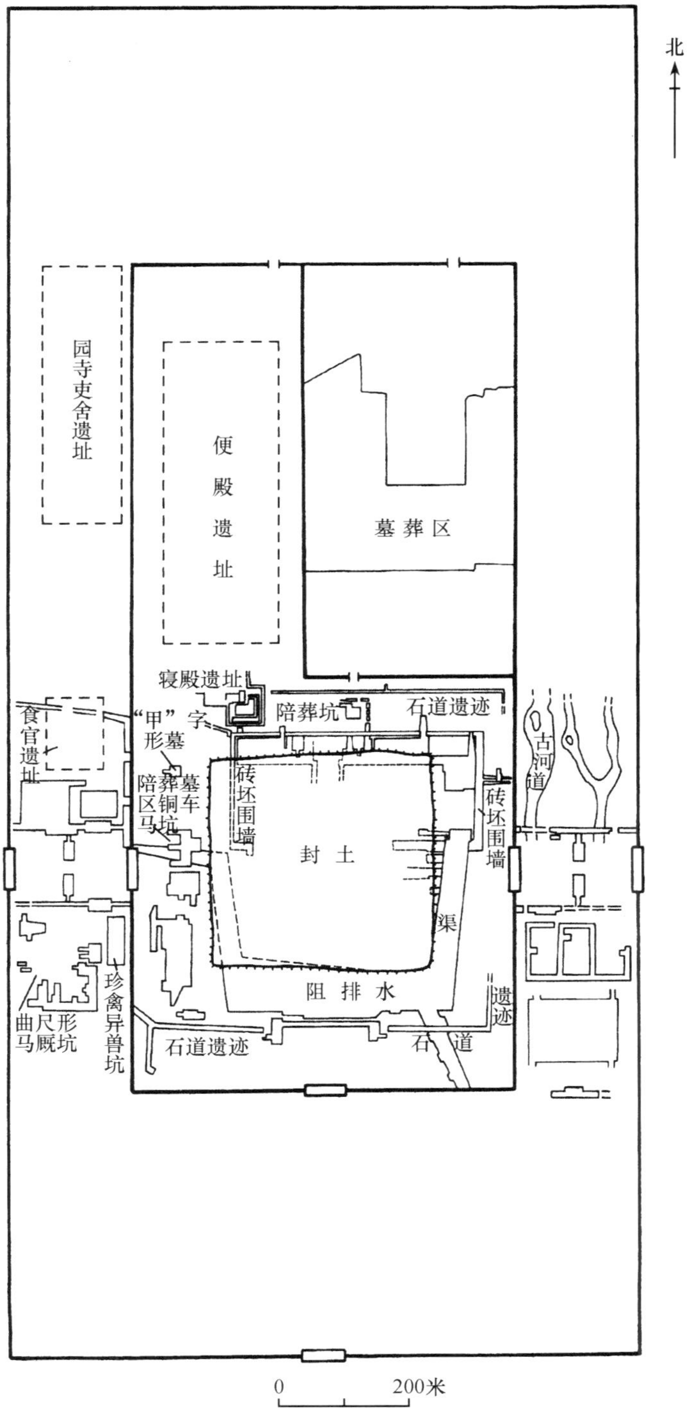

图1-1　2009年前秦始皇帝陵园考古遗迹平面图

（引自《秦始皇帝陵园考古报告（2001～2003）》第4页）

2010年，在国家文物局领导与专家组的指导下，我们制定了秦始皇陵考古工作的中长期规划，为秦始皇帝陵地区开展有目的、有系统的考古工作提供了指引。

这两年的工作成果，我们已整理出版了《秦始皇帝陵园考古报告（2009～2010）》。

第二章　秦始皇陵考古分区规划

为了更好地在秦始皇陵地区从事考古工作，彻底改变资料分散、系统研究不足的问题，我们需要一个系统化、信息化、便捷化的考古资料采集与管理平台。基于此我们与陕西天润科技软件研发部合作，共同开发了面向秦始皇陵的基于地理信息系统的考古资料管理平台，为考古调查、发掘和保护等工作提供信息的采集、管理、使用等服务。秦陵考古信息系统从功能结构上划分为七个子系统：工作记录表单管理子系统、计划日志管理子系统、通用记录表单管理子系统、出土物管理子系统、统计报表子系统、考古信息综合查询子系统、管理与维护子系统。

基于此系统，我们对秦始皇陵地区进行了考古分区规划。

根据考古工作现状与考古传统要求，秦始皇陵考古分区按两个层次规划。

第一层次为外城垣以内，定义为O区。北到毛北组、南到上陈、东到陕缝厂、西到晏寨，分60区，每区250米×250米，每区以汉字名称和英文代码标志，具体分区及各区名称见秦始皇帝陵地区考古调查第一层次分区表，在此分区下继续以50米×50米、10米×10米进行分区，从理论上对陵园区域进行了科学的布方工作（图2-1）。

第二层次以地方独立坐标系统的点（x：522869　y：3806930）为中心分A、B、C、D四个区域，如图2-2、2-3。

四个区域四角的坐标数据分别为：

A区：西北角x：522869　y：3811930；东北角x：527869　y：3811930；西南角x：522869　y：3806930；东南角x：527869　y：3806930；

B区：西北角x：522869　y：3806930；东北角x：527869　y：3806930；西南角x：522869　y：3801930；东南角x：527869　y：3801930；

C区：西北角x：517869　y：3806930；东北角x：522869　y：3806930；西南角x：517869　y：3801930；东南角x：522869　y：3801930；

D区：西北角x：517869　y：3811930；东北角x：522869　y：3811930；西南角x：517869　y：3806930；东南角x：522869　y：3806930。

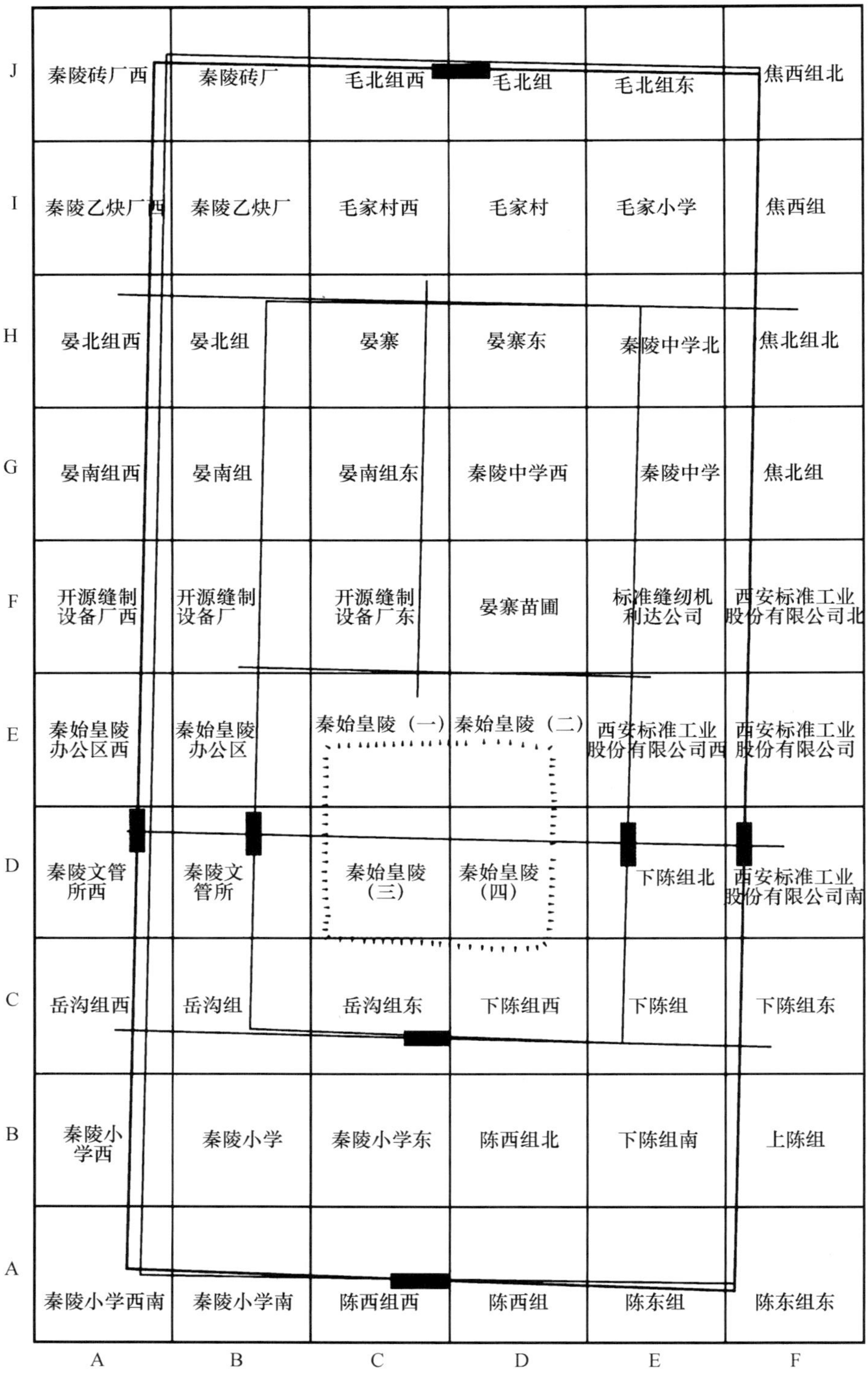

图2-1　秦始皇陵地区考古调查第一层次分区图

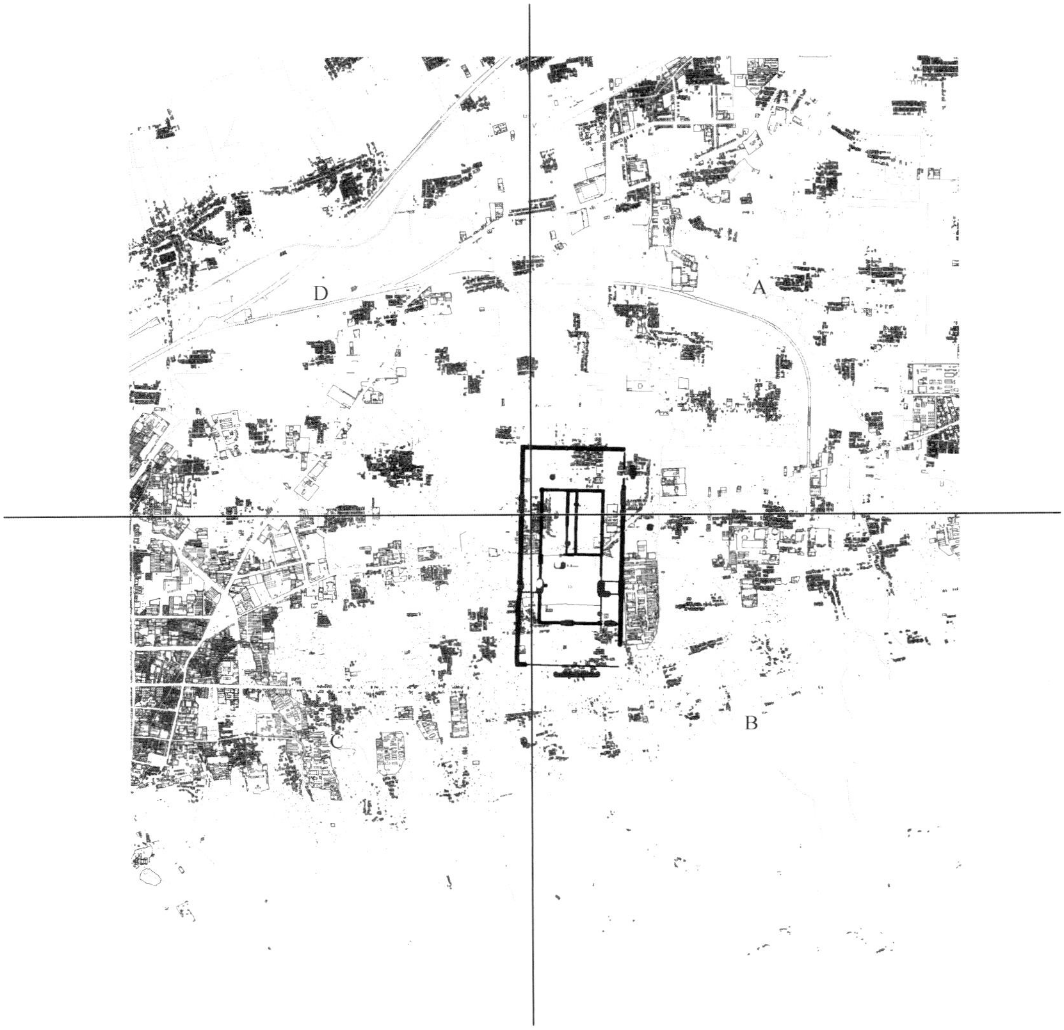

图2-2　秦始皇陵地区考古调查第二层次分区图示意图

每个区域再以中心原点为基点分为1000米×1000米的可拓展区域N个，继续在每个小区内再以250米×250米规格分为16个小区，分别命名为01～16。在每个250米×250米小区内再继续以50米×50米、10米×10米两级分区，分别以A～Y 25个英文字母命名，这样在秦始皇陵地区理论上设置了10米×10米级别的调查与发掘分区。

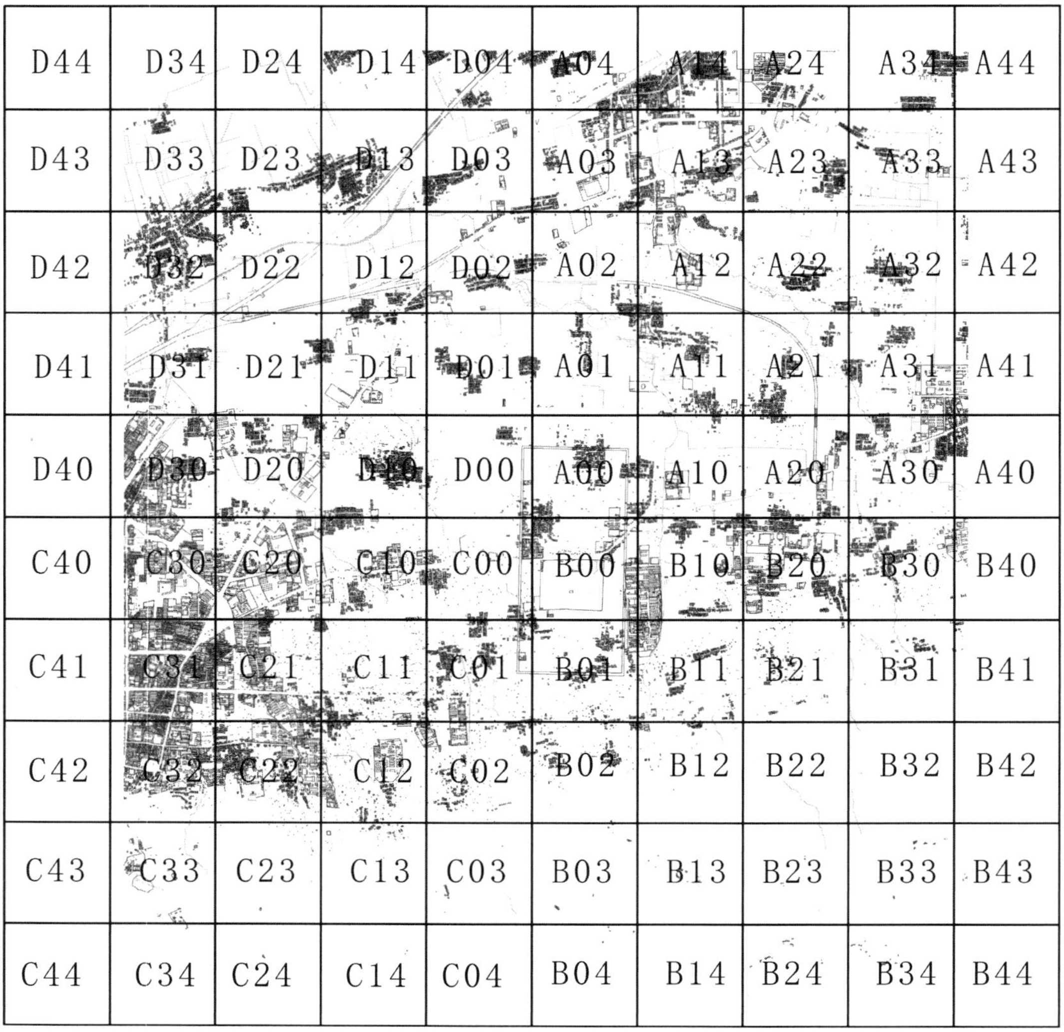

图2-3　秦始皇陵地区考古调查第二层次细分图（平方千米级）

第三章　年度工作进展

一、2011年工作

系统勘探了陵园内城北部的中、东部地区。勘探工作集中内城北部的东部小型墓园区。勘探区域有FD、FE、GE、GD、GC、HE、HB、HC、HD、IC、ID、IE（后三个区有北内外城间西侧建筑遗址）。勘探遗迹主要为陵园内城北部的中、东部地区。在上一年勘探工作的基础上，发现陵园内城北部分为三个部分，中部区域为一条南北向通道，介于两墙之间的区域发现有路土、铺石遗存、铺沙遗存；东部区域四面墙垣之内的一个独立的墓园，其中包括南北呈8列分布的99座中小型墓葬，在墓葬区的东北部还有一处大型建筑遗址，墓葬区内部还残存有零星的铺石道路遗存。

本年度还以探沟形式发掘了内城建筑遗址500平方米，主要发掘区域位于北部的第8—11排区域及南部第1排建筑的1号建筑遗址。

2011年度发掘内容还包括K9901发掘。K9901发掘领队为曹玮院长，由张卫星负责现场，陵寝建筑遗址领队为张卫星。K9901发掘工作从8月开始，年底基本完成主体部分棚木层以上区域的清理工作。

二、2012年工作

2012年度工作包括勘探和发掘两部分内容，同时开展了配合石铠甲坑保护棚的建设工作。

2012年度还系统勘探内外城间区域。重点勘探了北内外城间轴线区域及西、南内外城间的局部区域。主要在GB、HB、 IC、 IB、 ID、 CC、 CB、 EB等分区开展工作。

北内外城间区域两门之间发现有封闭的门观附属建筑及与阙相关的建筑遗存，并发现有路土遗存。两门间的门观建筑遗存向西仍有大量的院落式建筑遗存，2012年勘探区域发现有约2万平方米。

西内外城间区域勘探了两西门门观建筑北侧区域，其南端为一大型建筑遗址，建筑遗址的空白区域发现有小型空墓（坑），性质不明；其北侧为大型院落式建筑遗存，其中包括1980年前后发掘的食官遗址。2012年的勘探说明这一建筑群向北与北内外城间区域的建筑遗址相连。

南内外间区域，在内城南墙南侧发现了东西向一排7座中小型墓葬，从开口层位及墓葬深度判断应为秦代墓。

发掘内容包括继续进行K9901的发掘及陵寝建筑遗址的发掘。K9901发掘领队张卫星、陵寝建筑遗址领队调整为朱思红。

K9901的发掘工作至本年年底基本完成主体部分G1、G2区域棚木层以下坍塌区的清理，基本完成了G3陶俑堆积层的清理，提取了980件（组）陶片，初步完成了3组陶俑的资料记录工作。

土结构部分基本完成了坑主体部位的坑壁、二层台、隔墙以及基础部分的清理；完成了西门道、局部完成了东门道的清理。

木结构部分完成了主体部分80%的棚木层的清理，G3完成了底部铺地木、侧壁厢板木的清理工作。

遗迹的清理完成了13座后期墓葬的清理、9个近现代扰坑的清理；完成了坑口踩踏层的清理；完成了G1、G2、G3棚木层及棚木层下焚烧倒塌层的清理。

遗物的清理完成了G3区域980件（组）陶片的清理；完成了G1、G2区域局部遗物的清理。

2012年继续以探沟形式发掘了内城建筑遗址500平方米，主要发掘区域位于南部的第1排区域1、2号建筑。陵寝建筑发现由廊房升至第二层的青石台阶（图版1）。

三、2013年工作

秦始皇陵园内继续开展系统的考古勘探工作。2013年勘探区域集中在西、北、东内外城间区域，系统完成这些区域35万平方米的勘探任务。

主要勘探收获包括四个方面：第一，证明西内外城间东西轴线以北区域建筑遗址连为一体，北至内城北墙西延长线处；第二，在北内城间区域新发现一处规模复杂的门观建筑群遗存；第三，在北内外城间的西部发现了大量的建筑遗址，与2009、2011年发现的建筑遗址同属于一个建筑群；第四，北内外城间东部区域及东内外城间区域基本上没有发现遗存，仅发现有后期的自然冲积遗迹。

此外，配合遗址公园展示规划工作，进行了大量的遗迹复探。配合遗址公园建设考古工作大致完成30项任务，包括各种管网、道路，以及绿化所涉区域的考古工作。

K9901发掘领队调整为曹玮院长，由张卫星负责现场发掘。2013年申报400平方米的发掘。至2013年7月底，完成全部田野发掘工作。2013年的主要工作内容包括对第1、2过洞整体的清理以及东门道的局部清理。完成发掘现场的资料记录、绘图、照相工作，还完成了现场三维扫描、近景摄影测量工作。第1过洞坍塌层下没有发现遗物，底部发现铺地木层；第2过洞坍塌层下发现有焚烧严重的陶俑堆积、青铜器、铅块，以及石器、陶器、铁器等，底部发现铺地木板。东门道区域发掘清理了除参观回廊下压以外区域，发掘出土有夯窝、车辙、渗坑等遗迹（图版2）。继续进行室内文物保护、资料记录、修复工作，当年已完成2件陶俑的修复，正在进行多件陶俑的修复前期工作。

陵寝建筑的发掘领队调整为张卫星。全部完成了2013年申报的300平方米发掘工作，完成资料记录整理工作。共开探沟19个，重点解剖了陵寝建筑的第1排、第2排遗址，认识了这两排遗址的整体结构情况。发现一座小型居室建筑，出土有壁画残块（图版3）。发现了第2排建筑遗址的局部，发现大型台基式建筑及其附属的庭院、廊庑、散水、室内排水设施等，出土一批陶、石质建筑构件及铁质生产工具。2013年的发掘是我们对陵寝建筑使用探沟解剖发掘的第三年，完善补充了我们对陵寝建筑的整体及细部认识，具有重要学术价值。

从葬墓园小墓的发掘领队朱思红。申请10座小墓的发掘，至11月底完成9座小墓的清理，年底完成全部任务，并完成资料记录整理工作。通过本次发掘，初步认识到这批小墓葬制简单，均为单棺，随葬品很少，说明这是一处有意设置的从葬墓园；特殊葬仪的发现说明了始皇死后，二世在处理先王的后宫人员时有着不见于历史记载的复杂、血腥的过程。

K9801陪葬坑发掘现场整理工作。完成全部3个发掘探方四壁二层台以上部分的清理工作。

四、2014年工作

2014年初继续勘探陵园北、东内外城间区域，面积15万平方米。另外还在秦汉大道拟建区段及吴西、吴中村进行勘探，分别勘探了A0116、A0103、A0115、A0107、A1114、A0003、A0216、A1113、A0111、A0215、A0211、A0212等区，共计123个（50米×50米）区。

在陵园内外城间东北区域没有发现秦代陵园遗存，但是这一区域地层除被后期洪水破坏外，大部分区域尚保存有原始的秦代地层堆积。

下半年继续勘探南内外城间区域。完成9个区2.25万平方米的勘探，在位于南内外城间东部区域，发现有秦代的踩踏层，判断与陵墓封土以及其他陵墓设施的施工有很大的关系。

初步勘探了阻水设施、墓道、神道等相关遗迹。

神道位于现在秦陵街道办毛北组、吴西组、吴中组三个村民小组。勘探面积12万平方米。已发现的遗存主要为道路，另外还发现了三处与道路相关的附属遗存。

道路遗存，当年发现的部分南北总长1366米，东西宽20～125米。南起毛北村北50米处，应该朝南还有延伸，暂未勘探；北至秦俑高速专线以北50米处，从该处向北至渭河二、三级阶地间已于2007年被大规模工程取土破坏。附属遗存东西宽80～130、南北长140米。发现的遗存包括以下三部分。

台体建筑，平面呈“凸”字形，西边缘与道路遗存的东西边缘相接。东西通长27、南北宽 28米；北部边缘内折3米，南部边缘内折2.5米。该台体建筑残存厚度0.7～0.8米，结构由细夯层组成，暂未发现木构及建筑材料；底部坐落于更大的粗夯土结构上。

南北向墙垣建筑，平面呈长条形，南北长150、东西宽3米。

粗夯土建筑，该区域面积较大，总体上南北宽40～45、东西宽约220米。粗夯土结构建筑跨古鱼池的北岸台地与古湖泊区域，在古湖泊区域粗夯土结构下压古淤积层，在古湖泊台地北岸下压生土。该夯土中部被上述的南北向长条形墙垣结构分为东、西、南三部分。

2014年4月至8月，为配合临潼区的建设工作，勘探秦汉大道拟建东段区域40万平方米。新发现陪葬坑一处，编为K201401。该坑位于下焦村的农田内，北面紧邻公路。开口于生土层，上部依次被冲积层、扰土层和耕土层所覆盖。耕土层厚约30厘米，扰土层厚约40厘米，冲积土层厚约140厘米。坑内主要为粗夯土，粗夯土上还有一层厚约10厘米的踩踏土。坑东西长约33米，南北宽约6.6米，坑底距坑口约4.5米，距现地表约6.5米，总面积约220平方米。坑的东半部分为斜坡门道，长约14米，坑的西、南、北三面有细夯土墙，南北墙宽约1.5米，西墙宽约1米，坑的底部有厚约50厘米的底夯。该坑在钻探中发现有动物的骨骼、红烧土块、木炭、粗夯土等物体。从这些情况来看，这个坑与秦始皇帝陵园的许多陪葬坑的建筑结构相同，遗物内涵相近。

2014年度还对K9901发掘资料进行整理，完成4件陶俑的修复，另外绘制陶片单体图1000张，照相10万张，三维扫描个体约300片，完成300片陶俑残片的描述。初步完成4件陶俑的单体报告的整理工作。

2014年继续对K9801坑壁坍塌土进行清理，并对坑内遗存现状进行了照相记录。

本年，还与相关机构合作完成遗址公园区域地质勘探工作，进行了长1800米的土样采集、保管，以及初步的资料整理，积累了宝贵的材料。

五、2015年工作

2015年度在封土的四侧均发现有墓道的相关遗存。可以确定东墓道为陵墓主墓道，封土台体建筑外侧的东墓道东西长65～68米，东端宽约11米，西端宽约18米，呈9°斜坡下行伸向地宫（墓室）。这一工作解决了长期以来悬而未决的墓道问题，为今后的研究与遗址公园规划、建设提供关键的考古支持。

墓上台体建筑有了新认识。此前虽有关于这一巨大墓上建筑中的台体建筑的报道与研究，但并没有完整系统的考古资料公布。2015年基本上完成了台体建筑外侧结构的勘探，对台体建筑基本的形制、结构形成明确清楚的考古材料。

新发现体量巨大排水渠一条，已发现的部分总长度约430米，围绕于封土下台体建筑东、西、南三侧，分布于早年发现的深层阻排水渠内侧，并与之在封土西南部交汇。这一发现将修正、完善之前很多人对地宫阻排水设施解释上的不正确之处。

道路遗存也有新认识。2015年度申请了陵园内外道路遗存的发掘，通过解剖南内外城间、封土南侧、内城北部中区道路遗存，对这些区域道路的具体形制、结构与功能有了明确的认识，对不同区域的道路功能做出解读。

墙垣遗存的新发现。在南内外城间区域的勘探，发现一段宽2米的夯土墙垣遗存，结合道路遗存的发现，验证了南内外城间区域同样具有完整系统的门观、道路结构，对理解陵墓形制具有重要意义。

六、2016年工作

开始面向大遗址的系统勘探工作。集中于上焦村与杜家村范围内，完成钻探面积约14万平方米。新发现马厩坑37座、灰坑41座。继续进行的陵园内的重点勘探基本解决了陵墓封土下夯土台体建筑的形制，初步探明了西、东、南三面的墓道，北侧的墓道发现了初步的迹象，这一勘探成果对认识秦始皇陵的结构与形制具有重要意义；此外继续详细勘探新发现的大型排水明渠。该渠总体上呈“U”形，总长431米，深17米。分为东、南、西段。东段长106米，宽16～21米；南段长251米，宽18米；西段长56～74米，宽17米；渠距现地表25～34米，距秦代地表深约17米。这是近年秦始皇陵工程设施的一项重大发现，弥补了之前资料的不足。

七、2017年工作

2017年度继续开展大遗址勘探工作，并进行了陵园重点遗址的发掘。

大遗址勘探截至年底，勘探面积达160万平方米。重点勘探了秦始皇陵园东侧、北侧区域，发现、复探、复核的遗迹包括上焦村马厩坑、上焦村中小型秦墓、东神道、防洪堤渠、北侧道路、石料加工场，以及其他时期的遗迹。

此外为了配合秦俑馆西门改造，10月对西门基坑200平方米区域进行勘探，发现早期墓葬两座；为配合一号坑改造，11月起对一号坑西侧草坪区域3000平方米进行了考古勘探。发现一号坑西门道3条，证明西门道长逾25米。

八、2018年工作

继续开展大遗址勘探与重点遗址的发掘。

大遗址勘探主要进行陵园西侧、东北侧2000平方米的勘探。截至年底，勘探面积达120余万平方米。已发现了大量的遗存，包括大型墓葬、陪葬坑，以及其他时期的遗迹等。

第四章 发掘工作

一、2011～2013年K9901的发掘

K9901发掘工作从2011年8月开始，至2013年7月结束。该坑位于秦始皇帝陵园的东南部，介于东内外城墙间，北偏东约91.5°，与陵园及其他陪葬坑方向大体一致。1999年发现该坑，当年试掘。2011～2013年经国家文物局批准进行整体发掘。在这次发掘的准备阶段我们系统规划了项目内容与课题设计；在发掘中采取各种新技术、新方法与手段尽可能收集现场信息，包括使用现场与遗物的三维扫描、发掘现场的数字近景摄影测量工作、数字化彩绘信息记录工作、陶片的虚拟三维拼接等。

（一）形制与结构

K9901陪葬坑平面呈东西向长条形，东西通长80.8米，宽12.8～16.7米，底部距现地表深4.6米，总面积900.93平方米。主体部分东西长40.2米、宽12.8～16.7米；西门道通长20.35米，宽8.6～10.5米；东门道通长20.25米，宽3.2～5.85米。主体部分为由二层台、隔墙分隔而成的三条过洞（图版2）。

（二）主要遗迹与遗物

秦代遗迹主要为秦代踩踏遗存与坑体建筑遗存。

秦代踩踏遗存主要分布于坑内过洞部位，其上部为扰土层、下部为坑内填土层，因此说明该层系陪葬坑建成后作为陵园其他遗迹施工通道而形成的，并且还可以说明该坑不设封土，并且建成时间要早于陵园内的封土或其他遗存。

坑体建筑遗存分为土结构遗存和木结构遗存。土结构可分为三个部分，分别为主体部位、东门道、西门道。木结构分为棚木、封门木、厢板木、立柱、铺地木及地栿木等，共六类。这六类木遗存共同在土结构内进一步形成了三个大型的长方体状的立

体空间，作为陪葬品的容纳之所。

遗物以过洞底部出土遗物为主。第2、3过洞清理了棚木层及其下的坍塌土层、遗物堆积层，发现了陶俑残片约1200件（组）、铜器10件（组）、石器5件、铅器20件（组）（含已局部烧流的铅器）、陶器3件（组）等，2012年已修复两件陶俑，正在修复其他的陶俑。第1过洞无遗物发现。

（三）主要收获

（1）形制与建筑结构方面

通过发掘，我们对K9901的平面形制、结构组成以及建筑方式有了全面系统的认识。中东门道由于此前没有发现，本次发掘为完整认识该坑形制增加了新的材料；在2、3过洞间发现了连结二者的开间，解决了2、3过洞间的关系；在第2过洞东部新发现一条南北向短墙，也为形制与结构增加了新材料。

（2）认识到此类陵园内的陪葬坑不设封土

通过发掘，我们发现K9901过洞部位填土层上部存在大范围、连续的踩踏层，证明了K9901在建好之后曾作为陵园的其他遗迹的施工通道，这也间接证明了K9901以及其他陪葬坑不设高出秦代地表的封土，认识到此类陪葬坑不设封土是陵墓规制的一项重要规制，这是始皇陵考古新的认识。

（3）认识到K9901与秦始皇陵的修建、破坏具有同步关系

本次发掘不仅弄清了该坑本身的修建、破坏时间顺序，更重要的是还究明了该坑与秦始皇陵其他遗迹有着同步修建、使用和被破坏的过程。这个过程与陵园的修建、使用和破坏基本同步。从发现的迹象判断，该坑修好被封闭后，陵园内的封土、内城垣等尚未完工，曾被作为运土或运送其他物质的通道使用；此后，该坑与陵园其他遗迹一起被破坏、焚烧。

（4）内涵与性质的进一步判定

2012年重点清理了该坑的第3过洞，共出土了属于27～28个陶俑的980件（组）陶片，2013年又在第2过洞出土了200件（组）的陶俑残片，分属3～4个陶俑个体。从第3过洞陶俑脚踏板的排布看，初步判断至少近南北两壁各有一列东西向陶俑，每列陶俑基本是背靠壁面，面向过洞内侧站立。至于其动作姿态需要全部陶俑修复后确定，并进一步判断其象征内容与性质。总体上来说，该坑属于始皇陵的一处陪葬坑；但其性质需要综合所有的遗存发现进一步判断。

二、2011～2013年秦始皇帝陵园内城建筑遗址发掘

该建筑遗址早年有所发现，但长期以来，学者并没有认识到这是一个大规模建筑群，因此不同时代发现的遗迹仅被认为是独立的遗迹。前期秦始皇帝陵博物院与陕西省考古研究院共同勘探了这一建筑群，对这一建筑整体形制、结构有了基本认识。

（一）勘探认识

勘探认识到该遗存平面形制总体南北长692米，南起原封土北侧3米处，北至建筑的北墙外侧；墙垣外侧测量东西宽228米；东西两侧的墙垣北与内城墙相连，东侧的墙垣南部可能与东西向内城墙垣相连，西侧的墙垣南部被破坏，东西侧的墙垣分别与东西侧的内城城垣距约6米，北墙垣与东西墙垣相连，与内城北垣平行，距内城北垣18～20米。

结构形式分为两类。第一类是大型的夯土台基式建筑，目前发现最南端的两组建筑，应该是这种形式，其北邻的建筑也可能与其相连，但是其建筑形式已有变化。第二类是院落式建筑，明确的院落建筑已发现10排，分布于第一类建筑北侧，每排南北宽55～60米，南北间以散水或墙垣分开，以中间的通道为中轴，分布于东西两侧，结构基本一致。其中第1排仅存西侧的一组大型建筑基址，边缘部分的院落结构破坏较为严重，不清；东侧院落基本上已破坏殆尽。第2排建筑两侧院落内有两组大型建筑基址，东西长34米，南北宽21米，院内还有一些附属建筑。第3～7排东西院落内各有三组大型建筑基址，东西长24～31米，南北宽17～20米，并有附属的相关遗存。第8～10排两侧的院落内主要为一条较大型的夯土台基，东西长95米，南北宽11米。

从结构上看，南部的大型台基式建筑为台、殿形式，北部的建筑为宫室建筑。院落式建筑中有主次之分，一般以大型的夯土台基作为中心，辅以其他类型的建筑基址，基址周围设有围墙，形成一个相对独立的院落结构。

（二）主要发掘收获

为了验证勘探成果，进一步探究这一建筑遗址的细部构成，如院落建筑的基本结构、院落间的连结或分隔关系、中心通道问题、高台建筑的具体结构等问题，近三年来我们以探沟形式发掘了2000多平方米，局部解决了一些问题。

1. 对台基式建筑形制、结构的认识

第1排台基式建筑分为东西两组，其中东边为第1组，西边为第2组。第1组建筑东边长66米，南边长60米，西边南段长26.6米，然后向西折向第2组建筑。经过发掘，我们认识到第1组建筑结构上分为周边的廊与台上建筑两部分。廊，宽约4.6、长约180米，设于第1组建筑的周边（北边缘暂不清楚）；底部为夯土结构，其上应该铺有錾有条纹的青石板，依台体设有壁柱，间距1.5～2米，没有发现檐柱。台上建筑部分南北长57、东西宽51米，初步发现内中外三层室内建筑结构。内层建筑发现有室内地面，位于台体的中心部分，规模较大；中层建筑也有室内地面，与内层建筑之间有一堵墙垣；外层建筑地面为河光石、细沙相间的铺地结构。在发掘中我们发现了该组建筑内部由廊通向台体的青石踏步（图版1）。

勘探中我们认识到第2组建筑与第1组在中部通过边廊相连，主体部分呈东西向的长方体大型建筑，东西长约75米，南北宽25米；本次发掘在边廊部分亦发现有壁柱遗存，并发现一处与边廊相连壁面饰有壁画的小房间，这是秦代考古中第一次发现陵墓建筑壁画（图版3）。

2. 对院落式建筑的认识

对院落内主体部位的发掘：三年来分别发掘验证了第2排第3组、第3排的1号基址、第8排的6号基址，以及第9排的6、7号基址。这些基址均是院落建筑中的大型主体台式建筑，院落中附设排水设施，发现了少量建筑的边廊部位，验证了勘探中对这些建筑主体部位的判断（图版4）。

对院落门枢的发掘：发掘了第9排3、4号基址。验证了该处为门枢遗存，得出院落式建筑为南北向的判断。

对院落间通道的发掘：发掘了第8排、第9排左右院落间通道。验证了对中轴线上南北通道的判断；发掘了第4、5排间通道，第8、9排间通道，验证了南北两排院落间通过道路分隔与交通。

对排水设施的认识：发掘了第1排第2组、第2排第3组建筑主体内部的排水遗存，发现在一些主体建筑内部有水池、水管道和渗井等设施。

3. 对性质的认识

在勘探中我们已认识到这一建筑群可分为两类建筑，南部的大型高台式建筑为台殿建筑，北部的院落建筑为宫室建筑；从文献分析看这种大型的台殿建筑应该对应着正寝，而院落式的宫室建筑为燕寝；院落式建筑复杂的层次化正反映了燕寝的复杂。

通过三年的发掘，我们进一步认识到台基式建筑与院落式建筑具有前朝后寝式格局，这一格局与战国晚期、秦汉时代大型宫室建筑的格局一致；建筑的主要方向也是坐北朝南，总体上以南部的陵墓为尊；在建筑群内部，建筑的级别则自南向北有所不同。通过勘探，证明了我们对这一建筑群为文献记载的陵侧之寝的判断；通过发掘，进一步深化了我们对秦代陵寝制度，尤其是陵寝建筑相关问题的认识。

三、2013年秦始皇陵园从葬墓发掘

2013年8月至12月底，发掘了内城北部东区的10座从葬墓，用探方法揭露发掘区面积共2000余平方米。10座从葬墓为斜坡土洞墓，墓道发现坑内散乱人骨，墓室出土珍珠、陶器等器物。已经对出土器物进行了基本的室内整理，对各类出土资料整理归纳，完成档案的归类归档。

（一）墓葬的形制

这批墓葬可根据墓道的有无分为两类：一类为竖穴土圹墓；一类为由墓道墓室组成的墓葬。后者分为两型：A型具有斜坡墓道，墓室为土圹或洞室，或二者兼有；B型为竖穴墓道墓，由竖穴式墓道与墓室组成，墓室为洞室。

（二）墓葬排布规律

这些墓葬的排布有一定规律，总体上呈南北向的8列分布。这8列墓葬自西向东南北向排布，西侧1～5列排布规律较为明显，东侧稍有零乱；南北向居中的墓葬排布较有规律，南北端的墓葬稍有零乱。第1列西距西侧墙垣23～26米，第1、2列间距约28米，第2、3列间距13～16米，第3、4列间距25～30米，第4、5列间距约35米，第5、6列间距约23米，第6、7列间距15～25米，第7、8列间距约30米，第8列东距东侧内城墙垣20～26米。

（三）墓园的其他建筑与设施

在墓葬区的北部靠近内城北墙的区域，还发现了一组夯土遗存，该遗存东西长100米、南北宽70米，由内外两层宽2米的墙垣构成。具体的功能需要进一步发掘及研究判断。此外还发现有石质道路遗存3处。

（四）发掘工作主要收获

2013年计划发掘10座小型墓葬。本次发掘验证了勘探工作中对这批墓葬形制、结构的认识（图版5、6）。

墓葬形制方面，发掘的这10座墓均为带斜坡墓道的小型洞室墓。对墓葬分布的空间关系、墓葬本身的相关问题有了明确的认识。认识到这批小型墓葬在洞室内设有单棺，棺内人骨不存，有的在棺内设有随葬品。

特殊葬仪方面，这批墓葬的墓道填土内均发现有散乱人骨，每墓的人骨个体数量不等，且不完整，无法判断其具体数量，但可初步判断为未成年女性；这些人骨均置放于打破墓道填土的坑内；坑内人骨个别还有上下分层放置现象。这些现象说明这批从葬墓埋葬过程中举行了一些特殊的葬仪行为。因此，墓道散置的人骨身份应远低于墓主人，并且经过肢解后，才埋入到墓葬中。这一葬仪行为发现说明了始皇死后，二世在处理先王的后宫人员时有着不见于历史记载的复杂、血腥的过程。

墓葬定性方面，可以初步认识到这批小墓的墓主人葬制简单，均为单棺，较少有随葬品。但是通过前期勘探可知，这批墓葬排列规律明显，说明这批墓主应身份大致相同，我们前期判断为始皇的宫内人员集中埋葬应可成立。发掘资料更进一步说明这是一处有意设置的从葬墓园。

通过这次发掘，基本解决了内城东北角从葬墓的内涵、墓葬结构等；基本清楚了从葬墓的分布情况及排列关系；基本清楚了从葬墓与墓上建筑、陵寝建筑等各类功能区遗存关系；基本清楚了秦始皇帝陵各礼制功能区的组合分布；基本清楚了秦代从葬墓原始的地表情况等；基本理顺了从葬墓的规划思路。

四、2014年陵园内外城间西、北区建筑遗址发掘

经国家文物局批准，按院里的年度计划，2014年的发掘自5月25日开始，至12月8日完成全部发掘清理任务。

发掘区域位于西外城间中部及北内外城间西部区域。发掘对象为西内外城间A、B组建筑遗存及北内外城间的第2组及第11组建筑遗存。发掘形式为探沟式发掘，在发掘区域依本年度计划开2米×10米探沟，发掘面积900平方米。实际发掘面积900平方米，共开2米×9米探沟18个（图版7～9）。

总体发掘深度0.5～1.5米，清理遗迹主要为建筑遗迹及相关设施，包括单体建筑

基址（由于是探沟式发掘，均为局部，以下同）8处、庭院6处、道路2条、排水设施1处、天井1处、院墙8条、门塾1处；祭祀坑3个。除3个祭祀坑为整体发掘外，其他的建筑遗存均为局部发掘。出土遗物包括铜、铁、陶、石质等类别，其中铜器发现铜箭镞2件、铜条1件，陶器发现陶罐2件、陶釜1件、云纹瓦当8件，以及带字的筒瓦3件、板瓦12件，石器发现石臼1件。

本年度发掘中应用航拍、三维扫描和数字建模手段，采集土样9袋，并分析了土样中的氨基酸成分。

由于本年发掘工作是探沟式发掘，资料记录完毕后发掘区域覆盖塑料膜覆土回填。出土标本进入库房。

本年度计划研究目标包括：①进一步认识这一区域群建筑形制与结构。②通过发掘来讨论其功能与性质。实际发掘中对发掘区域建筑群内部单体建筑的形制结构有了更深入的了解，验证了勘探成果；发现了西内外城间的A、B组建筑遗址通过道路来隔开；在A组建筑堆积层及道路层下发现早期陵墓建造过程中的坑，初步判定其具有祭祀功能。

主要收获包括以下四点：①在勘探成果的基础上，进一步厘清了发掘区域建筑群内部各单元的形制与细部结构；确定了西内外城间A、B组建筑群的形制、结构和交通联结关系。②在西内外城间区域秦代建筑层及道路层下发现的坑为陵墓早期施工时段遗存，判断为祭祀坑，而不是早年认为的空墓。③经过发掘，结合前期勘探及早年发掘材料，判断陵园西内外城间建筑遗址均与陵园祭祀有关，而非陵园寺舍。④陵园北内外城间建筑遗存结构形制与陵园内城、西内外城间建筑遗存基本一致，判断仍为祭祀建筑。

存在问题包括以下三点。①发掘面积有限，无法全面认识建筑群的整体以及细部结构。②出土少量建筑材料遗物，但是陶文数量较少，与早年发现基本一致，不能提供遗址的功能、性质及定名。③内外城间建筑群破坏严重，建议加强保护，特别预防建设性破坏活动。

五、2015～2016年秦始皇陵道路遗迹发掘

在陵园内外的系统勘探中，我们发现了大量的道路遗存，为了有效展示陵园布局与结构和解决重要学术问题，2015～2016年我们计划对陵园道路系统遗迹局部进行探沟发掘。

（一）2015～2016年计划发掘区域

2015～2016年的发掘对象主要针对秦始皇陵园道路系统，计划采取探沟发掘，仅发掘到遗址的表面，不进行解剖，不破坏建筑结构及基础。主要发掘区域分别说明如下。

1号发掘区：位于内城南门北侧，计划发掘100平方米，开1米或2米宽探沟。

2号发掘区：位于内城北部中区以及北内外城间区域。计划发掘200平方米，开1米或2米宽探沟。

3号发掘区：位于外城的东侧，东神道延长线区域。计划发掘200平方米，开1米或2米宽探沟。

4号发掘区：位于外城的北侧北神道延长线区域，现毛家村和吴西、吴中村。计划发掘300平方米，开10米×10米探方或2米宽探沟。

发掘区域大部分位于大遗址保护范围以内，多为石榴地及原农田，地面杂草、树木较多，20世纪70年代的平地运动，对遗址造成了一定的破坏；此外遗址局部还受到自然环境变化的威胁和一定程度的破坏。陵园以外的发掘区域，多位于石榴园及原有农田，很多都是平地以后的农田。经过前期的考古勘探，我们已大体掌握了道路系统遗迹的平面形制，只有通过发掘和进一步研究，才能认识其走向、宽度与性质，为解决秦始皇陵内外城间各功能区的格局界限的相关问题提供基础考古资料；此外还可进一步了解遗址的保存状况，为下一步的文物保护方案提供基础的考古资料。

（二）发掘目的

在勘探的基础上确认秦始皇陵道路的具体形制。特别是内城、内外城之间以及外城以外各区域不同道路的具体形式、内涵以及建筑结构形式。

分析道路与相关遗存的相互关系，特别是道路与其他遗存的建筑顺序，判断其相对时代关系。

秦始皇陵道路遗存发掘也是我们整体系统思考、全面把握大遗址的内涵与价值，统筹解决遗存的环境、内容形式、礼仪结构，以及思想理念等诸层次问题的一部分重要内容。本次专门发掘秦始皇陵道路遗存的意义在于进一步研究秦始皇陵道路的内涵与功能，以整体观来思考发掘成果，将发掘区域的道路系统放在整个秦始皇陵道路系统和秦代道路系统之下，解释道路在秦始皇陵礼仪结构中的价值，阐释道路系统在秦始皇陵礼仪结构中的性质。结合勘探材料，形成第一手的、系统的秦始皇陵道路遗存考古基础资料，为大遗址保护、遗址公园建设服务。

（三）简要工作经过

2015～2016年工作自得到批准后开始进行前期准备工作，5月初开始田野工作。

5月至7月底重点进行2号发掘区域的田野工作，共开2米×10米探沟4个，发掘深度约1米，后期扩方。

8月至10月进行1号发掘区域的田野工作，共开2米×10米探沟7个，后期根据遗迹的分布扩方。

发掘期间同步进行记录绘图照相，11月进行了航拍以及三维扫描数字建模的田野采集工作，基本完成田野资料的整理汇总工作。

（四）出土器物情况

本次发掘主要遗迹为陵园的道路遗存，出土器物很少，仅发现有残铁锸1件，器物残片4件，大量出土残板瓦筒瓦片。另有清代铜钱1枚。

（五）遗迹清理情况

1号发掘区共布设CCNT20G1、CCOT16G1、CCOT17G1、CCOT18G1、CCOT19G1、CCOT20G1六个探沟，总体上探沟卡在南北向道路遗存的东西剖面上。地层堆积为：第①层表土，厚20～30厘米；第②层现代扰土，厚7～40厘米；第③层为近代扰土，厚10～70厘米；第④层为垫土层，厚80～210厘米；第⑤层为粗夯土，厚28～80厘米；第⑥层为冲积沙层，厚15～30厘米；第⑦层为道路遗迹，厚10～15厘米；第⑧层为生土。道路遗存宽56米，厚约10厘米。道路遗存L3南北向，中部稍低，中、西部发现为大量的东南西北向的沟槽，宽15～25厘米，深2～5厘米；多平行分布，应与车的碾压有关；东部压在后期的粗夯土层及冲积沙层下，未作清理。

1号发掘区另外布设的BETT23G1也卡在一南北向道路遗存的东西剖面上。地层堆积为：第①层表土，厚10～30厘米；第②层扰土层，厚10～130厘米；第③层冲积层，内含大量的石块粗沙等，并有近现代遗物，厚45～230厘米；第④层为细冲积沙层，厚2～10厘米；第⑤层为道路遗迹层，厚10～15厘米；第⑥层为生土。道路L4宽13米，厚10厘米。并在西侧发现有排水沟，似经过人工修整。排水沟上口宽70～80、底宽40～50、深50厘米。

2号发掘区共开HCOT17G1～HCOT20G1、HDLT16G1探沟5个，卡在三条墙垣遗存间的两条道路上。发掘区域的道路遗迹L1东西宽3.1米，遗迹表层质密，层状结构明显；L1系陵寝建筑院墙与南北向1号隔墙间的道路遗存。L2东西宽76米，遗迹表层亦质密，表层的层状结构明显，破坏严重，个别部位不清，并被一后期墓葬打破；陶石质排水设施1处，编为G1，西端为南北向1号墙垣底部的两个并列的陶质五角形水管道，东接由毛石块砌成的两侧高中部低的排水渠，发掘区域排水渠南北宽3.5米，长3.5米，经勘探向东北方向延伸约15米，大致排向内城北门方向。

（六）主要发现、认识与学术意义

本次发掘主要发现为4条道路遗存。

在前期勘探的基础上，通过此次发掘对形制、建筑形式与结构，以及道路的走向、功能等有了进一步的认识。

此次发掘针对陵园内的主要道路，通过此次发掘验证了勘探成果，确认了陵园内道路的形制、建筑形式，对其功能的认识明确了工程施工与礼制性两种性质。此次发掘成果形成了秦始皇陵道路的基础材料，对秦始皇陵道路系统和陵园礼制结构具有重要意义；此外，为考古遗址公园规划建设提供了基础性材料。

下　　篇

考古成果

第五章　与封土相关的勘探

第一节　关于封土范围的勘探

一、早年的探索

多年来从事秦始皇陵考古勘探的学者都认识到，现存的封土范围是两千多年来破坏的结果，并非秦代的原始范围，但是表述中依然存在许多问题。除了南部边缘基本上保持原状外，封土的东、北、西三侧边缘都被修整成不同规模的断崖结构，以东侧的断崖规模最大。正因为如此，使人们误认为这三侧的断崖内部即是封土（以下称为现封土）。

早年对陵园内城各类遗迹的勘探中，曾局部确认过封土的存在，虽然材料比较零散，但综合起来可以为封土范围的判断提供线索。

封土南侧的遗迹主要为地下阻排水渠、排水明渠、南墓道、K0006、K0002、K0001等。三个陪葬坑地层中均没有发现封土的结构。早期的勘探认为地下阻水渠的东、南段位于封土外侧，西段位于封土下[①]。

现封土西侧边缘自南向北分别是1、2、3号坑。其中南侧的1号坑（2000年勘探编为K0003）堆积中发现有封土层。其北侧的2、3号坑也有同样的发现。后期复探的封土西北侧陪葬坑也有封土的堆积。

现封土北边缘的遗迹主要有陪葬坑及石道、陵寝建筑等。勘探及早期的材料表明，石道及陵寝建筑的堆积层中没有封土的结构，这些遗迹位于封土之外。陪葬坑以地下阻挡水墙为界分为内外两层，也分别被封土所覆压。内侧的陪葬坑K0201坑体的南部被覆压在封土之下。该坑的顶层有厚0.3米的耕土层，其下为0.7～1米的扰土层。扰土层之下至秦代地面之间为陵墓封土的粗夯层。

---

① 陕西省考古研究所、秦始皇兵马俑博物馆：《秦始皇帝陵园考古报告（2000）》，文物出版社，2006年。

现封土东边缘处的遗迹主要有东墓道、地下挡水墙、北侧排水渠的南端、墓道南北侧陪葬坑等。此外该区域还发现有踩踏层、石道等遗迹，后两者位于封土结构之外。被封土所覆压的遗迹见于报道的有K0101。K0101陪葬坑位于原来所发现的特大型组合式陪葬坑内的东北角，东边距内城东垣65米，东侧壁与组合式陪葬坑的东侧砖坯墙相贴；北边距内城东北的小城南垣125米；位居陪葬坑东北角的北向斜坡道打破组合式陪葬坑北侧的砖坯墙。勘探发现秦始皇陵原封土将其整体覆盖。还有一些遗迹则完全位于现封土之下，如K0202、K0203、K0204等[①]。

二、关于封土范围的勘探

以上材料已基本框定了封土范围，但是还需要进一步的工作。2012～2014年，在勘探周边遗迹的同时，我们也重点进行了封土边缘的工作。

原封土的西边缘东距现断崖形成的边缘50～70米。边缘线基本上南北平直。南北长约441米。封土西侧的1号坑西边缘位于封土之外，其他的2、3号坑及西北角处的陪葬坑均位于封土之下。

原封土的北边缘距现断崖形成的边缘53～77米。东西通长471米。西北角处有折曲。西段长171米，在陵寝建筑的东南侧呈直角折向北，该段长约28米，再直角向东而去，长约300米。

原封土的东边缘距现断崖形成的边缘约56～60米。边缘线基本上南北平直，南北长469米。基本上位于地下挡水结构内侧。

原封土的南边缘距现封土南侧道路边缘约44米。边缘线基本上东西平直，东西长473米。

综合以上材料，我们认为原来的封土平面大致呈方形，东西长471～473米，南北长441～469米。封土的西北角处有一个折曲，折曲外为陵寝建筑（图5-1、5-2）。

① 陕西省考古研究院、秦始皇兵马俑博物馆：《秦始皇帝陵园考古报告（2001～2003）》，文物出版社，2007年。

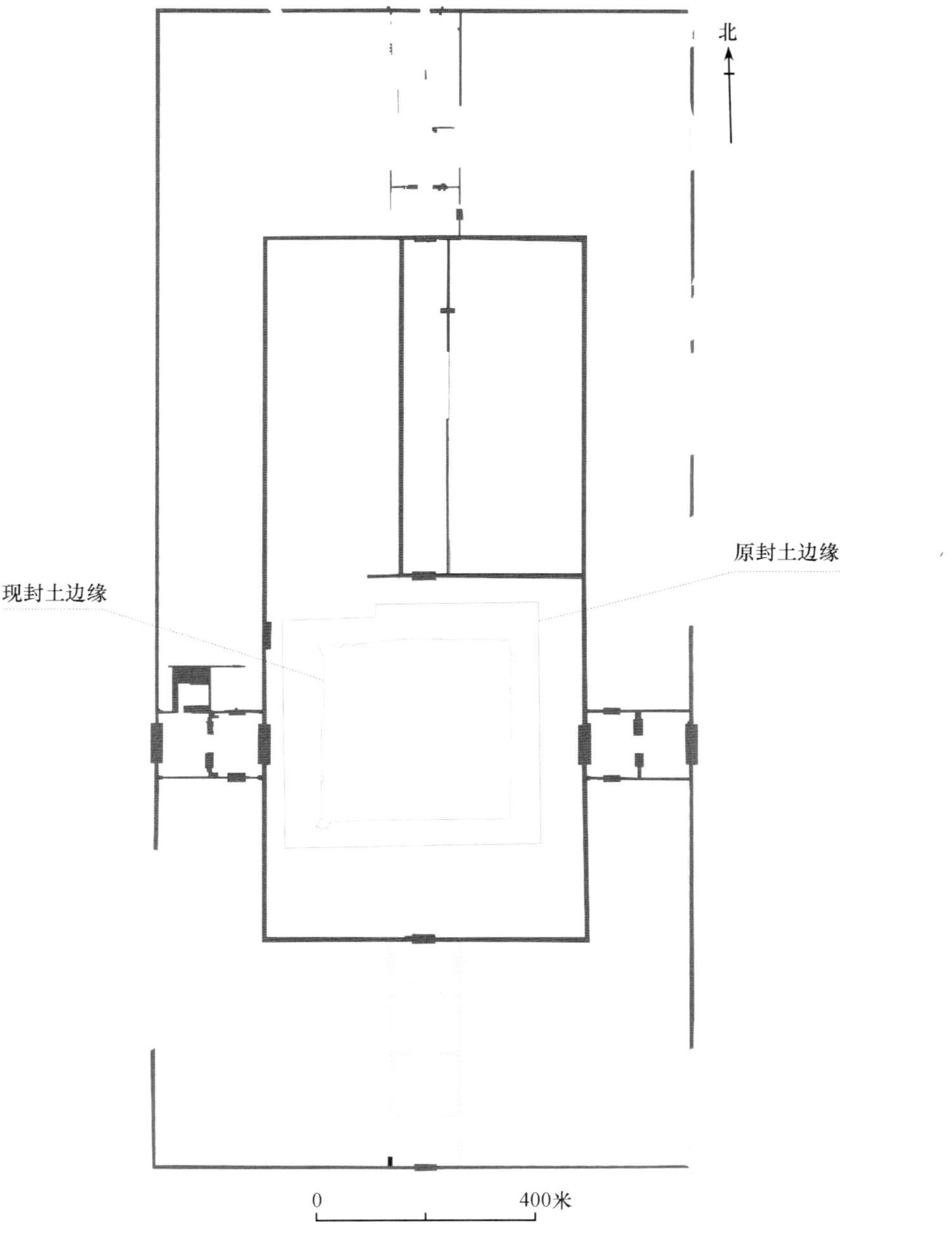

图5-1　封土的现范围与原范围

图5-2　封土表层东西、南北向剖视图

第二节　封土东侧剖面的调查

一、工作缘起

早年，秦始皇陵的封土在东、西、北三侧面存在着修整土地形成的断崖，以东西两侧为甚。2008年我们在调查秦始皇陵暴露遗迹时，对封土剖面有所涉及。当时从东侧断崖剖面观察到封土的建筑结构为粗夯土结构[①]，由于树木茂密，未做进一步记录。此后只有极少数学者曾研究过封土的结构。付建等在2014年发表的《秦始皇帝陵封土筑造工艺考略》一文中指出："仔细观察秦陵封土，便会发现这些厚6～9厘米的夯层为较纯净的黄土，其中夯层中夹有少量的石头、石子。也就可以说，秦陵封土的夯土是较纯净的黄土，见不到常说的深褐色垆土和其他掺杂异样的土质。"同文还指出了封土的建造"地宫内各样措施建好以后，要在地宫上夯筑大量的纯净黄土，且不讨论地宫上边是由棚木或者其他材料铺设，以保证封土不会塌陷，而在其上夯筑夯土，以每次夯筑6～9厘米，从下向上，用土量会越来越多，如果没有合理的'章程'，秦始皇陵封土的大小就会受到工程环境的制约。"但其观察的具体地点文章并未披露。这是近年来对秦始皇陵封土的最新观察，视为研究秦始皇陵封土的最新进展。但是得出的结论似有不妥。

21世纪初，西侧、北侧的剖面逐步因保护性修复而被弥平。东侧的剖面直到2019年时才被保护性加固复原。在修复之前，我们对清理掉杂草树木的断崖剖面进行了调查勘探，记录了封土在这个断崖所表现出的内部分层与结构。记录的方式包括照相、绘图与三维扫描等。这是有记录的唯一一次对封土内部结构的调查。通过这次调查我们获得了封土内部结构的一手资料，通过这些材料可以初步认识封土的土壤构成、建造的方式，进一步讨论封土的其他相关问题。

秦始皇陵封土东侧断崖是三处剖面中最大的一处，在20世纪后期时剖面较为高大，曾一度作为军事训练打靶的阻挡背景，因而遍布弹孔。该区域原属临潼县晏寨公社（乡）下陈村，在长期的农业生产中，东侧接近内城东墙，南自封土南边缘，北至封土北边缘，被平整除去的土地南北长350余米，东西宽100余米，形成了自南向北的八阶台地而进行耕种。这些台地间的高差0.5～1.5米不等。21世纪初，在陵园被围起保护后，在断崖边缘修建了环封土的游览道路，并种植了大量的树木。后来由于长期疏于保护，而经常坍塌，形成了一处较大的剖面。该剖面南北长358米，由于南北延伸较

① 秦始皇帝陵博物院：《秦始皇帝陵园考古报告（2009～2010）》，科学出版社，2012年。

长，断崖的各处高度数据不等，其中间部位较高大，两端较小，逐步过渡到2～3米，主要区段断崖高度平均5～8米（图版10、11）。参加该工作的有张卫星、陈治国，技工吴学功、张科喜等，绘图吴学功，西北大学李康教授等对该剖面遗迹进行了三维扫描与数字化重建。

二、堆积结构

该剖面南北长358米，宽3～5米（图5-3）。由于体量较大，本报告将选择断崖由南向北一些关键部位的地层堆积进行描述（图版12～15）。

A点。最南端断崖的起点处，高程为503米。从该点向北5米，封土高程升高2米，形成一个斜坡。封土表面距断崖底部1.7～3米，堆积结构分为5层。

第①层：表土层。厚0.3米，浅黄色，土质疏松，较多植物根系。

第②层：粗夯土层。厚0.4米，黄褐色，质密，夹杂砂粒、小石子等。内部不可细分。

第③层：踩踏层。厚0.02～0.05米，呈深褐色，质密，坚硬，有明显细部分层。

第④层：粗夯层。厚0.5米，呈浅褐色，质密，夹杂砂粒、小石子等。内部不可细分。

第⑤层：坍塌落土层，厚约2米，系以上各层坍塌所致。

AB段（0～25米），B点位于距南端25米处。

在表土层下粗夯土层、踩踏层明显，可见3层粗夯结构，其间夹杂2层踩踏。其中第④层的粗夯结构为坍塌落土所掩埋。

第①层：表土层。厚0.3米，浅黄色，质地疏松，较多植物根系。

第②层：粗夯土层。在南端厚0.4米，向北25米处厚达2米，土色呈浅褐色，质地紧密，包括石子、砂粒等，也有树木的根茎等。

第③层：踩踏层。厚0.02～0.05米，呈深褐色，质密，坚硬，包含有小石块和砂粒。在该部位南北通长达63米。

第④层：粗夯层。在南端厚1米，中段厚2.5米，北段厚1.8米。呈浅褐色，质密，夹杂砂粒、小石子、胶泥块等。

第⑤层：踩踏层。厚0.02～0.05米，由南端向北10米处出现，延伸至33米处与第③层踩踏层重合。呈深褐色，质密，坚硬。

第⑥层：粗夯层，最厚达0.5米，在南端向北10米处出现，下部被落土坍塌层覆盖。呈浅褐色，质密，夹杂砂粒、石块等。

第⑦层：坍塌落土层，厚0.5～1.7米，系以上各层坍塌所致。

BC段（25～50米），C点位于断崖南端向北50处。

该段断崖表层基本平直。

在自28至42米处可见3层较大的呈交叉状粗夯堆积，堆积间为2条踩踏层。上层粗夯堆积底部清晰，自AB段南北延伸而来，再向北斜上延伸约9.5米。中间层自28米处斜向下延伸，为BC段第1层堆积。下层原为AB段的下层粗夯土堆积，延伸到该段的第42米处被本段的第④层所叠压。从这一段的堆积叠压交叉关系看出，粗夯施工时的先后顺序，也能看出局部倒土的方向。从该部位判断，有平层倾倒，也有自北向南倾倒。

第①层：表土层。厚0.3米，浅黄色，质地疏松，较多植物根系。

第②层：粗夯土层。厚2米，土色呈深褐色，质密，包含有砂粒、石块、垆土块等。

第③层：踩踏层。厚0.02～0.05米，呈深褐色，质密，坚硬，细分层片结构明显。含有少量砂石。

第④层：粗夯层。厚1米，呈黄褐色，质密，夹杂物较少，黄土较纯净。

第⑤层：坍塌落土层，厚1.2米，土质疏松，系以上各层坍塌所致。

CD段（50～100米），D点位于距南端100米处。

该段顶部基本平直，但是坍塌严重，地面种植的树木根系也对堆积破坏较多，堆积层位不很明晰。但有数段踩踏层较为清楚，据此可大致分辨堆积关系。

第①层：表土层。厚约0.3米，疏松，包含较多的植物根系。

第②层：粗夯层。厚约1.5米。堆积为深褐色花土，质密，包含有石块砂粒，也有植物根茎。该堆积层似乎可以延伸至整个区段。

第③层：踩踏层。厚0.05米，呈深褐色，质密，较硬，细分层片结构明显。

第④层：粗夯层。厚0.5～0.6米，为深褐色花土，疏密结合，包含物中有较多砂石。

第⑤层：踩踏层。厚0.04米，呈深褐色，黏土，质地较密，较硬，有细分层片结构。

第⑥层：粗夯层。厚1.4米，为深褐色花土，质地疏密相间，包含有小石块、砂粒等。

第⑦层：坍塌落土层。厚1～1.2米，花土，疏松，系以上各层坍塌所致。

本段有较厚的踩踏层，应系建造期间短时间内频繁使用所致。C点向北15米处可见1条踩踏层，该层之上的粗夯土堆积一直延伸约80米长。

DE段（100～200米），E点距南端约200米。

该段处于封土南北断崖居中的区段。表土以下的夯土结构风化坍塌严重，夹杂大量的树根等。

在100～107米处可看到3层粗夯堆积，夹杂2条明显的踩踏带，再向北夯土结构间仅存1条踩踏带，时断时续。

在125～137米处可以见到3层粗夯堆积，夹杂2条踩踏带。

在150米处有一个较大的豁口，其下坍塌落土较多，夯土结构不清；152～169米处可见2条踩踏层。

在162～173米段可见到5层粗夯堆积，夹杂4条踩踏带，最上1条为162～170米处，第2条为162～178米处，第3条同第2条，第4条为172～178米。在178～189米处，因坍塌、风化、树根等影响，结构漫灭不清。

在189～200米段，可见3层粗夯堆积，夹杂上下2条踩踏层，上部长11米，下部仅露出约5米。这一区段地层结构如下。

第①层：表土层。厚0.2～0.3米，疏松，包含较多的植物根系。该层还时有打破所有结构，系人为破坏所致。

第②层：粗夯层。厚约1.7米，为深褐色花土，质密，夹杂较多的小石块、砂粒，还包括有树根等。

第③层：踩踏层。厚0.03米，呈深褐色，质密，较硬，细分层片结构明显。

第④层：粗夯层。厚0.7米，为深褐色花土，疏密结合，包含物中有较多砂石，个别部位夹杂有垆土块。

第⑤层：落土坍塌层。厚度约1米，局部厚度较大。

EF段（200～300米），F点位于距南端约300米处。

该段顶部因封土的形状也呈南高北低状态。

在第205米处可见3层粗夯堆积，夹杂2条踩踏层。

在第205～220米处可见4层粗夯堆积，夹杂3层踩踏层。

在第220米处可见3层粗夯堆积，夹杂的2层踩踏交叉，表明踩踏层之间的夯土层消失，这显示了施工的细节。

在第230米处可见3层粗夯堆积，夹杂2层踩踏，向北延伸至270米，基本贯通一致。

在第278米处，在地表层之下新增加1条粗夯层，其下形成1条踩踏层。原来的下层踩踏层倾斜至现地表以下。在第292米处，同样的结构再次呈现。该段的整体堆积结构如下。

第①层：表土层。厚0.2～0.3米，疏松，包含较多的植物根系。

第②层：粗夯层。厚1～2米，为浅褐色花土，质密，但夹杂较多的小石块、砂粒，还包括表土层伸下来的树根等。

第③层：踩踏层。厚0.03～0.05米，呈深褐色，质密，较硬，薄片层状结构明显。

第④层：粗夯层。厚约1米，为深褐色花土，疏密结合，包含物中有较多砂石，个别部位夹杂有垆土块。

第⑤层：踩踏层。厚0.03～0.05米，质密，较硬，层状结构明显。

第⑥层：粗夯层。厚0.7～1米，也为深褐色花土，结构基本同第②、④层。

第⑦层：落土坍塌层。厚1～1.8米，为以上各层破坏后的混合堆积。

FG段（300～358米），G点为断崖的北端点。

该段接近整个断崖的北端。断崖地表仍呈南高北低状态向北延伸。在距南端318米处，早期平整土地时对封土仍有保留，形成宽5～8米、高于南北侧2～3米的台地，垂直于断崖。

在第300～305米处可见3层粗夯结构，夹杂2层踩踏；表土层下有第1层踩踏，南高北低，可观察到的部分南北长11.5米，斜向下伸入坍塌落土层。第2层踩踏，也是南高北低，在第300～305米处斜向下延伸至坍塌落土区内。

在第311～318米处，由于雨水冲刷、坍塌、风化、植物生长等，堆积结构不清。

在第318～328米处，封土被破坏呈2层台地。上层台地高约1.8米，下层台地高约1米。在第324米处有1个宽1～2米的豁口，深2～3米。

在第328～338米处，可见到3～4层粗夯结构，夹杂2～3层踩踏。其中最上层的踩踏长约10米，斜向下延伸至北端的坍塌落土区。

在第334～343米处可见到第2、3层踩踏结构，长约13米。

在第343～358米处，可见表土层下有一层5～10厘米的石块堆积。这是早年当地村民在封土上种植石榴树平整土地收集堆放形成的。其下有约1米的粗夯层，其下观察不出踩踏层。其下为坍塌落土层。

在北端处，断崖折向西，是为封土北侧的剖面。本次工作没有继续记录。

本段堆积以北端为准，结构如下：

第①层：表土层。厚约0.5米，疏松，包含较多的植物根系、大小石块、瓦片等。

第②层：粗夯层。厚约0.7米，为浅褐色花土，质密，但夹杂较多的小石块、砂粒，还包括有表土层深下来的树根等。

第③层：落土坍塌层。厚约1米，为上层破坏后的混合堆积。

三、结　　语

综合以上材料，可初步得出以下认识。

秦始皇陵的封土以较大的平层粗夯为主建成。调查剖面的中段，也即封土东侧正中的部位较为典型。该部位粗夯土结构较平，基本呈上下叠压状态。而在南北两侧段各层粗夯土稍有倾斜（图5-4），北侧段呈现出较多的自南向北的下倾，显示了倒土的方向。局部还发现有交叉形式的堆积结构。这些都是倒土时的方向的反映。

从堆积结构中可以看出，粗夯层的总体层厚大致相同。但是还有细部的差别。这些与工程预定的规则及现场管控有关。

从堆积结构分析，始皇陵封土结构的形成有夯打、镇压等形式。这种建筑方式与同处陵园的其他大型土结构细夯建造的方式不同，如封土下的台体建筑、墙垣、门观、陪葬坑等。而与体量相似的防洪大堤的修建有相似之处。

此外从粗夯层间普遍存在有明显的踩踏迹象（图5-5）可以推测，施工中有相对的时间间隔，且下层会作为运土的道路使用。

另外，从剖面观察粗夯土的成分，多为五花土，黄土成分比重不一。从其多夹杂垆土、石子、砂粒，且几乎不见陶片判断，封土应来自南侧山前地带。

图5-4　剖面南端堆积

图5-5　剖面夯层间的踩踏层

第六章　台体建筑的勘探

秦始皇陵位于陕西省西安市临潼区，处于骊山北麓的山前洪积地带。秦始皇陵现存的最重要的地面遗存是其体量巨大的封土。但是从考古遗迹看，巨大的封土仅是其表面的或是上部的结构，段清波先生曾于2006年的研究中，报道了在巨大的封土下有一个巨形高台建筑，并首次披露了部分勘探资料①。从当年的资料看，由于勘探难度较大，对该高台建筑仅进行了北侧的局部勘探。2014～2016年，我们进一步开展了对这一遗存的勘探，目前基本探清了高台各段外侧的结构情况，也对局部区域的内侧进行了勘探，发现了其向下去的部分结构。对遗存的结构、形制以及主要部分有了明确的认识。现将勘探成果报告如下。

一、整体情况

该遗存整体上为高台建筑。主体的建筑方式为黄土夯筑。其顶部有木质建筑结构，各层也发现有类似于廊庑的结构，侧壁发现有彩绘墙皮壁面。

该高台建筑由三部分组成，分别是底座部分及其上南北两侧的“凸”字形高台。该台体结构总体高度约26米。

底座部分建设在南高北低的秦代地面之上。该部分平面总体上呈长方形，东西通长229米，南北宽205米，高出秦代地面1.5～4米，其中东北角高出秦代地面3～4米，其他部位高出的部分为1～2米。

在平台之上分筑了南北两个分体式高台，二者不相连属。从底座算起，二者的总体高度为26米。平面上看，二者呈“凹”形，南北对称分布。从横截面看，二者均呈多级收缩的“凸”形结构。南北高台以东西墓道形成的轴线南北对称，二者底部相距18～28.5米，顶部相距51～54米。高台的顶部均为平台。顶部平台部分东西长168米，南北宽41～46米，高为21～25米（图6-1）。

---

① 段清波：《秦始皇陵封土建筑探讨——兼释“中成观游”》，《考古》2006年第5期。

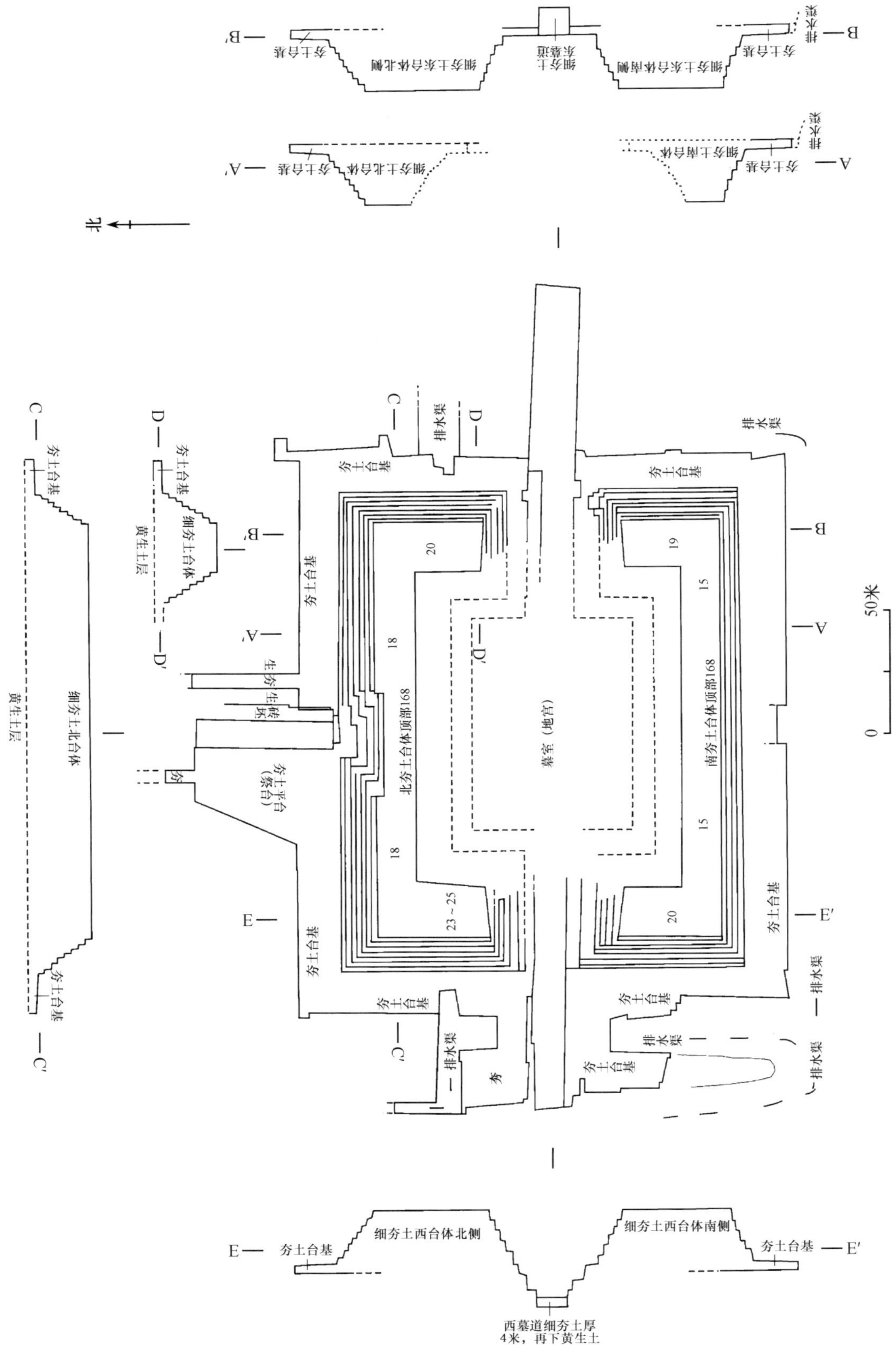

图6-1　秦始皇陵封土下高台建筑平、剖面图

高台整体覆盖于墓室、墓道和秦代地面之上。高台南北高台中部之下对应墓室，高台东西两端之间则对应南北墓道。为了更好认识该台体建筑，我们还制作了该台体的1∶100、1∶200泥模各1个及数字模型（图版16、17）。

二、地层堆积

第①层：表土，厚0.1～0.2米，系封土的风化表土层。

第②层：夯土，厚0.1～15米，各区域厚度不一，粗夯，夹杂细砂石，层厚不一，分层不明显，经过粗夯。该层系粗夯的封土。

第③层：夯土，厚约1.5～26米，各部分厚度不一，细夯，夯层厚8～12厘米，层间的界限明显；质地细腻，质密，纯净；由黄土夹杂垆土等夯打而成。该层系建筑结构的本体。勘探发现该层局部表面有少量的瓦片堆积分布，局部还发现有墙皮的遗存。

第④层：踩踏土，厚0.1～0.2米，质密，层状结构明显，暗褐色，夹杂细砂粒。该层系秦代地面之上的路土。主要位于夯土高台建筑底座结构之下以及局部区域的封土之下。

第⑤层：垆土层，厚0.5～1米，质密，暗褐色，系西周至秦代的自然堆积层。该层顶部部分区域有保存的秦代地面。

第⑥层：淤土层，厚0.1～0.2米，夹砂，土质纯净。

第⑦层：生土层，该层顶部有修整后的秦代地面或施工面。

高台建筑于经地面整平后的生土或垆土层之上。

三、建筑形制结构

以下对该建筑的三个结构单元分别描述其结构特征。

1. 底座部分及相关结构

该高台的底座部分系一个超大型平台。整体高出秦代地面，施工前对秦代时期的地面进行过整平，整理过的地面为生土层或垆土层，部分区域的地面有踩踏层分布。平台各部位与秦代地面的高差因地势有所差别，在南半部高出秦代地面1.5～2米，北半部由于地势的倾斜，平台离地面稍高一些，到东北角部位则高出秦代地面3～4米，该处也是这片区域中秦代地面较低之处。

平台平面总体上呈长方形，东西长218～229米，南北宽197～202米。但是局部仍有一些不规则形状的结构。其中在北部、西部各附设有一个体量巨大的突出结构，西北角、东北角各有小型突出的高台结构。北部还伸出有两条夯土墙结构。东北部、南部居中和北部居中各有一个内收的结构。

（1）突出的结构

西部突出结构编为1号。整体上呈南北向长方形。南北长120米，东西宽40米。其南北两侧各有一个凹形结构，西侧中部还发现有一个东西向细长的凹形结构。南侧的凹形结构系排水明渠的一端，南北长23～26.5米，东西宽13.5米。北侧的凹形结构南北长13.8米，东西宽12.6米，也与排水结构有关。西侧中部的细长凹形结构长45米，宽约2.5米，功能不明。

北部突出的结构共有3个，自西向东依次2～4号，其中以2号结构的规模最大，以下分别描述。

2号结构，平面近似梯形。南北通长45米，东西宽26～43.8米。该结构的北端又有一个向北伸出的细长夯土结构，南北长52～56米，东西宽4～6米，厚3～5.6米。

3号结构，为向北伸出的砖坯结构。西侧紧邻1号结构。南端嵌入到高台的基础部分，北端向高台北侧伸出。总体南北长34米，东西通宽14～16米。平面呈向北的“U”形，分为三段。东段南北长34米，宽5～6米，北端有缩进，较窄，仅有约3米。砖坯层厚5～6米。高出两侧的生土地面。南段东西长15米，南北宽3米，由土坯及石头组成，其下为生土。土坯厚2～3米。南段的南侧为一个下沉式结构，东西长7米、南北宽4米，该区域比其他部分低约5米。西段南北长18米、东西宽6米，土坯厚2～3米；其东侧为生土，西侧为高台基础向北突出的部分，土坯墙比该部分稍高。这个结构与北墓道有关。

4号结构为南北向的细长结构，南北长52米，宽6米，厚4～5米。

5号结构为东北角外突的结构，主体呈长方形，东西长9米，南北宽5～7米，厚3～4米。通过一个长5～6、宽5～6米的结构与主体部分相连。

（2）内收的结构

东部居中偏北部为一个小型豁口，东西长9米、南北宽7米、深4～10米。豁口内部有折曲，包括有大量的淤土，判断该结构与东部的排水渠有关。

南部的居中部分有一凹形结构。该结构内凹的部分东西长16米，南北宽8米，底部为向下的斜坡，发现有踩踏层，判断为南墓道的前端部分。

北部居中部位总体上也有一个内收的结构。其内部较为复杂，也与北墓道以及相关的附属结构有关。

2. 南侧高台

南侧高台依平面可分为连为一体的东中西三段，各有不同的侧面。高台东段有东、北、西三个侧面；中段有南北两个侧面；西段有西侧、北侧及东侧三个侧面。目前东段的东、北，中段的南，西段的西、北共5个侧面基本清楚。高台的拐角转折缩进较为复杂，个别部位仅凭铲探难以分清。

以下从高台的不同侧面对其规制分别予以描述。

（1）东段高台

该段高台有东、北、西三侧面。东侧面的结构较清楚，北侧面基本清楚，西侧面只了解到从顶部向下的一层结构。

（2）东段东侧面

在基础层之上共有八层高台结构。

第①层：南北长约61米；高于底部平台5.5米；距平台的东边缘缩进13米。

第②层：南北长约57米；高于第①层3米；距第①层东边缘缩进2米。

第③层：南北长约55米；高于第②层2.5米；距第②层的边缘缩进2米。北部拐角有缩进。

第④层：南北长约51米；高于第③层高台3米；距第③层的边缘缩进2米。

第⑤层：南北长约47米；高于第④层高台3米；距第④层的边缘缩进2米。

第⑥层：南北长约45米；高于第⑤层高台2.5米；距第⑤层的边缘缩进2米。

第⑦层：南北长约40米；高于第⑥层高台3.5米；距第⑥层的边缘缩进3米。

第⑧层：即顶部的大平台。南北长42米，东西宽约20米。距第⑦层的边缘缩进2米。

（3）东段的北侧

可分为七层，由于北侧边缘向内（西）伸向封土深处，所以只勘探了各层的层间高差和缩进数据，其边线的东西长度不清。

第①层：比基础部分高3.8米；北起东墓道南边缘，距墓道10.5米，比墓道底部高约12米。

第②层：缩进约1.5米。

第③层：比第②层高4米；缩进约1米。

第④层：比第③层高1.5米；缩进1.5米。

第⑤层：比第④层高2.6米；缩进1.5米。

第⑥层：比第⑤层高4.3米；缩进2米。

第⑦层：比第⑥层高4米；缩进4米。该层顶部即为整个高台的大平台。

（4）南段高台

底部东西长192米，顶部东西长168米。

南段的高台结构复杂。西部已探明，有八层高台。中部结构比较复杂，目前可以确认有六层高台。东部不清。东南角、西南角结构基本清楚。

以中部偏西的剖线为例，高台的结构如下。

第①层：东西长192米；距平台的南边缘缩进13.5米。高于平台5米；壁面呈斜坡状，缩进为2米。

第②层：东西长189米；和第①层相比边缘缩进2.5米。高于第①层3.5米。

第③层：东西长191米；和第②层相比边缘缩进2米。高于第②层3米；壁面呈斜坡状，缩进约0.5米。

第④层：东西长191米；和第③层相比边缘缩进2米。高于第③层3米；壁面呈斜坡状，缩进约0.5米。

第⑤层：东西长191米；和第④层高台相比边缘缩进2米。高于第④层3米；壁面呈斜坡状，缩进0.5米。

第⑥层：东西长191米；和第⑤层高台边缘相比缩进2米。高于第⑤层2.7米；壁面呈斜坡状，缩进0.5米。

第⑦层：东西长191米；和第⑥层高台边缘相比缩进2米。高于第⑥层3.2米；壁面呈斜坡状，缩进0.5米。

第⑧层：即高台顶部的大平面。

南段中部高台有所破坏，以居中的两条剖线为例，高台结构如下：

第①层：边缘距平台南边缘缩进18.5米。高于平台部分约5米。壁面呈斜坡状，缩进约为5米。该壁面斜坡处发现顶部有下陷的扰坑。发现有红烧土及木炭层，烧结严重。

第②层：高于第①层3.1米；壁面呈斜坡状，缩进0.5米。边缘距第①层缩进1.8米。

第③层：高于第②层5米；壁面呈斜坡状，缩进0.5米。边缘距第②层缩进2米。

第④层：高于第③层4.5米；壁面呈斜坡状，缩进0.5米。边缘距第③层缩进2米。

第⑤层：高于第④层3米；壁面呈斜坡状，缩进0.5米。边缘距第④层缩进2.5米。顶部为整个高台顶层的大平台。

（5）西段高台

西段高台的西侧面及北侧面的结构基本探清，东侧勘探难度较高未探清。

西段高台的西侧也为八层的结构。高台结构的西边缘相对清晰。

第①层：南北长76米；高于底部平台4～5米；壁面陡直。距平台西边缘缩进11～13米。

第②层：南北长约70米；台高3米；壁面陡直。距第①层高台边缘缩进2米。

第③层：南北长约68米；台高3米；壁面陡直。距第②层高台边缘缩进2米。

第④层：南北长约56米；台高3米；壁面陡直。距第③层高台边缘缩进2米。

第⑤层：南北长约52米；台高2米；壁面陡直。距第④层高台边缘缩进2米。

第⑥层：南北长约49米；台高3米；壁面陡直。距第⑤层高台边缘缩进3米。

第⑦层：南北长43米；台高2米，壁面陡直。距第⑥层高台边缘缩进2米。

第⑧层：即顶部高台的大平台。

西段高台的北侧结构上下叠压基本清楚，高台的北边缘向内（东）延伸的长度不清。

自基础部分以上可分为七层。

第①层：整体覆盖于西墓道上，与北部高台的第①层系一个整体，为细夯土结构，夯土层厚6～8米；南北宽28.5米。

第②层：比第①层高3米，边缘距第①层缩进2米。

第③层：比第②层高3.5米，边缘距第②层缩进2米。

第④层：比第③层高4米，边缘距第③层缩进2米。

第⑤层：比第④层高4米，边缘距第④层缩进2米。

第⑥层：比第⑤层高3米，边缘距第⑤层缩进2米。

第⑦层：比第⑥层高5.5米，顶部即为整个高台的大平台。

3. 北侧高台

北侧高台分为东段、北段和西段。东段有南侧面、东侧面、西侧面，北段有北侧面、南侧面，西段有南、东、西三侧面。目前东段的东、南侧面，北段的北侧面及西段的西、南侧共5个侧面基本勘探清楚。勘探中发现北段的北侧面居中部位有较为复杂的缺口。

（1）东段的东侧

第①层：南北长71米；比底部平台高3.5米；距平台东边缘缩进12米。

第②层：南北长67米；比第①层高2.4米；距第①层台东边缘缩进2米。

第③层：南北长63米；比第②层高2.2米；距第②层台东边缘缩进2米。

第④层：南北长59米；比第③层高2米；距第③层台东边缘缩进2米。

第⑤层：南北长56米；比第④层高2.2米；距第④层台东边缘缩进2米。

第⑥层：南北长50米；比第⑤层高2.5米；距第⑤层台东边缘缩进2米。

第⑦层：南北长45米；比第⑥层高2.2米；距第⑥层台东边缘缩进2米。

第⑧层：南北长44米；比第⑦层高2.8米；距第⑦层台东边缘缩进2米。

第⑨层：即为顶部的大平台。

（2）东段的南侧

部分高台为六层，各部位东西长度不清，仅探明了各层高台的高度及内收的程度。

第①层：比底部平台墓道填土高4米；距底部平台（东墓道）北边缘15米。

第②层：比第①层高4米；距第①层台南边缘缩进3米。

第③层：比第②层高4米；距第②层台南边缘缩进2米。

第④层：比第③层高4米；距第③层台南边缘缩进2米。

第⑤层：比第④层高4米；距第④层台南边缘缩进2.3米。

第⑥层：比第⑤层高4米；距第⑤层台的南边缘缩进2米，其上即顶部的平台。

（3）北段高台

该段高台北侧面基本勘探清楚。为八层的结构。

第①层：东西长195米；比底部平台高约2米；与底部平台边缘的平均距离为13.5米。在该层北部居中的部位有一处内收的结构，东西长18米，内收了3米，其北与土坯结构的南端相连接。

第②层：东西长191米；比第①层高2～2.4米；距第①层的北边缘缩进2米。该层居中部位也有一个内收结构，东西长25米，内收3米；在内收结构中东半部夯土结构稍低于西半部。

第③层：东西长187米；比第②层高2.4米，距第②层北边缘缩进2.5米。该层北部居中部分仍为一个内收的结构。东西长24.5米，内收5.5～6.5米。

第④层：东西长183米；比第③层高2.2米，距第③层北边缘缩进2.5米。该层北部居中部分仍为一个内收的结构。内收结构东西长29米，内收5.5～6.5米。

第⑤层：东西长179米；比第④层高2米，距第④层北边缘缩进2.5米。该层北部居中部分仍为一个内收的结构。

第⑥层：东西长175米；比第⑤层高3.2米，距第⑤层北边缘缩进3米。该层北部居中部分仍为一个内收的结构。内收部分东西长29米，与第⑧层的低层连为一体。

第⑦层：东西长171米；比第⑥层高3.2米，距第⑥层北边缘缩进2.5米。该层北部居中部分仍为一个内收的结构。内收部分东西长46米，内收2米，内收与第⑧层的低层内收连为一体。

第⑧层：东西长166米；比第⑦层高2.9米，北距第⑦层北边缘缩进2米。该层北部居中部分仍为一个内收的结构。内收部分分为两层结构。总体上东西长44米，宽3.5米；其中低层宽1.5米；高层宽2米；两者间高差1～1.5米。

第⑧层的上部为顶部的平台。

（4）西段高台

基本勘探清楚了其西侧、南侧的结构。

西段高台的西侧也为八层的结构。

第①层：南北长约71米；比底部平台高2米；距平台的西边缘缩进13.5米。

第②层：南北长约66米；比第①层高2米；距第①层高台西边缘缩进2.5米。

第③层：南北长约61米；比第②层高1.8米；距第②层高台西边缘缩进2米。

第④层：南北长约56米；比第③层高2米；距第③层高台西边缘缩进2.5米。

第⑤层：南北长约52米；比第④层高2米；距第④层高台西边缘缩进2米。

第⑥层：南北长约50米；比第⑤层高2米；距第⑤层高台西边缘缩进2米。

第⑦层：南北长约47米；比第⑥层高2米；距第⑥层高台西边缘缩进2.5米。

第⑧层：南北长约45米；比第⑦层高2米；距第⑦层高台西边缘缩进2米。

其上即为顶部的大平台。

西段高台的南侧部位，向东伸向封土深处，所以只勘探了各层高台的高度，其边线的东西长度不清。

第①层：距墓道的北边缘4米；比墓道边缘高5米。比墓道底部高6米。这一层实际上与南部高台的北侧隔墓道相对，与南侧的高台底部南北相距28.5米。

第②层：比第①层高4米，南距第①层的边缘缩进3米。

第③层：比第②层高6米，距第②层高台南边缘缩进2米。

第④层：比第③层高5米，距第③层高台南边缘缩进2米。

第⑤层：比第④层高4米，距第④层高台南边缘缩进2米。

第⑥层：比第⑤层高4米，距第⑤层高台南边缘缩进2米。

第⑦层：比第⑥层高6米。距第⑥层高台南边缘缩进2米。

其上即为顶部的大平台。

四、结　　语

1. 关于该建筑的定名结构形制的认识

该建筑总体为高台建筑。早年段清波已给出定义，基本可从。但该建筑并非传统的楼台建筑。

2. 关于其时代与营建顺序

整个秦始皇陵建设的时代总体上介于始皇初即位到始皇三十七年九月间，也即公元前246～前210年的37年间。按照《史记》的记载，始皇初即位营建郦山。始皇三十七年（公元前210年）七月始皇死于出巡的路上，九月入葬郦山。此后的主要工序为覆土郦山，直到三十八年的四月二世出巡归来，宣布郦山事毕，而继续营建阿房宫。

目前的文献与考古材料尚不支持明确的上限具体时间节点的判断，仍需要进一步研究。总体上应该在秦始皇陵大规模建设时期，特别是两个节点之后：一是始皇十六年（公元前231年），设丽邑，作郦山，可视为秦始皇陵工程建设启动的明确起始点；二是始皇二十六年（公元前221年）兼并六国后，陵墓进入大规模建设时期。总体上该结构的建设时段同陵园主体工程，但是由于其建于墓室之上，应该是在墓室大开挖之后，且完成大开挖土圹外围的石质结构甚至椁室建筑之后的产物。

这座建筑最后被覆盖的时段为始皇三十七年九月。关于其营建的顺序，从地层结构看，该建筑介于墓室本体建筑与封土之间。其营建应该在墓室开挖之后，该建筑建成后覆压在南北墓道、墓室壁面和墓室区域整体或局部之上。因此该高台建筑的下限应该在覆土之前。覆土之前秦始皇陵施工的时间节点众多，但是关键的节点以司马迁所记的始皇三十七年入葬郦山最为重要。我们判断在入葬郦山时该建筑已施工完成，这是其下限。

3. 关于功能的认识

段清波已讨论过该建筑的礼制功能，认为是文献记载的中成观游之观。丁岩讨论过该建筑为施工过程中的产物，将始皇陵封土内逐层垒叠的夯土墙结构，与临淄齐墓所设置的框状墙体结构比较之后，推测其具有增加封土高度的功用。张卫星认为秦始皇陵墓上建筑应该分为三部分，该建筑为墓上建筑的一部分，与封土应该分开。该建筑的功用，应该从两个时段来考虑。一是葬礼尚未举行的修筑时段，这一阶段这一建筑有实用功能，也有礼仪功能。二是封土完成后应该是为始皇的灵魂出游做的高台建筑，也就是中成观游。

4. 关于该建筑的破坏

勘探发现木构部分也有被焚烧的迹象。木构建筑的被焚烧应该与整个始皇陵园被破坏有关。

说明：参加勘探的人员有干部张卫星、陈治国、付建，技工吴学功、董育林、唐恩军、徐盼等三十余人。绘图为吴学功、唐恩军、董育林、徐盼等；描图为张卫星、吴学功、张科喜。执笔为张卫星。

第七章　墓道的勘探

秦始皇陵的主墓道及其方向是判断秦始皇陵方向的标志。长期以来，秦始皇陵的墓道问题悬而未决。为此我们在相当长的时间内着力对墓道进行探索。现将相关成果整理如下。

一、东　墓　道

1. 位置

东墓道位于封土中心东向轴线上，北偏东91°。

东起地下挡水墙的西边缘，向西延伸至墓室，介于南北两个台体建筑之间。北距台体建筑边缘约100米，距现封土边缘约187米；南距台体建筑边缘约85米，距现封土边缘153米（图7-1）。

2. 地层结构

以距东端11.5米处为例，地层结构如下。

第①层：表土层，厚0.1～0.2米，系封土风化层。

第②层：夯土层，厚6.9米，五花土，夹杂砂粒石块，质密，勘探无明显分层，其他局部剖面观察为70～80厘米的粗夯结构。该层为覆盖于墓道之上的封土。

第③层：踩踏层，厚0.1～0.2米，层状结构，系人为踩踏形成。位于墓道填土之上及墓道结构外侧地层之上。

第④层：夯土层，厚1.7米，五花土，较纯，质密，夯层厚8～12厘米。该层为墓道内的填土。

第⑤层：冲积土层，厚0.4米，位于墓道外侧的第③层下。

第⑥层：棕红土层，厚0.5米，为墓道外侧的次原生土层。

第⑦层：生土层。位于墓道底部及外侧。

东墓道开口于第②层下（即夯层下），打破踩踏层、冲积土层、棕红土层、生土。

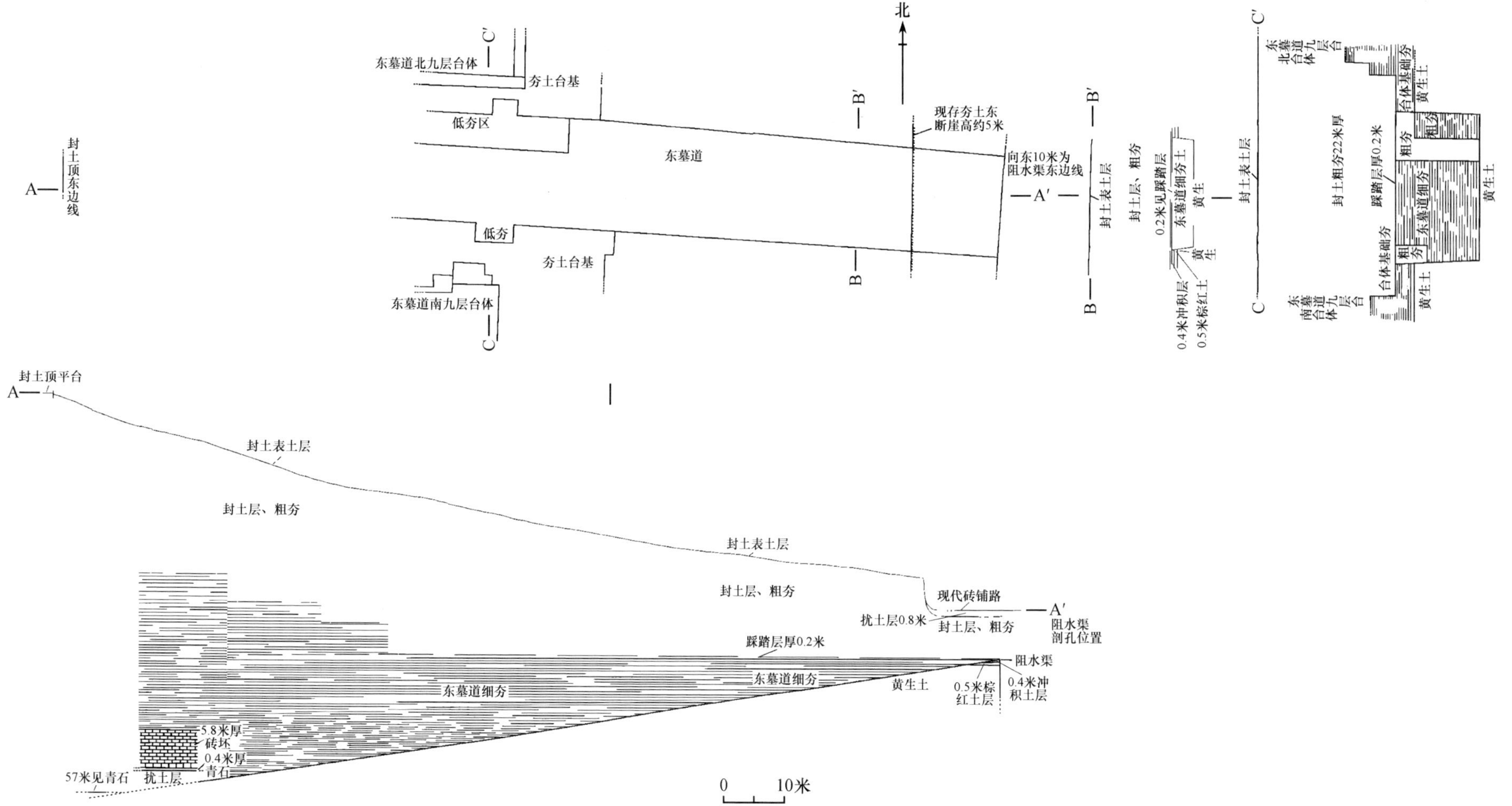

图7-1　秦始皇陵东墓道勘探平、剖面图

3. 形制与结构

东墓道方向北偏东91°，平面总体呈梯形的槽形结构。

勘探到的区段东西长88米，东端宽16.8米，底部呈8.9°向西下延伸。

东墓道位于台体建筑以外的部分东西长68.9米，宽10.8～18.3米。

两个台体建筑之间的墓道两侧可能设置有夯土二层台，墓道内分别填充有细夯土和粗夯土，深达13米。

在距墓道东端90米处，发现墓道的细夯土分段抬高。可能进入到墓室的外围。

在距封土顶部平台边缘17米处向下勘探75米后发现有青石结构，可能为墓室外围的石结构遗存。

二、西　墓　道

1. 位置

西墓道呈东西向，介于两个台体结构的中间。西边缘距西侧的排水渠1～1.8米。距台体建筑南边缘90.2米，距台体建筑北边缘97.6米（图7-2）。

2. 地层结构

以距墓道的西端16米处地层为例，可分为以下七层。

第①层：封土表土层，厚0.1～0.3米，应为封土风化层。

第②层：夯土层，厚16.5米，五花土，夹杂砂粒石块，质密，勘探无明显分层，其他局部剖面观察为70～80厘米的粗夯结构。该层为覆盖于墓道之上的封土。

第③层：踩踏层，厚0.1～0.2米，层状结构，系人为踩踏形成。位于墓道外侧。

第④层：夯土层，厚2.5米，五花土，较纯，质密，夯层厚8～12厘米。该层为墓道内的填土。

第⑤层：冲积土层，厚1.1米，位于墓道外侧。

第⑥层：垆土层，厚0.5米，为墓道外侧的次原生土层。

第⑦层：生土层。位于墓道底部及外侧。

两墓道结构开口于第②层下，打破垆土层、生土。

图7-2　秦始皇陵西墓道勘探平、剖面图

3. 形制与结构

西墓道方向北偏东91°，呈长斜坡形的槽形结构。勘探的部分东西长77米，西端宽15.5米，东部12～13米，东部没有勘探至末端。

墓道西端比踩踏地面深1.5米。底部呈4.8°坡度向内延伸，向东至63米处深9米。

在南北两个台体建筑中间部位，墓道收为12～14米，细夯土的墓道填土落底约4米，与台体建筑的基础部分一致。在这个部分墓道的南北两壁可能还增加有二层台结构。北壁可能有一处宽3.5米的二层台，高于墓道的底部1米。

三、北　墓　道

1. 位置

北墓道位于台体建筑北边缘居中的部位，现已被封土所覆盖。北端距封土边缘约78米，南端接台体建筑边缘。西距台体建筑西边缘约107米，东距台体建筑东边缘约112米（图7-3）。

2. 地层结构

第①层：表土层，厚约0.1米，系封土表面风化耕作层。

第②层：夯土层，厚18～20米，五花土，夹杂砂粒石块，质密，无明显分层。该层为覆盖于墓道之上的封土。

第③层：夯土层，厚0.1～3米，五花土，较纯，质密，夯层厚8～12厘米。该层为墓道内的填土。

第④层：垆土层，厚约0.3米，系次生原始土层。

第⑤层：生土层。

北墓道开口于封土之下，打破垆土层、生土。

3. 形制与结构

北墓道中线北偏西9°。平面呈长方形的槽形结构。

北端宽9米，南端近夯土台体建筑处也大致宽9米，中部加宽至13米。目前已勘探出南北长35米的部分，向南伸向台体建筑，并被台体建筑所覆压。墓道底部呈5.6°坡角向下延伸。

目前勘探区域的墓道自北向南可分为4段，其形制结构有所不同。

第1段，位于北端，自北端向南长11.5米，宽9米，被细夯土填充。

第2段，南北长10.5米，宽13米。墓道内分为东、中、西三个相对区域，填充物分别为砖坯、粗夯土（封土）、细夯土及砖坯。东部为宽4米的砖坯填充区，在墓道以上的厚约2.8米，低于墓道口沿约2米；中部，宽4米，为粗夯土直接填充区，深4.8米，底部有淤积土层；西部宽5米，从上到下分为两层，上部低于墓道口1米，填充砖坯，砖坯层厚约2米，其下为细夯土层，总厚1.8米。第2段墓道坑壁外底层为原生土层的生土、垆土，约深1.8米，其上为细夯土结构，分别对应台体建筑基础部分突出的结构。并且在其上继续用砖坯进行砌筑，形成高出台体1～2米的砖坯土台，西侧的砖坯台高2米，南北长10.5米，宽4米；东侧的砖坯台高1米，南北长10.5米，宽5米。

第3段为一道夯土砖坯墙，东西长9米，南北宽约2.5米。底部为2～2.5米的细夯土，其上为约1米的砖坯结构。其中东部的结构较高，西部的结构较低。

第4段为细夯土填充区，东西宽9米，南北长6米。由细夯土填充，其顶部东区低于第3段的砖坯、西区高于第3段的砖坯。在该细夯土层上部勘探发现有朽木迹象。

第4段及该段以南的部分可能为台体建筑的北高台建筑的部分。

四、南 墓 道

1. 位置

位于南部台体底部居中的部位。在该部位有一个向内的凹槽结构，对应南墓道。南邻台体边缘的排水渠。墓道距台体建筑东边缘103米，距台体建筑西边缘约99米（图7-4）。

2. 地层结构

第①层：封土表土层，厚约0.1米，系封土表面风化耕作层。

第②层：夯土层，厚24～25米，五花土，夹杂砂粒石块，质密，无明显分层。该层为覆盖于墓道之上的封土。

第③层：夯土层，厚2～3米，五花土，较纯，质密，夯层厚8～12厘米。该层为台体建筑。

第④层：生土层。

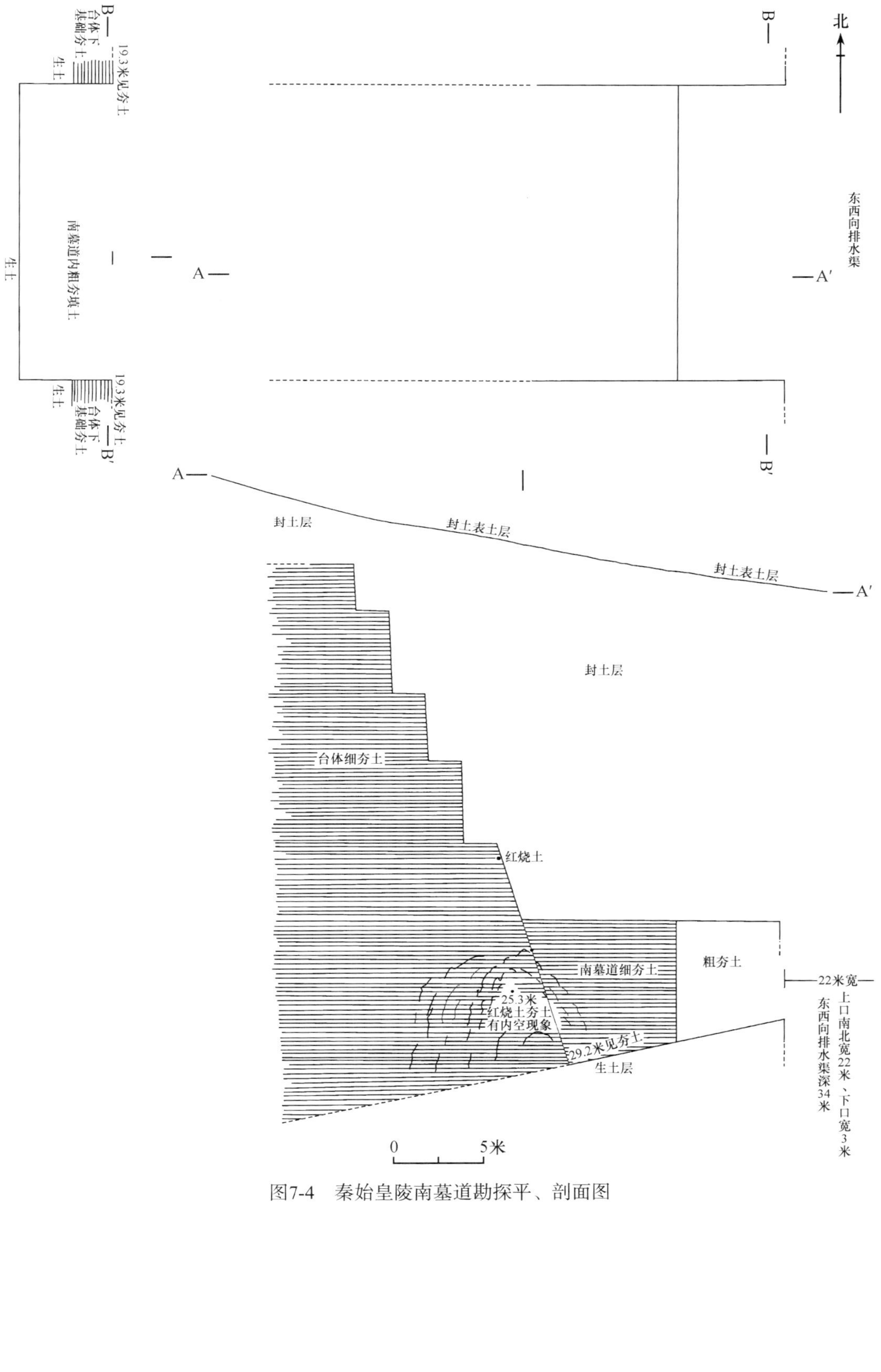

图7-4　秦始皇陵南墓道勘探平、剖面图

3. 形制与结构

南墓道为平面呈长方形的槽形结构。底部呈12°的斜坡向下延伸。墓道的南边缘东西长17米，南北勘探出12米的进深。可分为两段。第1段由粗夯土填充，从南边缘向北约6米，后端与墓道的南边缘相比深至1.3米。第2段，自南边缘6～12米处，自上而下分别第②、③层覆盖，底部仍呈11°向下延伸，后端已深至2.5米。

在第2段向内的部位，没有勘探到底。在封土地表约23米时，也即在第3层内勘探时发现大量的红烧土，烧结严重，并有空洞，说明经过严重的焚毁。该处焚烧遗迹并不是自外向内的延伸分布，有可能自内向外。可能与一处人为焚烧有关。

说明　参加勘探的人员有干部张卫星、陈治国、付建，技工吴学功、董育林、唐恩军、徐盼等三十余人。绘图：吴学功、唐恩军、董育林、徐盼等；描图：张卫星、吴学功、张科喜。执笔：张卫星。

第八章　陵园礼制建筑的勘探

第一节　秦始皇陵西内外城间建筑遗址勘探

2012～2013年，我们勘探了秦始皇陵西内外城间区域，对该区域的遗存有了进一步的发现和认识。20世纪80年代以来，这一区域断续进行过多次工作，如早年程学华先生主持钻探时，发现这一区域有60多座陪葬墓，但是没有内涵，认为是空墓①；此后，还发现多处园寺吏舍遗址；经过1981年杭德洲、屈鸿均、王玉清、张占民、刘占成、吴晓丛、李钢成、张文立诸先生的发掘，认为其中还有食官遗址，当时的发掘面积1836平方米②。除了发掘外，这一区域的勘探成果一直没有正式的考古报告发表，本次工作目的就是对这一区域的遗址的地层关系、形制、结构组成有一个科学的认识，并进一步探究其功能和性质。

一、位置与地形地貌

这一区域南自内外城西门间门阙建筑遗址、北到内城北墙向西延长线，东西界于内城西墙与外城西墙之间（图8-1）。

这一区域南高北低，没有明显的断崖。临马公路从中南部自西向东穿过。临马公路以南地面多种植石榴树，其间还生长杂树及杂草；临马公路以北，依次有原标准缝纫机公司的机架厂厂区、晏寨村村落；目前厂房及村民房屋已搬离，厂区地面已覆土并种植草皮，村民房宅垃圾已清运，地面杂草丛生。

勘探工作置于秦始皇帝陵考古分区之下进行，勘探区分别为EB、FB、GB、HB区（图8-2）。

---

① 程学华：《秦始皇帝陵考察报告》，《庆祝武伯纶先生九十华诞论文集》，三秦出版社，1990年；程学华：《秦始皇陵工作简讯》1980年第8期。

② 秦俑坑考古队：《始皇陵西侧骊山食官建筑遗址清理简报》，《文博》1987年第6期。

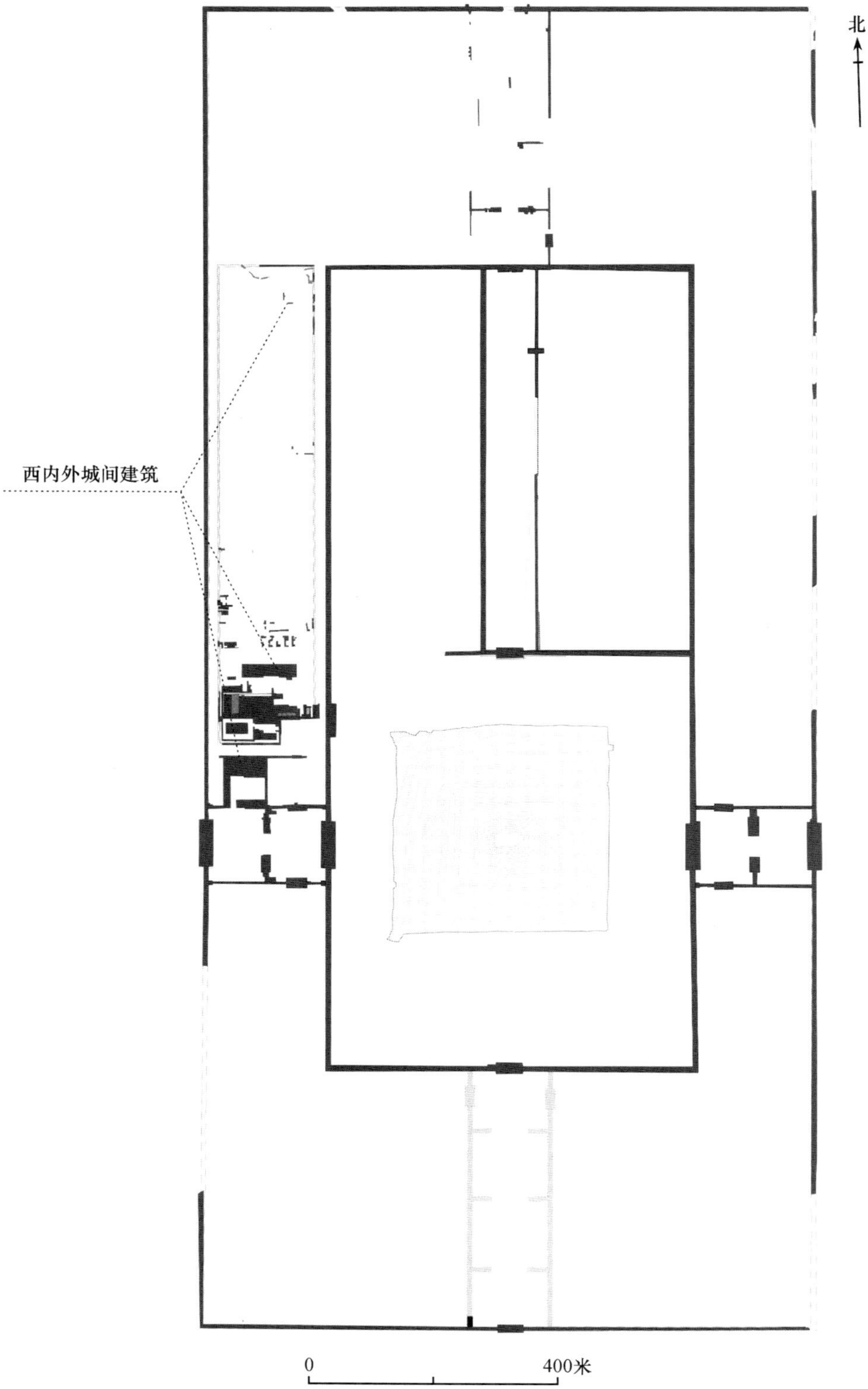

图8-1　陵园西内外城间建筑遗址位置图

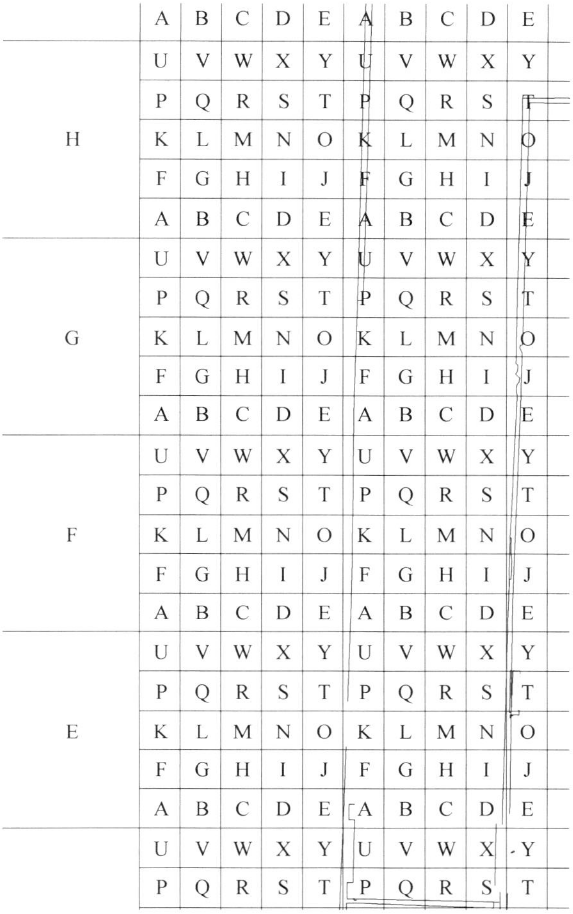

图8-2　陵园西内外城间区域勘探分区图

二、地层关系

本区域地层结构如下（图8-3）。

第①层：表土层。厚0.3米，系现代植被生长、人为活动层。

第②层：冲积层。厚0.3～1.6米，土质杂乱，夹杂砂粒石子，系后期山前冲积形成。

第③层：夯土层。厚0.5～1米，质密，由5～8厘米厚的细夯层构成，系人工建筑层。

第④层：棕红土层。厚0.3米，质密，系自然堆积，个别区域有分布。

第⑤层：生土层。

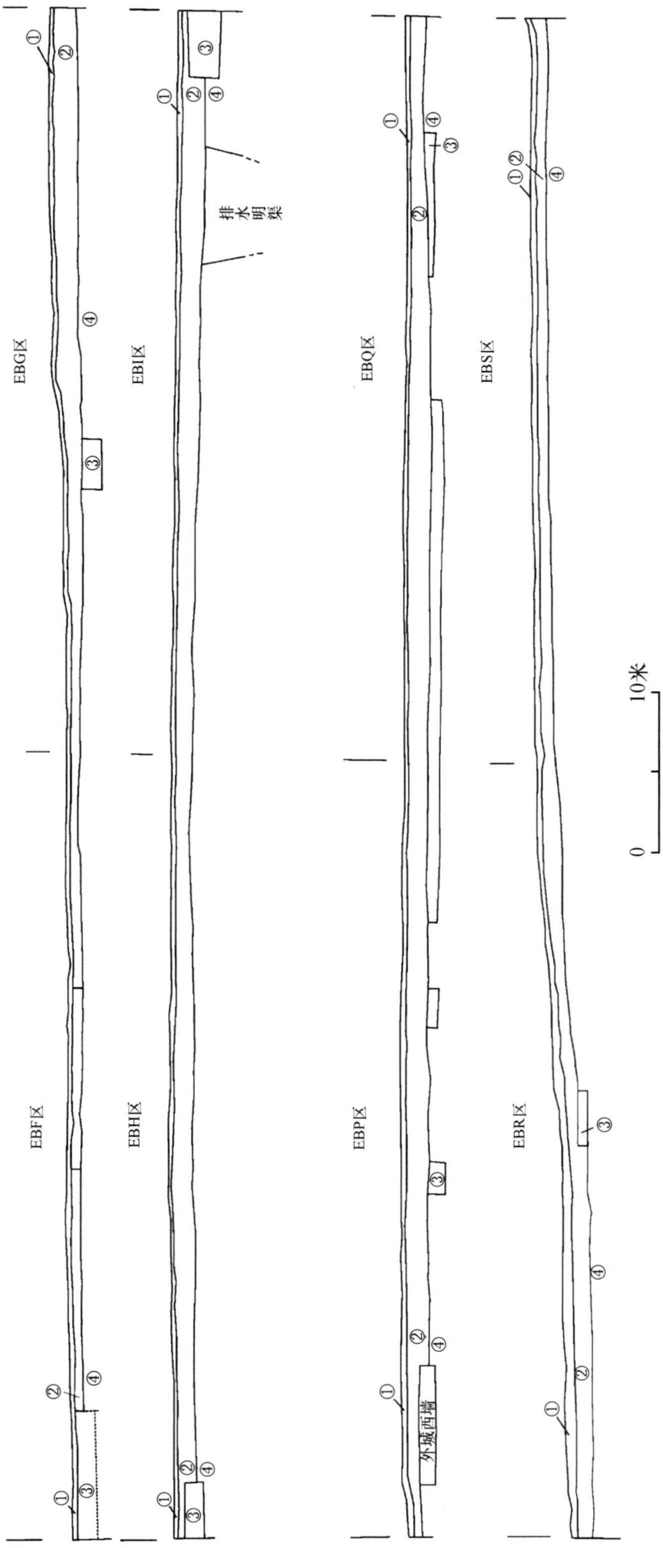

图8-3　陵园西内外城间建筑遗址地层结构图

三、遗存的形制

目前在这一区域发现两处大规模的建筑遗址及一批附属遗存。分析其组合关系，可分为A组、B组建筑，二者以道路相隔和连接（图8-4）。

图8-4　陵园西内外城间建筑总平面图

A组建筑，平面呈长方形。东西总长187米，南北宽90米。界于西内外城两墙之间，并与两墙相连接；南接门阙建筑的北墙，北侧以其北端的墙垣结束。

B组建筑，总平面呈南北向的长方形，南北复原总长796米，东西宽155～162米，复原面积12平方米。其南垣距A组建筑17.5～58米，其间局部发现有踩踏遗存，还发现一条呈“L”形、宽2米的石质道路；西垣距外城西墙16米；北垣距北内外城间建筑遗址南墙垣10米，东距内城西墙8～19米，北部距离19米，西南角一处建筑基址经发掘证明距内城墙8米。

四、结构组成

（一）A组建筑

该组建筑由南北两端的墙垣及夹在其间的大型台基式建筑组成，在建筑基址与墙垣间的空白区域分布着74座墓葬（图8-5）。

台基式建筑东西总长71米、南北宽31米。该基址的东西各有一条夯土基址通向门阙建筑的北墙。西侧基址南北长49.5、东西宽11.5米；西侧建筑基址南北长37.5、东西宽4.25米。

南部墙垣建筑位于门阙建筑北侧，除原附门阙北墙的部分外，还有一段墙垣属于A组建筑，该段墙垣东西长46、南北宽6.5米。

北部墙垣建筑紧邻台基式建筑的北侧，东西通长158、宽4～5米。可分为三段，西段东西长4.85、南北宽5米，中部有12米的缺口；中段为台基式建筑的北墙；东段东西长63、宽3.4～4.2米，在西距台基式建筑39.5米、东距内城墙37.6米处有一处台基式建筑，东西长15.7、南北宽5.2米，系墙垣向南北各加宽0.8米所形成。东段与内城墙之间有30米区域无墙垣建筑。

在台基式建筑与南北两墙垣、东西内外城垣之间形成三处区域，发现有74座小型墓坑，具体内涵不清。其中西区南北长80、东西宽25米，分布有10座墓坑。中区东西长55、南北宽37米，分布有8座墓坑。西区东西长83、南北宽80米，分布有49座墓坑。

（二）B组建筑

该组建筑由四面墙垣及位于其间的院落式建筑构成。

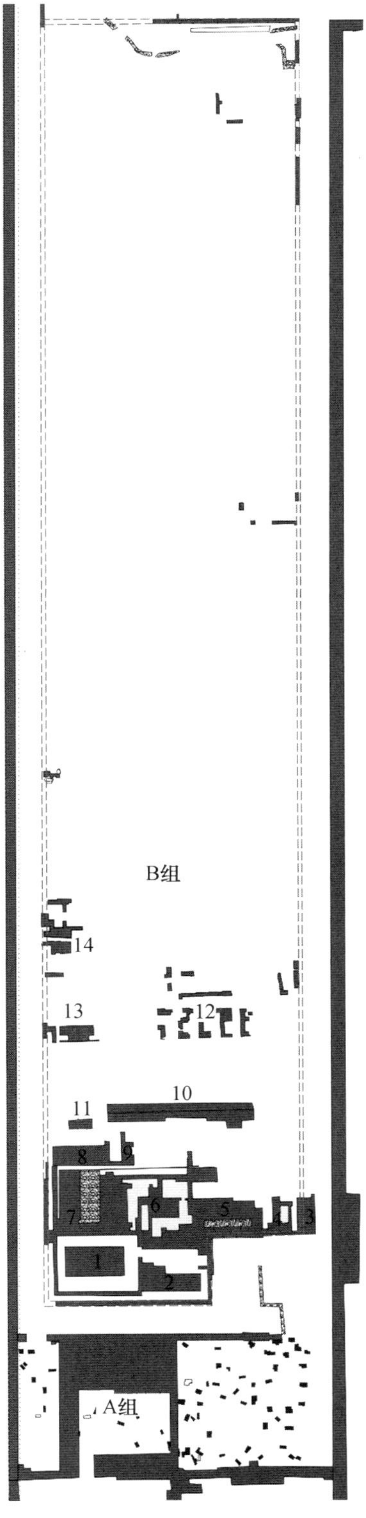

图8-5　陵园西内外城间建筑分组示意图

1. 墙垣

南垣分为三段。西段残存东西长91、宽2.6米，中段由西段向北折，南北长40、宽2～3.5米，东段由中段向东折，东西长62、南北宽2.3～4米。

西垣残存5段，其中临马公路以南区域的南段较长，南北长50、宽2.5米，公路以北残存的墙垣多5～10米，残存3～4段。

北垣残存段东西长87、宽2.8米。

东垣残存数段，宽2～2.6米，长5～29米不等。

2. 院落式建筑

院落式建筑目前可以分析出四排14组建筑。

第1排建筑

由两个院落组成。分别编为第1、2组。东西总长93、南北宽36米。

第1组位于西半部，由四周墙垣与中部的台基式建筑组成。东西长52、南北宽40米。其中南北墙垣东西长52、东西墙垣南北长40米，四个拐角保存完整；西墙与B组建筑的外墙垣间有宽7.5米的夯土基址连接；南墙垣与南侧的外墙垣间距2.6～3米；北、东墙垣系与北侧第2排建筑、东侧的第2组建筑共用。中部的台基式建筑东西长35、南北宽18米。

第2组位于东半部，由四周墙垣与中部台基式建筑组成。南、东墙垣系B组建筑的外墙垣；北部墙垣与第2排建筑共用，目前暂分辨不出其形制；西垣与第1组建筑的东垣共用，中部有一段宽6.5米的缺口。台基式建筑西与西墙相连，东西向长35米，东端宽10米，西端宽17米。

第2排建筑

该排建筑由于破坏较甚，仅发现有南北、西侧墙垣及内部的台基式建筑，编为第3～7组建筑。东西总长157米，南北宽40米。

墙垣建筑

南墙总长157米，东段60米已经1982年发掘验证，宽2米；中西段与第1排建筑的北墙共用，目前暂未能分辨出其结构。

西墙南北长40、宽2.8米；南北墙垣拐角规整。

北墙东西残长52米，局部宽2.8米，其余区段与第3排建筑的遗存相连。

台基式建筑

第3组南北长22、东西宽19米，发掘验证距内城墙8米，似为面向的厢房式建筑。

第4组南北长23、东西宽12米，3组和4组基址间由铺石遗存连接。

第5组东西长41、南北宽19米，暂不能与南墙垣分开。基址的中部有一处东西长28、南北宽4米的槽形铺石遗存。

第6组残存部分南北长35、东西宽24米，局部破坏严重。

第7组总体上介于南、北、西三面墙垣内，东西长40、南北宽33米，有一处南北长32、东西宽10米的槽形铺石遗存，局部已遭破坏，铺石不完整。

第3排建筑

目前仅发现有与第2排建筑共用的南墙垣，其他墙垣暂未发现，另有4组台基式建筑，编为第8～11组建筑。

第8组似为南墙垣北侧相连的台基式建筑，除去宽2.8米的墙垣，该基址东西长34、南北宽10～12米。

第9组情况与第8组类似，除去宽2.8米的墙垣，该基址南北长18、东西宽6～7米。

第10组为一呈东西长方形的较大规模建筑，南边缘不规整，向北伸向临马公路，暂不清楚北边缘位置，东西向长87米，目前已探明部分宽4～10米。

第11组残存部分东西长13.5、南北宽5.5米。

第4排建筑

仅发现3组不成规模的台基式建筑遗存，其结构已无法复原。早年曾发现有墙垣、夯土台、铺石散水等遗存。

五、收获与问题

本次勘探清陵园西内外城间门阙建筑北侧区域的遗存布局与大致的形制结构，分析出A、B两组建筑群，进一步探析两组建筑群内部的建筑结构，并初步掌握了二者的分隔与连接关系。这些工作为进一步讨论这一区域的遗存在陵园中的功能具有重要意义。

随着认识的深入，这一区域的遗存仍然存在问题。

关于A组建筑与其空白区域的墓坑的功能和关系问题，仅凭目前的勘探尚不能解决。早年程学华先生认为这是一处建制中的墓地[①]。通过此次勘探，我们认为这批墓坑基本没有打破建筑，而且分处建筑的空白区域，大致与建筑同时期构筑；至于内涵需要发掘而定。我们初步认为可能与祭祀活动有关。

① 程学华：《秦始皇帝陵考察报告》，《庆祝武伯纶先生九十华诞论文集》，三秦出版社，1990年；程学华：《秦始皇陵工作简讯》，1980年第8期（内部资料）。

关于B组建筑，早年曾发掘第二排的东部1800平方米，但是由于发掘所限，没有形成完整的资料，也没有形成系统的认识。这一区域出土了“丽山”“食官”等重要文字内容，为认识这一遗存提供了重要线索，正是基于此发掘成果，学界多认为此遗址为陵园的食官。但是通过此次勘探可以判断，1981年的发掘仅是B组建筑的局部，那么B组遗存是不是都是食官所在？仅凭目前的收获仍不能定论。

此外还有学者认为西内外城间区域还有园寺。通过此次勘探，我们认为虽然破坏严重，但是B组建筑为一个整体。因此该组建筑的功能、性质也一致，该区域不能明显分离出属于园寺的相关遗存。

第二节　秦始皇陵北内外城间建筑遗址勘探

2012～2013年，我们勘探了秦始皇陵北内外城间区域，对该区域的遗存有了进一步的发现和认识。关于该地区的考古工作开展较少，21世纪之前尚未有考古工作的报道，但是大多数考古学者都认为这一区域有建筑遗址，一些学者在其平面图上也做了示意标志；2009～2010年，陕西省考古研究院配合秦始皇帝陵遗址公园建设曾进行过零星勘探，资料尚未发表。对该区域的工作，我们早自2009年就曾开始了局部勘探，2012～2013年重点勘探了北内外城间西半部区域，本次工作目的就是科学地认识这一区域遗址的地层关系、形制、结构。在勘探中发现了成规模的建筑遗存，还发现有排水设施、踩踏遗存、道路遗存，这些发现有利于进一步探究建筑遗存的功能和性质，也有利于研究这一区域在陵园建制、规制中的功能与意义。

一、位置与地形地貌

这一区域东自内外城北门间的门阙建筑遗址西墙，西至外城西墙，北到外城北墙，南至内城北墙及其向西延长线，与西内外城间的B组遗存相距10米（图8-6）。

这一区域大致呈南高北低，自南向北有三级阶地，居中的区域阶地南北落差较大，西侧区域落差较小。

原下焦村至乙炔厂水泥路贯穿东西，两侧铺有电力、通讯管线，这些人为设施对遗存造成程度不一的破坏。该区域基本上没有村落，原属晏寨村、毛家村的田地，现为遗址公园园内用地，局部铺设草坪，少数区域仍生长有杂树杂草。

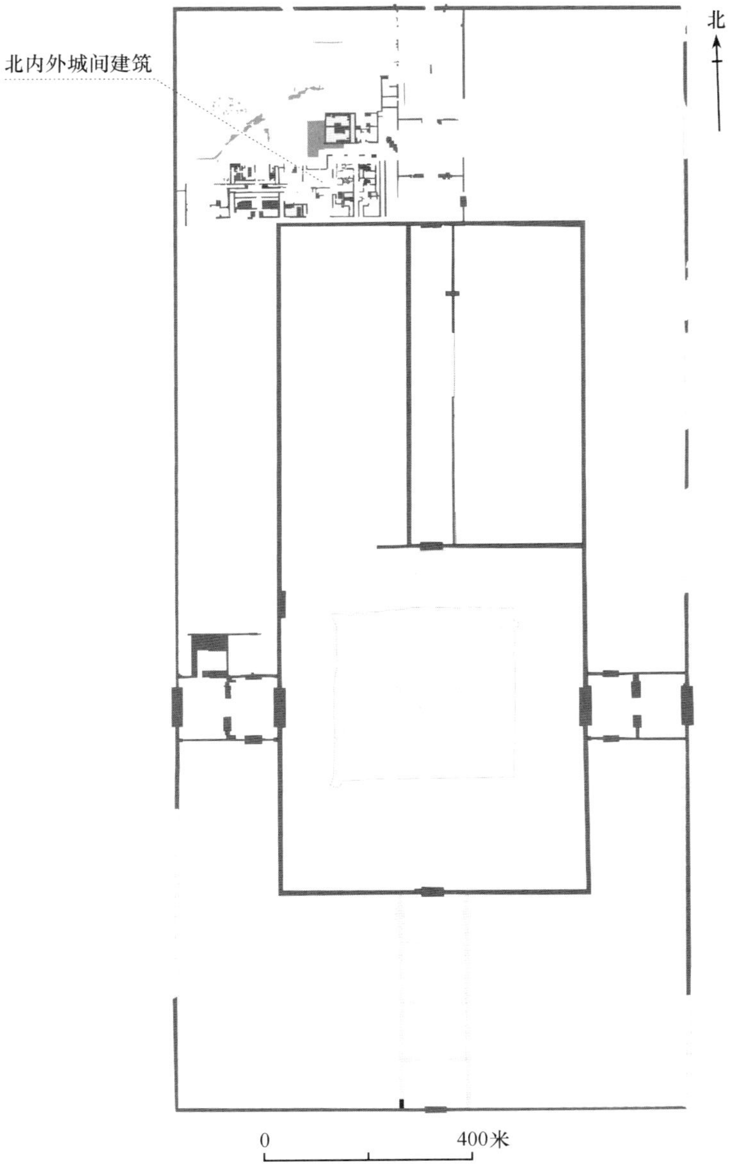

图8-6　陵园北内外城间建筑遗址位置图

据当地村民回忆，20世纪60年代该区域地面仍有沟渠，当地人称为“浸沟”，南北走向；现在该区域的西北部有一处规模较大的冲沟，破坏了外城北墙冲向陵园外。

勘探工作置于秦始皇帝陵考古分区之下进行，勘探区跨HB、HC、IB、IC、JB、JC区（图8-7）。

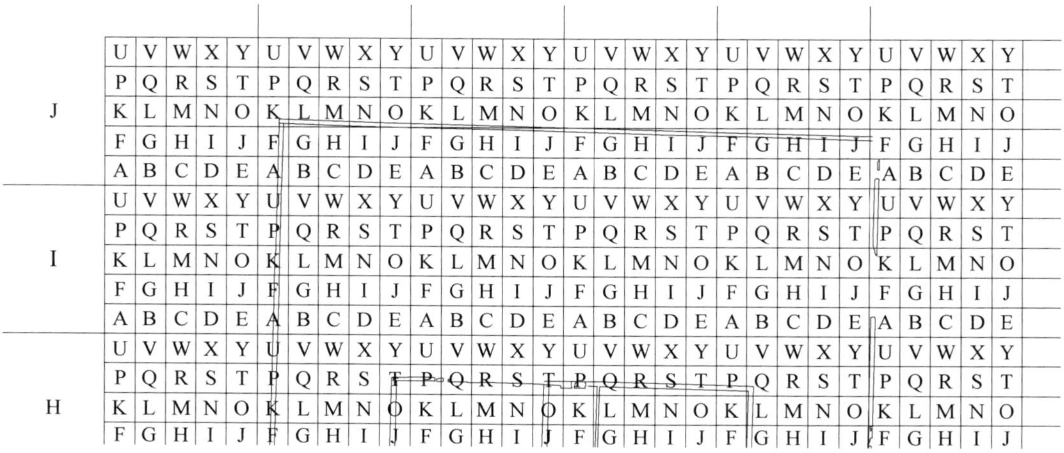

图8-7　陵园北内外城间区域勘探分区图

二、地层关系

本区域地层结构如下（图8-8）。

第①层：表土层。厚0.3米，系现代植被生长、人为活动层。

第②层：冲积层。厚0.3～1.6米，土质杂乱，夹杂砂粒石子，系后期山前冲积形成。

第③层：踩踏层。厚0.1米，质密，分层明显，系路土。

第④层：夯土层。厚0.5～1米，质密，由5～8厘米厚的细夯层构成，系人工建筑层。

第⑤层：生土层。

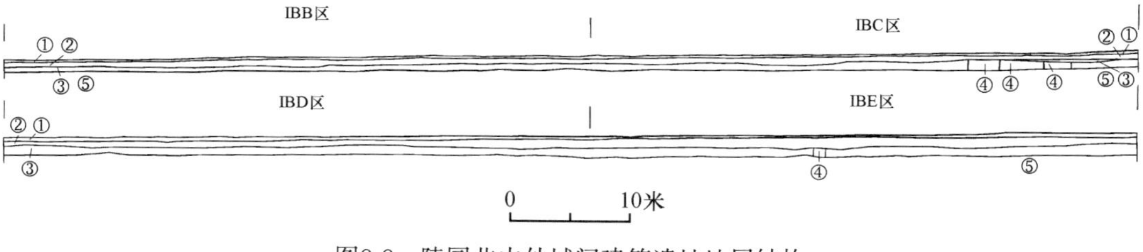

图8-8　陵园北内外城间建筑遗址地层结构

三、主要遗存

目前在这一区域发现一处较大规模的建筑遗址及一批附属遗存。以下分别介绍。

（一）建筑遗存

1. 形制与位置关系

该建筑群总体上呈“』”形。建筑群的南边缘东西长400米，北边缘东西长50～100米；西端南北宽100米，东端南北宽280米。总面积约6.8万平方米（图8-9）。

图8-9　陵园北内外城间建筑总平面图

建筑群东与北内外城间门阙建筑的西墙相连；西距外城西墙13米；南距内城北墙12米，距西内外城间B组建筑北墙10米；北端距外城北墙128米。

2. 结构组成

经过初步分析，该建筑群自南向北可分为三排建筑，每排中又可分为1～5组院落，在该建筑群与北内外城门阙西墙间还有4组建筑，共编为15组。以下按不同的排、组关系分别叙述（图8-10）。

第1排

该排建筑整体上东西长373米，南北宽68米。西自外城墙内侧的南北向墙垣、东至门阙建筑西墙4米的第2道墙垣，南起内城北墙北侧10米的墙垣，北侧是第1排与第

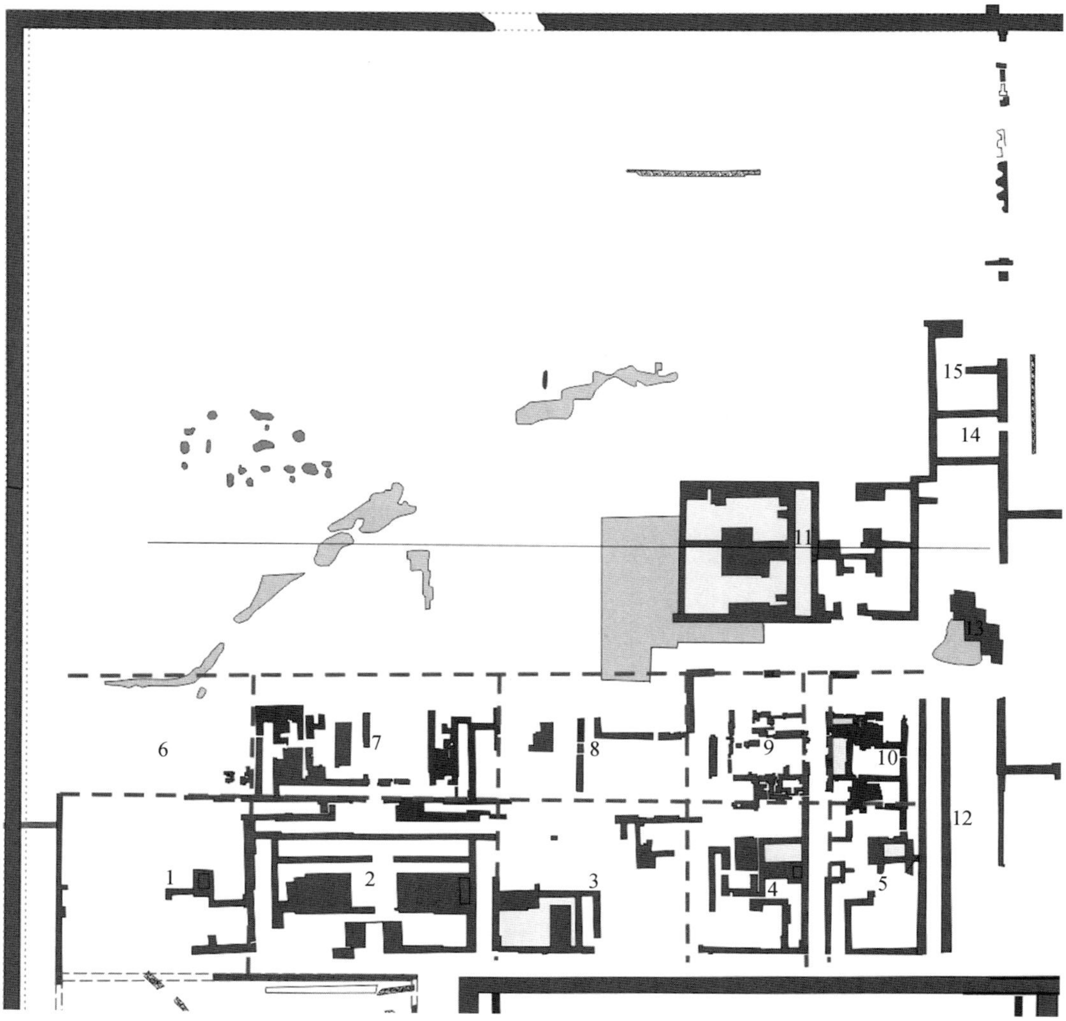

图8-10　陵园北内外城间建筑分组示意图

2排之间的墙垣，该墙垣大致东西连续分布，可作为两排建筑间的界墙。可分为5组建筑。

第1组　东西长85、南北宽68米。位于第1排建筑的最西端。由四面墙垣及内部的台基式建筑组成，南、北两面墙垣破坏严重，内部建筑基址破坏严重。

西墙现存南北长84、宽2.6米。北墙仅存东段，东西长21.5、宽2.6米。东墙南北长59.5、东西宽2.6～3米，该墙也是第1组与第2组建筑之间的隔墙。南墙仅存东段，东西长24.5、宽2.6米。

台基式建筑仅发现1处，平面呈“L”形，东西长33、宽16米，其他多为宽2.6～3米的墙垣式建筑。

第2组　东西长95、南北宽68米。位于第1排建筑第1组的东侧，其东侧为第3组建筑；北侧为第2排的第7组建筑。由四面墙垣及内部的台基式建筑组成，南面墙垣破坏严重，其他墙垣及内部建筑基址保存较好。

西墙发现两道墙垣。第1道，位于最西侧，为第1、2组的隔墙；第2道在第1道东侧6.5米处，南北长39、宽3.4米，北端连东西向墙垣，中段连接内部的大型建筑基址，南端被破坏。

北墙发现四道墙垣。最北侧为第1、2排间的隔墙，贯通东西，宽2.6米；南侧3～5米处为第2道东西向墙垣，该道墙垣分为两段，分别长34、宽2.3～6.3米，间距26米；其南7米处为第3道墙垣，东西长92、南北宽3.3米；其南8米处为第4道墙垣，东西长82、宽2.6米，中部有8.3米长的缺口。

东墙也发现有两道。第1道位于最东侧，也是第2、3组间的隔墙，南北长49、宽3.2米；其西7米处为第2道，南北长32、东西宽3米，与内部的建筑基址相连。

南墙仅存东段，东西长39、宽2～2.8米。

台基式建筑发现4处。居中部位为两处大型台基式建筑，保存较好。西侧基址东西长27、南北宽17.5米，与其西侧的墙垣通过一条长4.7、宽4米的夯土相连；东侧基址东西长31、南北宽17米，与其东侧的墙垣相连。

南墙垣北侧居中部位有两处小型基址。大致南北长10、东西宽7.8米，二者相距7.7米。

第3组　现存遗存东西长60、南北宽68米。位于第1排第2、4组建筑间。大致由四面墙垣及内部的台基式建筑组成，东、南、北三面墙垣破坏严重，内部建筑基址也破坏严重。

西墙即第2组的东墙垣。

北墙大致可观察出四道残存。第1道系第1、2排间的隔墙，也是第2组中该墙向东延伸的部分；第2道位于第1道南4.5米处，残长东西向36、宽3米；其南6米处残存一段东西长3米的墙垣，可能系第3道墙垣的残存；第2道南12米处，东西向长9、宽2.2米的墙垣为第4道。

东墙破坏殆尽。

南墙仅存西段，东西长43、宽2～2.8米。

台基式建筑仅发现2处，平面呈长方形，分别呈东西向和南北向。东西向台基建筑东西长17、南北宽8.7米，南北向台基建筑南北长18、东西宽8.7米。

第4组　该组建筑残存墙垣基址南北长68、东西宽47米，平面大致呈南北向的长方形。位于第1排建筑的第3、5组之间。也大致由四面墙垣及内部的台基式建筑组成，西、北两面墙垣破坏严重，内部建筑基址也破坏严重。

西墙破坏殆尽。北墙残存东西长11.5、宽2.6米，东西与第2、3组建筑的北墙一致，北侧与第9组建筑相连。东墙南北长69、东西宽2.6米。南墙残存部分东西长46.5、宽2.6米。

台基式建筑发现大致有3处。最大一处平面呈“回”字形，南北长20、东西宽18米，与东墙相连；其西侧0.8米处的基址南北长14、东西宽9.5米；其他基址仅存宽2.6～3米不一的墙垣。

第5组　平面呈南北向的长方形，南北长68、东西宽42米。位于第1排建筑的最东端，西距第4组建筑8米。四面墙垣基本存在，内部的台基式建筑破坏严重。

西墙现存两道墙垣。第1道，位于最西侧，距第4组东墙7米，南北长33、宽2～2.6米；第2道，位于第1道之东6米处，南北长23.7、宽2.6米，该墙与南墙呈直角相连。

北墙仅存东段墙垣，东西长21.5、宽2.6米。

东墙发现两道墙垣。第1道为第1、2排建筑的东墙垣，南北通长111、东西宽3米，该墙与本组的南墙垣呈直角连接；第2道残存南北向长6、宽3米。

南墙仅存东段，局部东西长24.5、宽2.6米。

台基式建筑仅发现1处，平面呈“回”字形，东西长19、宽12～16米，与东侧墙垣相连；其他多为宽2.6～3米的墙垣式建筑。

第2排

该排建筑现存遗迹东西长316米，南北宽60米；复原后东西长373米，南北宽60米。其复原后的东西长度应该与第1排建筑基本一致。遗存西自外城墙内侧的南北向墙垣、东至门阙建筑西墙的第2道墙垣，南起第1排建筑的北墙垣，北侧是第2排与第3排之间的墙垣，该墙垣残存数段东西向不连续分布的墙垣，可定为两排建筑间的界墙。第2排也可划分为5组建筑。

第6组　仅发现第1排第1组的北墙垣，东侧为第7组的西墙垣。内部发现一组大致相连的铺石遗存及夯土遗存。

铺石遗存东西总长10、南北宽7.6米，夯土遗存南北长3.8、东西宽1.6米。

第7组　建筑平面呈东西向的长方形，东西长95、南北宽60米。位于第2排建筑的第6、8组之间。西、南、东三面墙垣基本存在，内部的台基式建筑破坏严重。

西墙现存两道墙垣。第1道，位于最西侧，也是第6组的东墙，南北长36.5、宽2.6米；第2道，位于第1道之东5米处，南北长32、宽2.5米。两道墙垣均与南墙垂直相连接。

北墙破坏殆尽。

东墙发现三道墙垣。第1道，位于最东侧，也是第7、8组间的隔墙，南北长18、宽1～2.8米；其西侧8米处为第2道南北墙的墙垣，南北长35、宽2.5～3米，与南垣垂直相连接；其西4.5米处为第3道墙垣，南北长36、宽1～2.6米，基本与南墙垣垂直相连接。

南墙两道墙垣，最南侧墙垣为第1排的北墙。第2道在第1道之北5米处，东西长73、南北宽2.3～2.6米。

台基式建筑残存基址似可分为东西两组。西侧基址东西通长26、南北宽19米，断续不连；东侧基址与东侧墙垣相连，残存部分大致南北长21、东西宽8米。

第8组　仅存4段墙垣及一处基址，所处区域东西通长81、南北宽57米。

西墙也即第7组建筑的东墙。东墙南北残长30、宽2.6米。南墙也即第3组的北墙。北墙破坏殆尽。

中部另有一段南北长32、宽2.6～2.9米的墙垣，一处南北长12.6、东西宽10米的基址。

第9组　建筑平面呈南北向的长方形，南北长60、东西宽50米。位于第2排的第8、10组建筑之间。四面墙垣局部存在，内部的台基式建筑破坏严重，仅断续相连。

西墙现存两道墙垣。第1道，位于最西侧，也即第8组的东墙，残存南北向18米，与北墙呈直角连接。第2道，残存长27.5、宽2.2～2.6米，距第1道5米。

北墙仅存西段与中段墙垣，残存部分东西长19、宽2～2.6米。东墙残存部分南北长30、东西宽2.5～3米，与内部的台基式建筑相连。南墙仅存中段局部，东西长22.5、宽2.6米。

台基式建筑发现2处。南侧一组位于南墙内侧，平面略呈东西向长方形，残存部分东西长15、南北宽10米。

北侧的一组与东墙相连，平面也大致呈长方形，内部有破坏，东西长19、宽12～16米，与东侧墙垣相连；其他多为宽2.6～3米的墙垣式建筑。

第10组　建筑平面呈南北向的长方形，南北长60、东西宽42米。位于第2排建筑的最东端，西距第4组建筑8米。四面墙垣基本存在，内部的台基式建筑破坏严重。

西墙墙垣距第9组东墙8米，南北长35、宽2.8米。北墙墙垣残存东西长23、宽2.6米。东墙墙垣发现两道。第1道为第1、2排建筑的东墙垣，南北通长111、东西宽3米；第2道，东距第1道5米，残存南北向长41、宽2.6米。

南墙仅存东段，局部东西长22、宽2.6米。

台基式建筑发现2处，平面大致呈长方形。南部一组位于南墙北侧，东西长14、宽7米；北部一组，东西长22、南北宽10米，与西墙相连，内部有所破坏。

第3排

建筑位于第2排的北侧，二者相距21米；东部距北门阙西墙35米；北距外城北墙128米。建筑整体上东西长105、宽62米。由于其结构相连，可视为一个整体，因此定为第11组建筑。该组建筑由四面墙垣合围而成，内部又有两道南北向墙垣，将其分为东西两个院落，其内部各有一个大型基址。整体上该组建筑以南北中轴线左右对称。

南墙东西通长103、宽3.5米。西墙南北通长62、宽2.8米。北墙东西通长99、宽2.8米。东墙南北长60、宽3米。

中部隔墙发现两道墙垣，均南北向，与南北墙垣垂直相连接，二者相距7.5米，东侧隔墙距东墙39米，西侧隔墙距西墙43米，两墙均宽2.8米。

台基式建筑分别位于院落的南墙北侧、北墙南侧及中部。西院台基式建筑长宽各20米，通过一条长8、宽8米的夯土与东侧隔墙相连；东侧院落内的大型台基也大致20米见方，也通过一条长8～10、宽8米的夯土与西侧隔墙相连。

门阙建筑西墙间的附属建筑可分为四组，分别编为12～15组。

第12组　为一条南北向的长墙，南北通长112、宽3.8米，距第1、2排东墙垣7米，距门阙建筑西墙20米。

第13组　平面呈不规则的曲尺形。南北通长33、宽20米。残存20～30厘米的细夯层，边缘有粗夯层分布。在该建筑基址的西侧发现近300平方米的粗夯区域，大致南北长18、东西宽15米，形状不规则，粗夯层厚20厘米，其下为扰土，厚50厘米，再下为生土。

第14组　建筑总体呈东西向长方形，东西长30、南北宽20米。建筑的东墙为该区域门阙建筑的西墙，西墙系14组、15组建筑共用，向南延伸至第11组建筑。南北墙系介于东西两墙间的墙垣。

东墙宽4米；西墙宽2.5米；北墙即第15组建筑的南墙，东西长26米，宽2.6米；南墙介于两墙之间的部分东西长26米，宽2.2米。

内部没有发现遗存。在东墙上有一处宽4米缺口。

第15组　建筑总体呈南北向长方形，南北长40、东西宽30米。建筑的东墙为该区域门阙建筑的西墙，西墙系14组、15组建筑共用，向南延伸至第11组建筑。南北墙系介于东西两墙间的墙垣。本组建筑即是在这两墙之间的最北一组。

东墙宽4米；西墙宽2.5米；北墙残存长20米，宽2.3～3.3米；南墙介于两墙之间的部分东西长26米，宽2.6米。

内部由3条东西向的墙垣组成，墙垣宽度分别为1.5、2.6、3.3米。

（二）踩踏遗存

发现3处规模较大的踩踏区。

第1处，呈西南—东北向，总长280米，宽5～10米。南自第2排建筑的第6组的北侧，北至第3排建筑的北侧40米处，断续分布。

第2处，位于第3排建筑的西侧以及南侧的第2、3排之间的区域。大致南北长64.5、东西宽32～70米，面积2500平方米。

第3处，位于第13组建筑基址的西侧，大致南北长18、东西宽15米。

（三）铺石遗存

在第6组建筑内发现一处铺石遗存，已见前述。此外还在第3排建筑的北侧136米处，发现一条东西向长56、宽2米碎石道路。

（四）排水设施

在第1排建筑西墙垣与外城西墙之间发现一组排水管道。排水管道东西向，由南北排列的8排五角形水管道构成，没有上下叠压关系。

四、主要收获与认识

（一）主要收获

本次勘探第一次探明了陵园北内外城间相关遗存的分布与形制结构。以往虽然多数学者认为该区域有建筑遗存，但是并没有科学的依据，本次勘探提供了翔实的考古依据。

本次工作明确的建筑遗存主要分布于门阙建筑的西侧区域；建筑遗存的规模也仅有6.8万平方米，虽南至内城北墙及其西延长线，但是向北并没有达到外城北墙一线，这一区域的广大部分没有建筑遗存分布。

本次工作发现的建筑遗存是继内城西北部建筑遗址、西内外城间A组建筑遗址、西内外城间B组建筑遗址之后的又一重要发现，而且规模较大，形制统一，结构组成较为规整明晰。

此次不仅发现有建筑遗址，而且还发现有踩踏、排水、铺石遗存等，而且与门阙建筑可能相连，为综合认识这些建筑的功能、性质提供了辅助解释材料。

（二）主要认识

关于该区域的建筑遗存早年的考古工作者虽有提及，但是对其形制结构不清，无法谈及其功能、性质。通过此次勘探工作，我们进一步认识了其具体形制、结构。我们还认为其功能与陵园的礼制性建筑有关，应该是陵寝建筑的附属部分。

第九章　陵园陪葬坑的勘探

第一节　封土西北侧陪葬坑

一、概　　况

此坑位于秦始皇陵封土西北角，东距现封土西边缘55米（图9-1）。1978年，考古工作者在秦始皇帝陵封土西北侧钻探发现一处遗存，当时判定为“甲”字形大墓。2012年2月18日至3月18日我们对该区域进行复探，对该遗存的形制、结构有了新的发现，我们根据钻探成果，认为该遗存为一座具有斜坡门道的外藏坑，编为K201201。现将勘探资料发布，以供研究者进一步讨论。

二、地形地貌与地层关系

该区域总体上南高北低、东高西低，但无明显地形起伏。现地表为早年种植的侧柏及灌木。

该区域地层关系复杂。共分以下9层（图9-2）①。

第①层：表土层。厚0.3米。整个区域都有分布。

第②层：冲积层。厚0.8～1.5米，夹杂较多的细砂石。整个区域都有分布。

第③层：踩踏层。厚0.05～0.1米，层理明显，系路土。整个区域都有分布。

第④层：粗夯土层。厚0.2～1米，夯层不明显，质密，土色杂乱，系封土向下延伸的部分。主要分布于坑体以外的东、南侧区域。

第⑤层：踩踏层。厚0.05～0.1米，层理明显，系路土。仅坑体区域有分布。

第⑥层：粗夯土层。厚0.8～3.8米，夯层较厚，一般10～20厘米，土质杂乱，质

---

① 本章中地层结构均有介绍，故相关平、剖面图中所涉地层，不再一一图注。

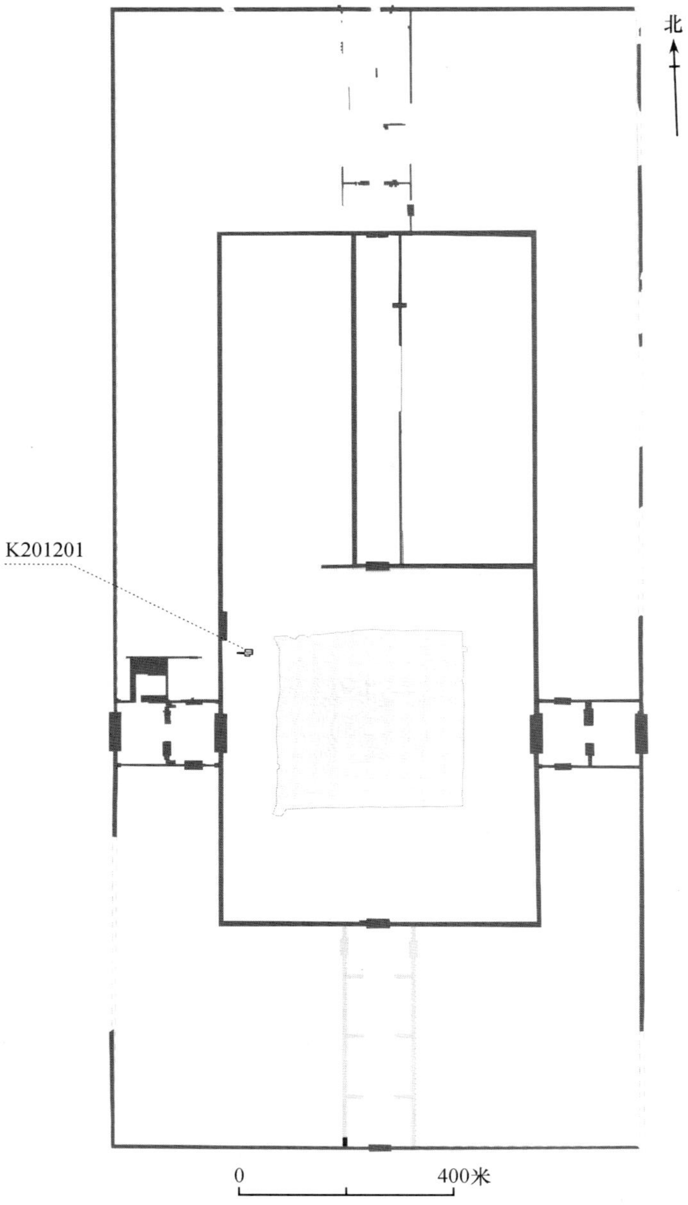

图9-1　K201201 位置图

密。系坑体内的填土。

第⑦层：细夯土层。厚0.3～2.7米，夯层明显，0.07～0.1米，质密，黄褐色，系坑体的建筑结构遗存。

第⑧层：垆土层。厚0.4～0.8米，土色棕褐，质密，系自然堆积，主要分布在坑体以外的区域。

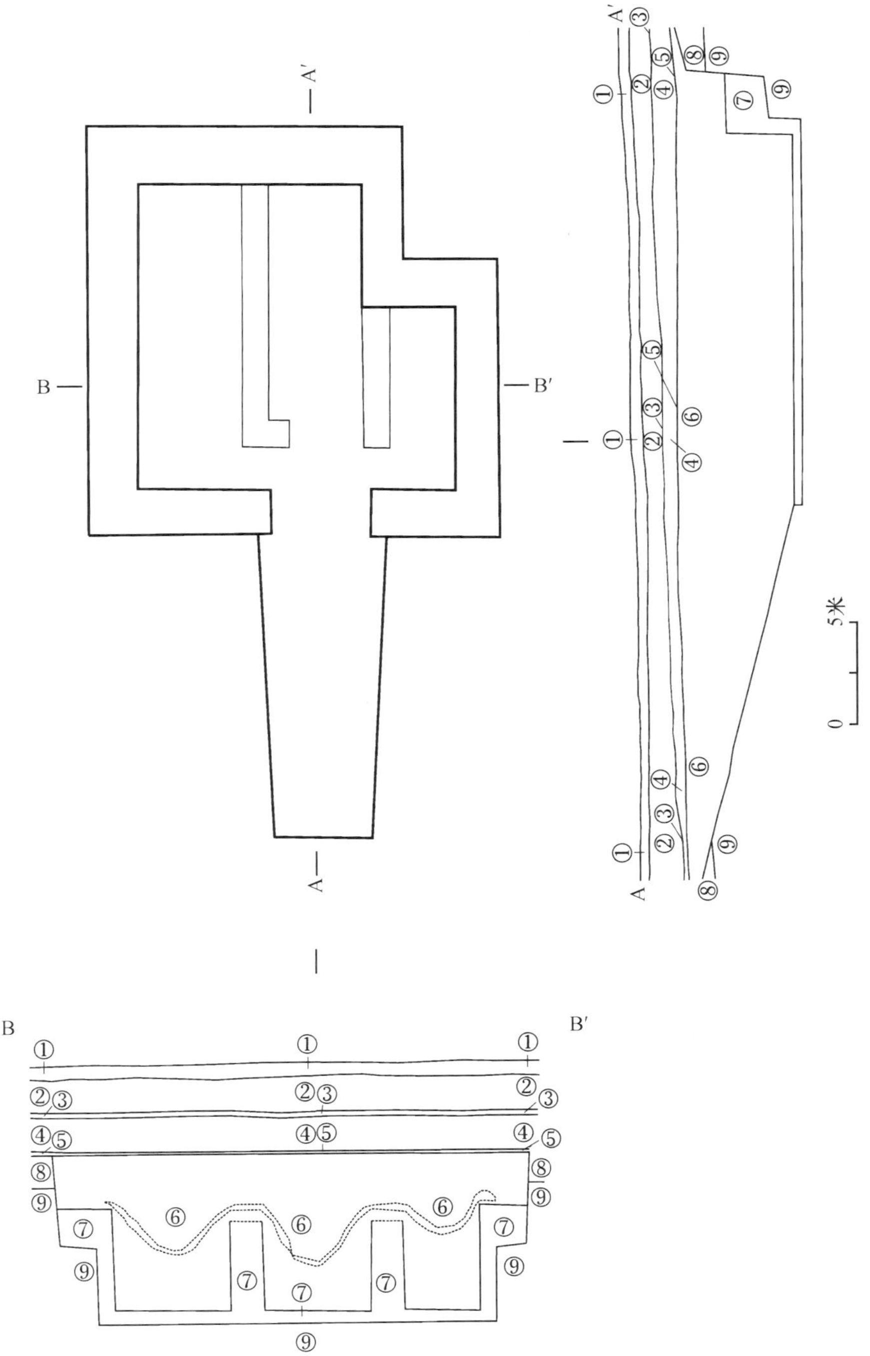

图9-2　K201201勘探平、剖面图

第⑨层：生土层。

分析这一区域的地层结构，第①、②层为近现代堆积，第③层为后期踩踏，第④层为封土，第⑤层为该坑建好后形成的踩踏层，第⑥、⑦层为坑体建筑结构，第⑧、⑨层为原生自然堆积。

三、形制与建筑结构

该坑总体上呈“甲”字形。坑体东西通长28.1、南北宽14.5米，底部距现地表6米。

该坑结构由坑体和斜坡道组成。坑体位于东部，东西长15.6米，南北宽14.5米；斜坡道东西长13.6米，门道西端宽3.5米，门道东端宽4.5米，距现地表深2.2～5.7米。

门道部位无夯土二层台，坑壁为生土。

坑体部位，由坑壁、二层台、隔墙组成。坑壁总体上分为四面，但是南壁有折曲；北壁总长15.5米，东壁总长11.2米，南壁15.5米，其中南北折曲部分长3.5米，西壁两段总长10米。

坑体四周设置二层台，只在门道处敞开。二层台宽1.5～2.2米，深2.4米，其结构形式为夯土包生土，其中夯土厚1.5～2.4米，夯土包住的部位为生土；门道处有3.5米的敞口没有设置二层台，应该设有封堵结构。

坑体设置有两条东西向隔墙。自南向北分别编为1、2号。1号隔墙，东西长5.2米、南北宽1米，深2.4米；西端距西壁二层台1.8米，东端连接东壁二层台。2号隔墙，南北宽1米，东西长9.8米，深2.4米，西端向南拐出0.7米；西端距西壁二层台1.8米，东端与东壁二层台连接。

四、空间结构与遗物

由二层台、隔墙分隔的坑体部分空间由四部分组成，分别为三个过洞和一个开间。

过洞，自南向北依次编为1～3号。

1号过洞，介于南壁二层台与一号隔墙之间；东西长7米，南北宽2.3米。

2号过洞，介于1、2号隔墙之间；东西长9.8米，南北宽2.6～3.3米。该过洞勘探时发现有木迹、漆皮遗存。

3号过洞，介于2号隔墙与北壁二层台之间，东西长11.6米，南北宽3.6米。

开间，位于1、2号隔墙西端与西壁二层台之间的区域。南北长5.2米，东西宽1.8米。

五、主要收获与认识

一是对建筑结构的认识。该坑在建造上也是先开挖西门道、再开挖坑体，并留生土二层台，夯打0.3米厚的底夯后，再修筑夯土包生土二层台，再筑中间两条夯土隔梁。底部也发现有0.3米厚的夯土基础，说明底部也经过了夯筑。在土结构内再搭建木结构，可能包括有地板、侧板、立柱等，上部用棚木覆盖，再回填粗夯土。通过对这种土木结构的认识，基本上与秦始皇陵区域的外藏坑结构一致，因此判断这是一座外藏坑。

二是对修筑时间的认识。通过该区域的地层结构，可以说明该坑修建好后，坑口部位没有高出秦代地面的封土，因此作为施工通道形成10厘米厚的踩踏层；随后又被封土所覆压。因此可以断定，该坑修建于封土覆土之前，而覆土工程是始皇葬礼完成后到二世元年四月之前这一时段的工程。因此该坑修建的下限在始皇葬仪之前，也就是始皇三十七年九月之前；虽然其上限不定，但是不会很早，应该与陵园的主体工程修建时段基本一致。

三是对其性质的判定。早年勘探成果认为这是一座“甲”字形墓，不少学者将其定为公子高墓。现在从形制与结构上可以否定这一判断。此外，从修建时段上看，该坑早于封土的覆盖，且作为施工通道已有时日。这都说明该坑为始皇葬骊山之前就已修好。公子高葬骊山之足见于《史记·李斯列传》：“公子高欲奔，恐收族，乃上书曰：‘先帝无恙时，臣入则赐食，出则乘舆。御府之衣，臣得赐之；中厩之宝马，臣得赐之。臣当从死而不能，为人子不孝，为人臣不忠。不忠者无名以立于世，臣请从死，愿葬郦山之足。唯上幸哀怜之。’书上，胡亥大说，召赵高而示之，曰：‘此可谓急乎？’赵高曰：‘人臣当忧死而不暇，何变之得谋！’胡亥可其书，赐钱十万以葬。”从这一记载看，公子高的死与始皇旧臣、诸公子公主同时，这是在二世掌权一段时间以后才发生的事。所以该坑与公子高没有关系。

第二节　兵马俑一号坑西门道勘探

兵马俑一号坑发现于1974年，随后对其进行了考古工作，包括局部发掘与勘探。其中对门道的考古工作也包括这两部分内容。1974～1984年的考古报告对东端的五个门道进行了报道，包括勘探数据及3号门道的发掘资料[①]。同报告对南北两侧门道也进

① 陕西省考古研究所、始皇陵秦俑坑考古发掘队：《秦始皇陵兵马俑坑一号坑发掘报告1974～1984》，文物出版社，1988年。

行了报道，主要对T2、T20方的两个门道的宽度及封门结构进行了报道。对西门道的考古工作早期应该也有开展，但是未见系统报道。2005～2006年，秦始皇兵马俑博物馆组织力量对一号坑西部未发掘区进行了调查钻探，主要解决了西部五个门道在坑内区域的问题①。但是由于对各门道位于展厅之外的部分没有开展工作，资料仍不完整。2017～2018年，为了配合一号坑展厅升级改造，我们组织力量对西部五个门道又进行了一次系统勘探，其中2017年重点对展厅外除硬化过的水泥地面外的门道区域进行了系统勘探，2018年在2005年工作的基础上复探了坑内区域，此次工作，我们形成了对一号坑西门道的整体勘探资料，并对其形成一些新的认识，现将勘探成果与收获汇报如下。

一、地形地貌与位置关系

早在1979年兵马俑一号坑上就建成了大型的展厅，一号坑西门道遗迹东部部分即被保护于展厅建筑内，包括展厅围栏围护区域、建筑内廊道区域；但是仍有大部分的遗迹位于建筑外环道区域及更西的空地。该区域现为草坪，据年长者回忆该处区域早年为高地。

西门道遗迹东与一号坑主体区域相连，北距三号兵马俑坑32米，西北距大型“甲”字形墓约75米，西距博物馆西门新发现小墓105米。

二、地层堆积

该区域地层堆积相对简单，主要地层结构如下。

第①层：草坪、表土及现代建筑层，厚0.2～1米。

第②层：扰土层，厚 0.2～1.8米。呈黄褐色，土质疏松，包括少量砂石。

第③层：冲积层，厚0.5～1.7米。质地疏松，粗、细沙、小石块较多，较少人工制品。

第④层：垆土层，厚1～1.2米。呈黑褐色，质地较硬，包含物少。

第⑤层：生土层，为原生黄土。

门道遗迹位于第③层下，并打破第④层、第⑤层，即垆土层、生土。

---

① 张军：《秦始皇兵马俑一号坑西部未发掘区调查钻探简报》，《文博》2008年第5期。

以西1门道地层为例，其结构如下。

第①层：草坪、表土及现代建筑层，厚0.2～1米。主要分布于展厅建筑内外。

第②层：扰土层，厚 0.7～0.8米。呈黄褐色，土质疏松，包括少量砂石。

第③层：冲积层，厚0.8～1.7米。质地疏松，粗、细沙、小石块比例较大。

第④层：夯土层，厚0.1～3.3米。呈黄褐色，夹杂垆土、沙粒，质地较硬，包含物少。经过夯打，系门道内的填土。

第⑤层：坑内建筑结构层。

第⑥层：踩踏层，厚0.1米。呈黑褐色，质地较硬，有层状结构。系门道内人为通过形成的踩踏结构。

第⑦层：垆土层，厚约1米。

第⑧层：生土层。

通过分析该区域地层结构，所体现出的环境变化主要为山前洪积活动以及后期人为活动。

三、门道的形制与结构

一号兵马俑坑西门道共有5个，结合前期工作，我们将一号坑西门道自北向南依次编为1～5号。这5个门道呈东西向的长条形斜坡形结构，总体上西窄东宽，口大底小；南北排列，东端与坑内的西廊道部分相连接。5个门道形制有一定的规律，总体上为两条较短的门道夹在较长的门道之间，呈三长两短之势分布（图9-3）。

1号门道：西窄东宽，东西通长30.4米。其西端南北宽4.4米，位于草坪区域，东端与坑主体相连接，南北宽5米。门道底部自西向东呈10°斜坡（图9-4）。

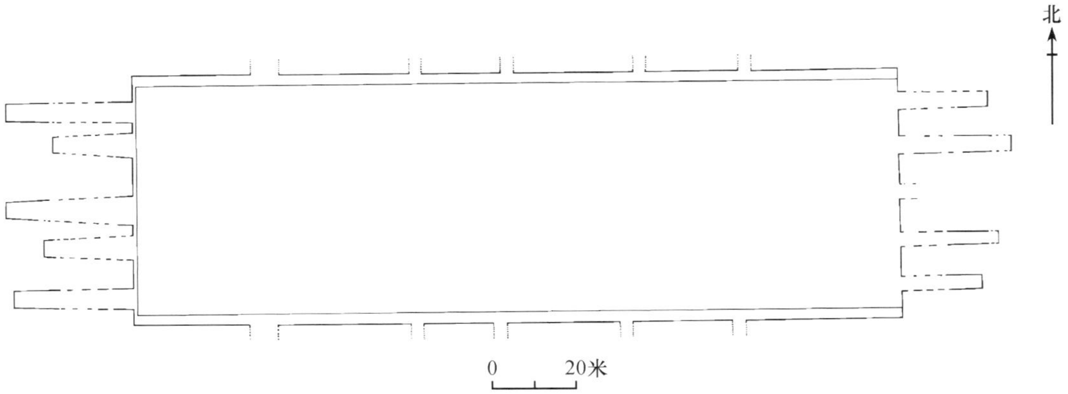

图9-3　兵马俑一号坑西门道平面图

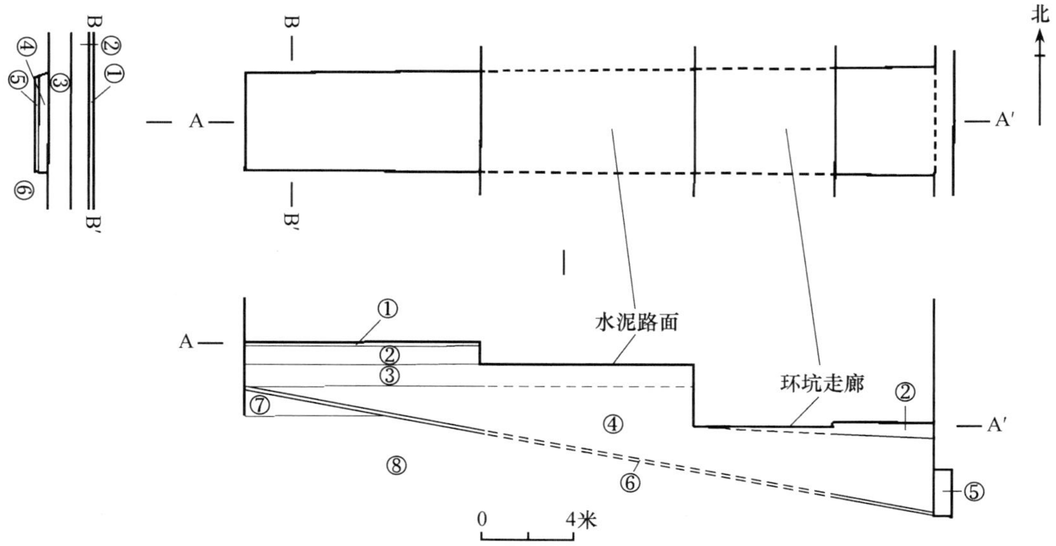

图9-4　兵马俑一号坑西1号门道平、剖面图

2号门道：2号门道东端北距1号门道2.6米。西窄东宽，东西通长19米。其西端南北宽4.4米，位于草坪区域，东端与坑主体相连接，南北宽6.2米。门道底部自西向东呈20°斜坡（图9-5）。

3号门道：3号门道东端北距2号门道9.4米。西窄东宽，东西通长30.2米。其西端南北宽4.1米，位于草坪区域，东端与坑主体相连接，南北宽7.6米。门道底部自西向东呈13°斜坡（图9-6）。

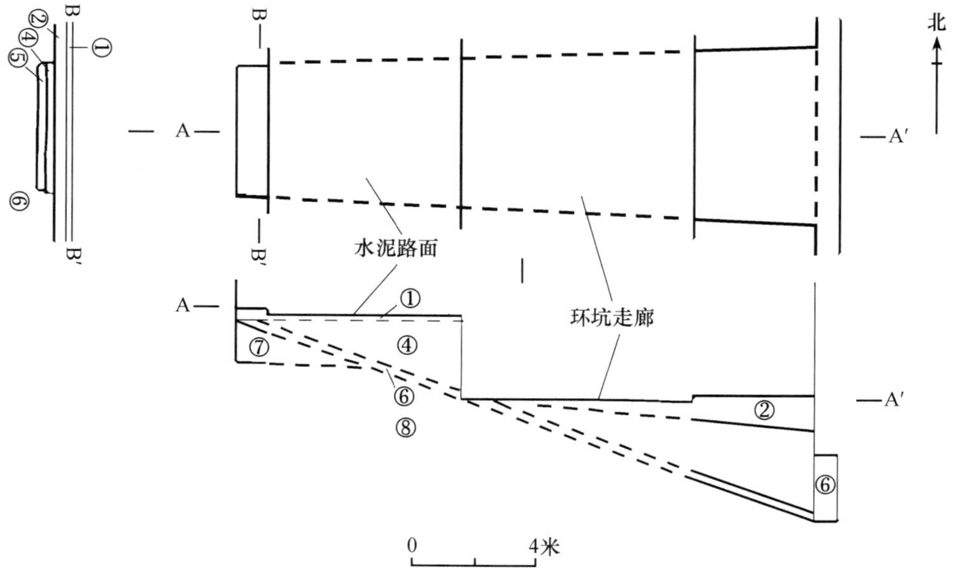

图9-5　兵马俑一号坑西2号门道平、剖面图

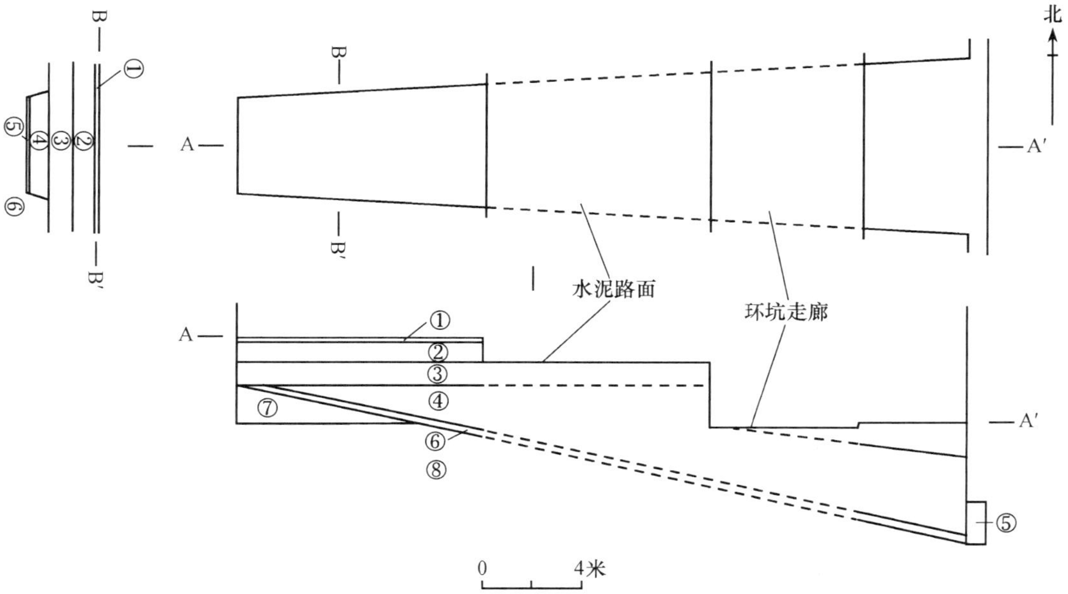

图9-6　兵马俑一号坑西3号门道平、剖面图

4号门道：4号门道东端北距3号门道2.6米。西窄东宽，东西通长21.2米。其西端南北宽4.1米，位于草坪区域，东端与坑主体相连接，南北宽6米。门道底部自西向东呈18°斜坡（图9-7）。

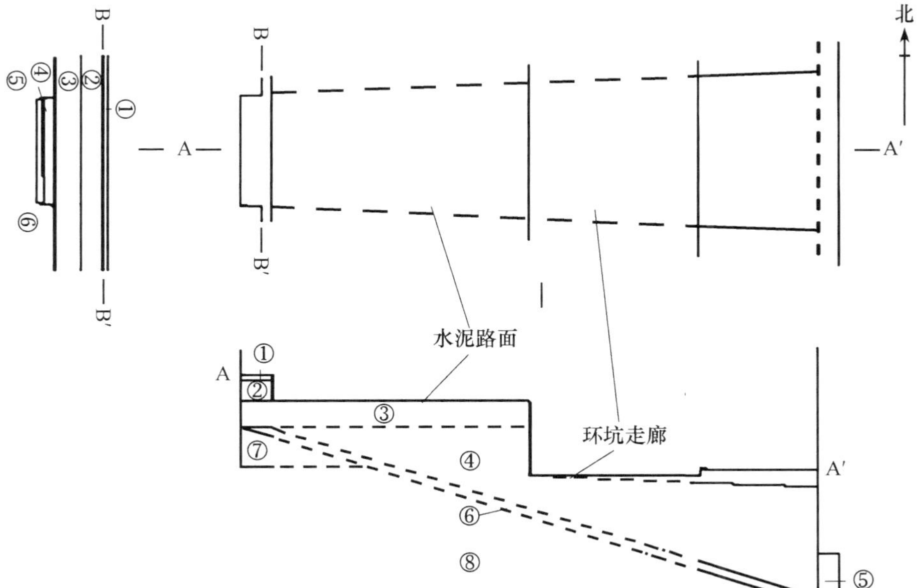

图9-7　兵马俑一号坑西4号门道平、剖面图

5号门道：5号门道东端北距4号门道7米。西窄东宽，东西通长28.6米。其西端南北宽4米，位于草坪区域，东端与坑主体相连接，南北宽5.2米。门道底部自西向东呈11°斜坡（图9-8）。

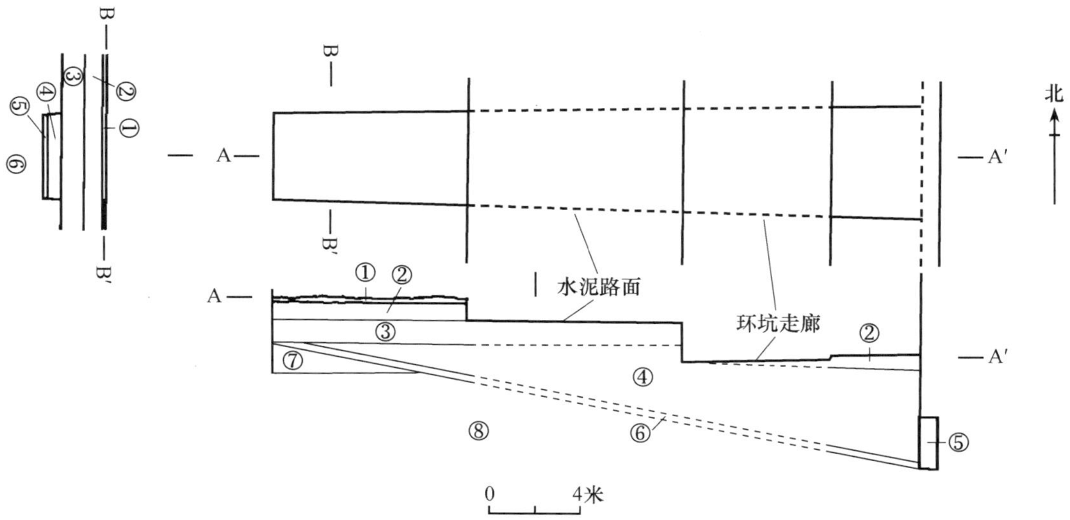

图9-8　兵马俑一号坑西5号门道平、剖面图

四、主要收获

一号坑西部门道的勘探，弥补了一号坑西部门道形制资料上的不足，完善了一号坑的系统资料，对全面认识一号坑建筑形制、规模提供了帮助。通过此次勘探，结合前期勘探、发掘材料，通过精确测绘，一号坑坑体部分长为184米，加上东西门道通长238米。

本次勘探得到了西门道遗迹与三号兵马俑坑、西北大型“甲”字形墓、博物馆西门新发现小墓的距离数据资料，为秦始皇帝陵丧葬内容的整体规划与布局研究提供了全新的资料。

说明：参加此次勘探工作的人员有张卫星、陈治国、张军，技工有徐盼等。绘图有徐盼、张科喜、冯锴、王超翔等。执笔为张卫星、冯锴、王超翔、张军。

第十章　祔葬墓的勘探

一、工作回顾与概况

1980年，考古工作者在对秦始皇帝陵园进行考古钻探时，在陵园内城北部东区发现了33座陪葬墓葬，这些墓葬“大都是坐北面南，大致呈南北向三行排列。其中竖穴土圹墓14座，竖穴洞室墓2座，台阶式墓道土圹墓3座，台阶式墓道洞室墓3座，斜坡道土圹墓3座，斜坡道洞室墓8座。上述墓葬的深度不一，最浅的仅1.3米，最深的达10米，深3～5米者居多[①]。2002年，始皇陵考古队对这一区域的中部约77525平方米又进行了考古勘探，发现了与陵园建设同期的墓葬34座。在这些墓葬中，“竖穴土圹墓3座，‘目’字形竖穴土圹墓1座，斜坡道洞室墓8座，台阶式斜坡道竖穴洞室墓9座，斜坡道竖穴洞室墓13座”。其中最大的陪葬墓长36.5米，墓底距地表10.5米。在勘探中发现了木炭痕迹、漆皮以及朽木，壁龛中发现有陶器[②]。

考古钻探发现的墓葬均未进行过发掘，具体内涵不清。对于墓葬的性质，袁仲一先生认为，“这些墓位于陵园内城北部东区这一特设的墓区内，表明墓主人的身份比较特殊，一定是靠近始皇身边的内侍或后宫从葬的人员”。《史记·秦始皇本纪》记载“二世曰：‘先帝后宫非有子者，出焉不宜。’皆令从死，死者甚众。”据此推断很可能是后宫从葬者。

2011年初至6月，秦始皇帝陵博物院勘探了这一区域。这一区域位于秦始皇帝陵园内城北部东区，北、东、南三面分别以内城城垣作为界隔，西面以2009年新发现的南北2号隔墙为界（图10-1）。

---

① 程学华：《秦始皇陵勘探报告》第四章陪葬坑墓，手稿。

② 陕西省考古研究所、秦始皇兵马俑博物馆：《秦始皇帝陵园考古报告（2001～2003）》，文物出版社，2007年。

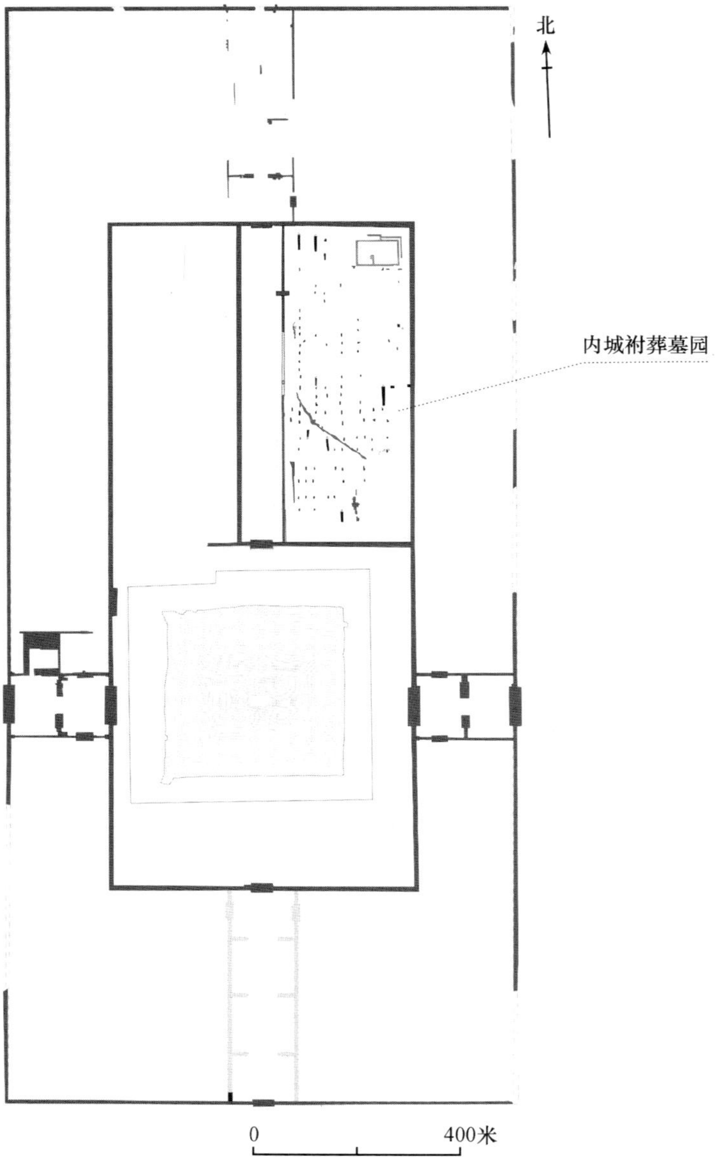

图10-1　陵园祔葬墓园位置图

该区域位于我们对秦始皇陵考古规划的HD、HE、GD、GE、FD、FE 6个大区（图10-2）。此次工作在前人工作的基础上，共发现了99座中小型墓葬。其中在HD区发现11座，分别编为HDM1～M11；HE区发现1座，编为HEM1；GD区发现50座，分别编为GDM1～M50；GE区发现有4座，分别编为GEM1～M4；FD区发现有33座，分别编为FDM1～M33。此外还发现了一处建筑基址以及部分残存的道路遗存等，在工作中我们逐渐认识到西侧的2号夯墙也可作为墓园的界隔标志之一。

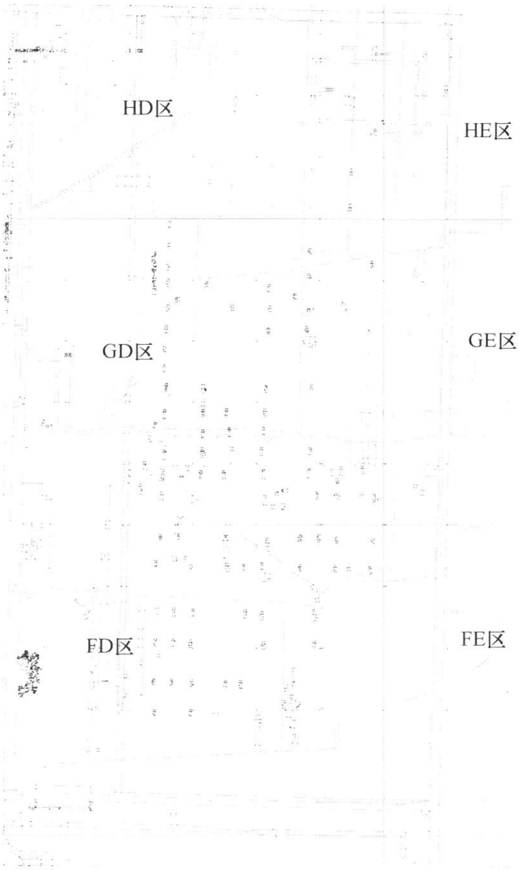

图10-2　陵园衬葬墓园勘探分区图

二、地形地貌保存现状

在未经人为大规模影响以前，秦始皇帝陵园区域应为一南高北低的缓坡。新中国成立后，秦陵地区进行过平整土地的活动，改变了这一地区的地貌。现在内城墓葬区以中部的一条东西向土崖为界分为南北两个阶梯状的区域，两个区域地表都较为平坦，南区高出北区约2米。目前整个区域绝大部分为石榴园，少部分为草坪。

在勘探中发现一条东南西北向的冲沟，开口于扰土层下，系较早时代形成，但是晚于墓葬的建筑时期。说明在秦代以后陵园包括内城区域曾遭受过山前洪水的侵袭。

三、地层关系

整个墓区的地层关系比较统一、单纯。

第①层：现代人类生产、生活所形成的表土层。

第②层：扰土层。

第③层：为棕红土层，局部区域分布于生土层之上。

第④层：未经人类扰动的生土层。

四、墓葬形制

（一）墓园的形制与墙垣

此墓葬区位于秦始皇陵内城东北部，其北、东、南为陵园内城墙垣，其西为陵园内城北区的南北向2号墙垣。在四面墙垣环绕下，该区形成了一个相对封闭的单元，该区域南北长约630米，东西宽约243米，面积约153090平方米（图10-3）。

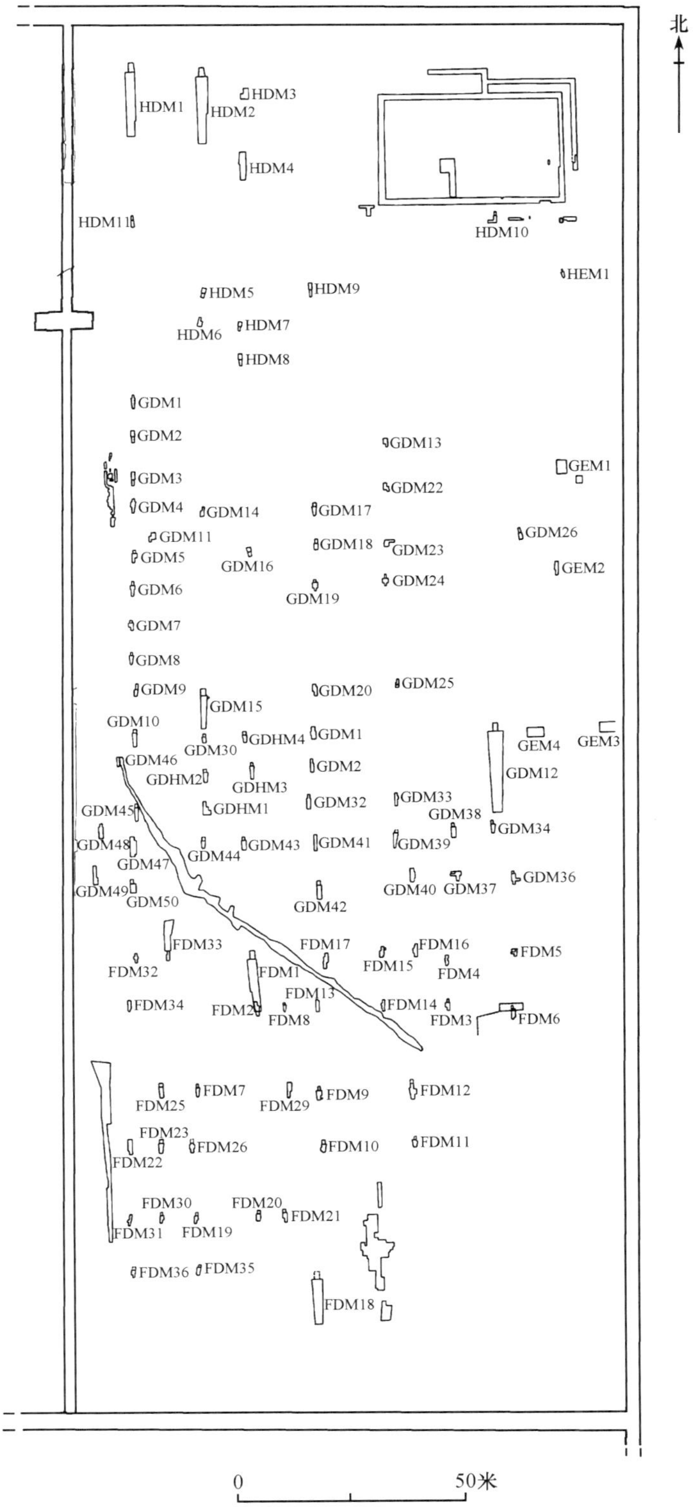

图10-3　陵园衬葬墓园遗迹总平面图

（二）墓葬的形制

综合这批墓葬，其墓葬的主要构成单元可分为墓道、竖穴土圹、洞室等三个主要部分。不同形制的墓葬其组成单元有所不同。其中墓道多为斜坡墓道，但也是竖穴墓道；竖穴土圹在一般的竖穴墓中本作为墓室，但是在洞室墓中竖穴土圹也可作为墓道使用。在洞室墓中，洞室起到墓室的作用。

可根据墓道的有无可分为有墓道墓和竖穴土圹墓两类。

第一类：竖穴土圹墓，4座，为GEM1、GEM3、GEM4、GDM47。

GEM1：竖穴土圹墓，2003年勘探编为M1。位于GEU区中南部，开口于②层扰土下，距地表深2.8米，南北向。墓口长6.6、宽4.5米；墓底长3.6、宽1.8米，深7.5米。南侧有二层台，东侧有二、三层台，墓室内距地表深9.4米处发现朽木（图10-4；图版18）。

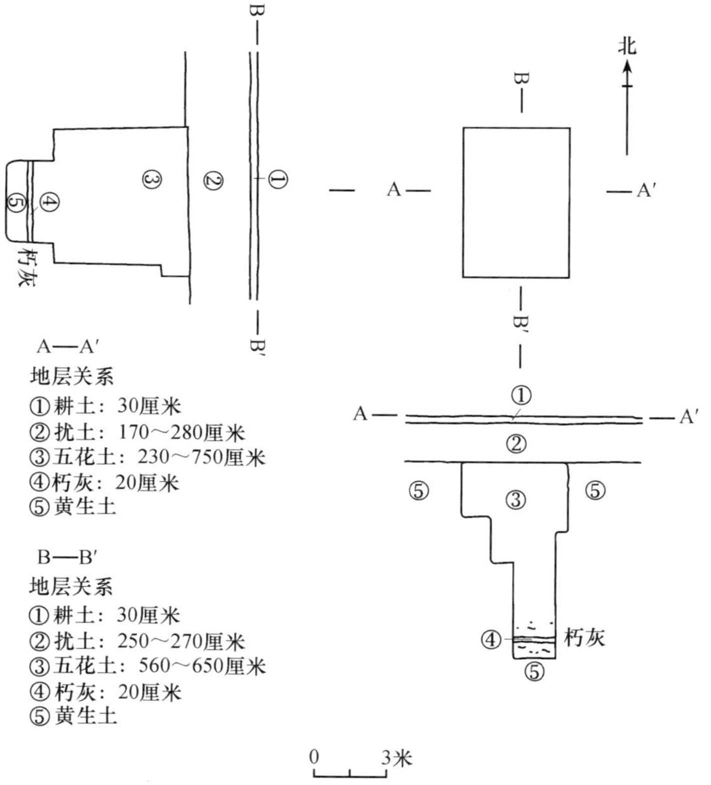

图10-4　GEM1勘探平、剖面图

GEM3：竖穴土圹墓，2003年勘探编为M3。位于GEF区东北部，开口于②层扰土下，距地表深0.6米，东西向。墓口长7.2、宽4.4米；墓底长2.9、宽1.8米，深10.1米。南侧有二层台，东侧有二、三层台，墓室内发现有红色漆皮（图10-5；图版19）。

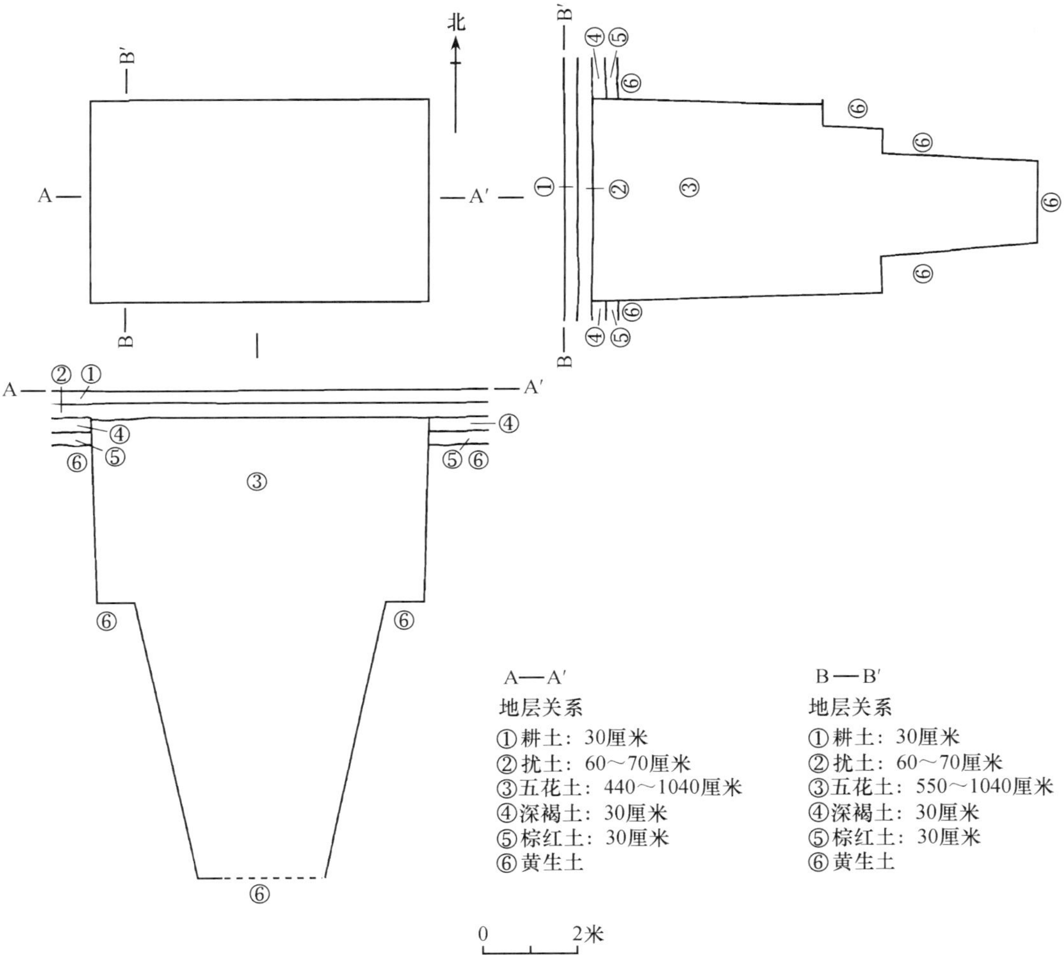

图10-5　GEM3勘探平、剖面图

GEM4：竖穴土圹墓，2003年勘探编为M4。位于GEF区西北部，开口于②层扰土下，距地表深0.65米，东西向。墓口长7.4、宽4.4米；墓底长3.65、宽1.8米，深8.8米。东西两侧各有对称的二、三层台，二层台距开口平面深3.9米、宽0.6米，三层台距开口平面深5.4米、宽0.6米，四壁上半部较直（图10-6；图版20）。

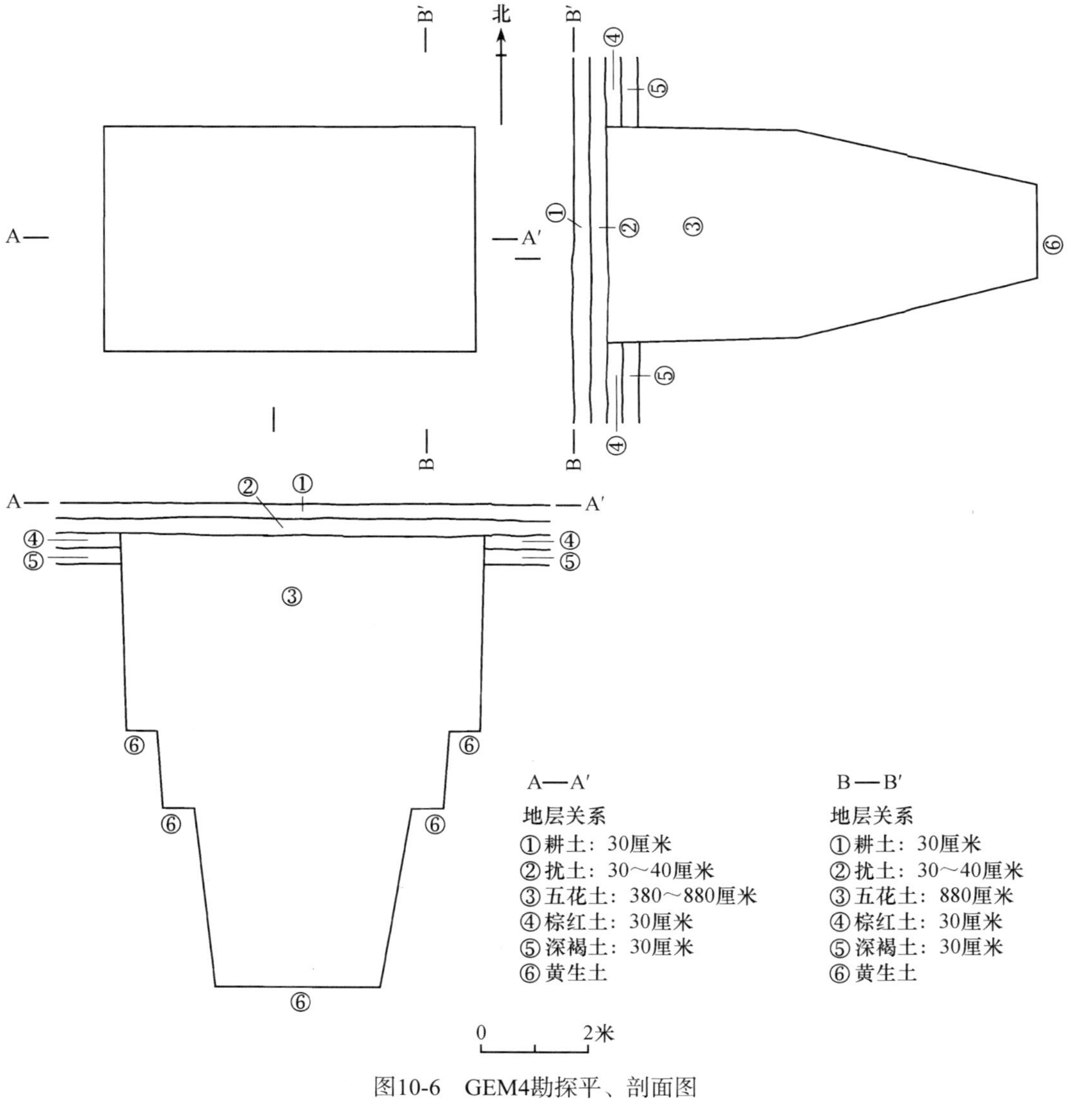

图10-6　GEM4勘探平、剖面图

GDM47：竖穴土圹墓。位于GDB区中北部，开口于②层扰土下，距地表深1.7米，南北向，平面呈“目”字形。南北各有一条台阶式斜坡道，南侧台阶低于开口平面1.35、宽1.2米；北侧台阶低于开口平面1.25、宽2.3米，深2.4米。墓室位于中部偏东，开口平面呈长方形，墓口长7.4、宽1.2～2.4米，墓底长2.2、宽1.7米，未见遗迹与遗物（图10-7）。

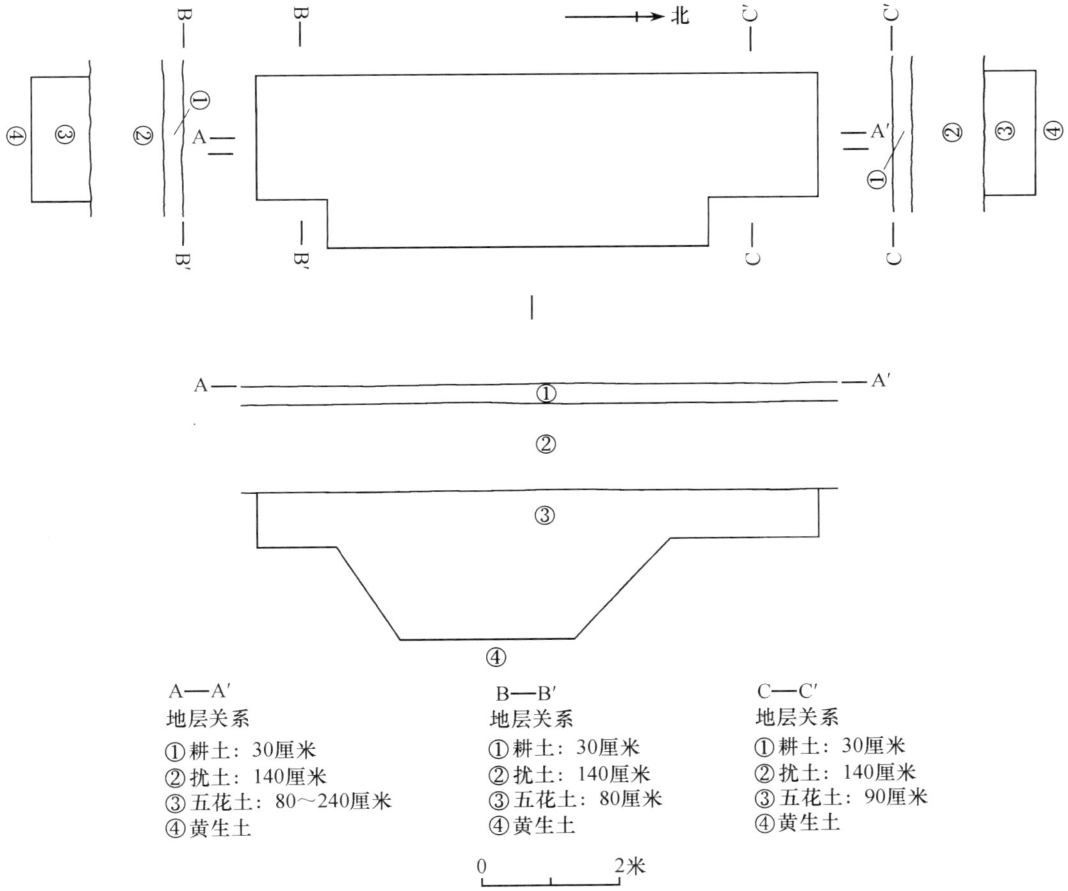

图10-7　GDM47勘探平、剖面图

第二类：由墓道墓室组成的墓葬，分A、B两型。

A型：斜坡墓道墓。墓室为土圹或洞室，或二者兼有，共5座。

AⅠ型：斜坡墓道竖穴土圹洞室墓，计有4座，分别为HDM1、HDM2、HDM4、FDM1。

HDM1：斜坡墓道竖穴土圹洞室墓。位于HDL区中部偏东，开口于②层扰土下，上口距地表深1.3米，南北向。墓道位于墓室南侧，平面呈刀形，长29.1米，南端宽3.4米，北端宽4.2米，底部有高6.8、长26.2米的斜坡，深7.5米，墓道西北角有低于开口平面深5米，宽1.5米，南北长5.6米的二层台；墓室为拱形弧顶，平面呈梯形，宽2.2～2.6米，高3.5米，进深4.2米，墓室底部高于墓道底部1米，勘探时发现铜器（图10-8；图版21）。

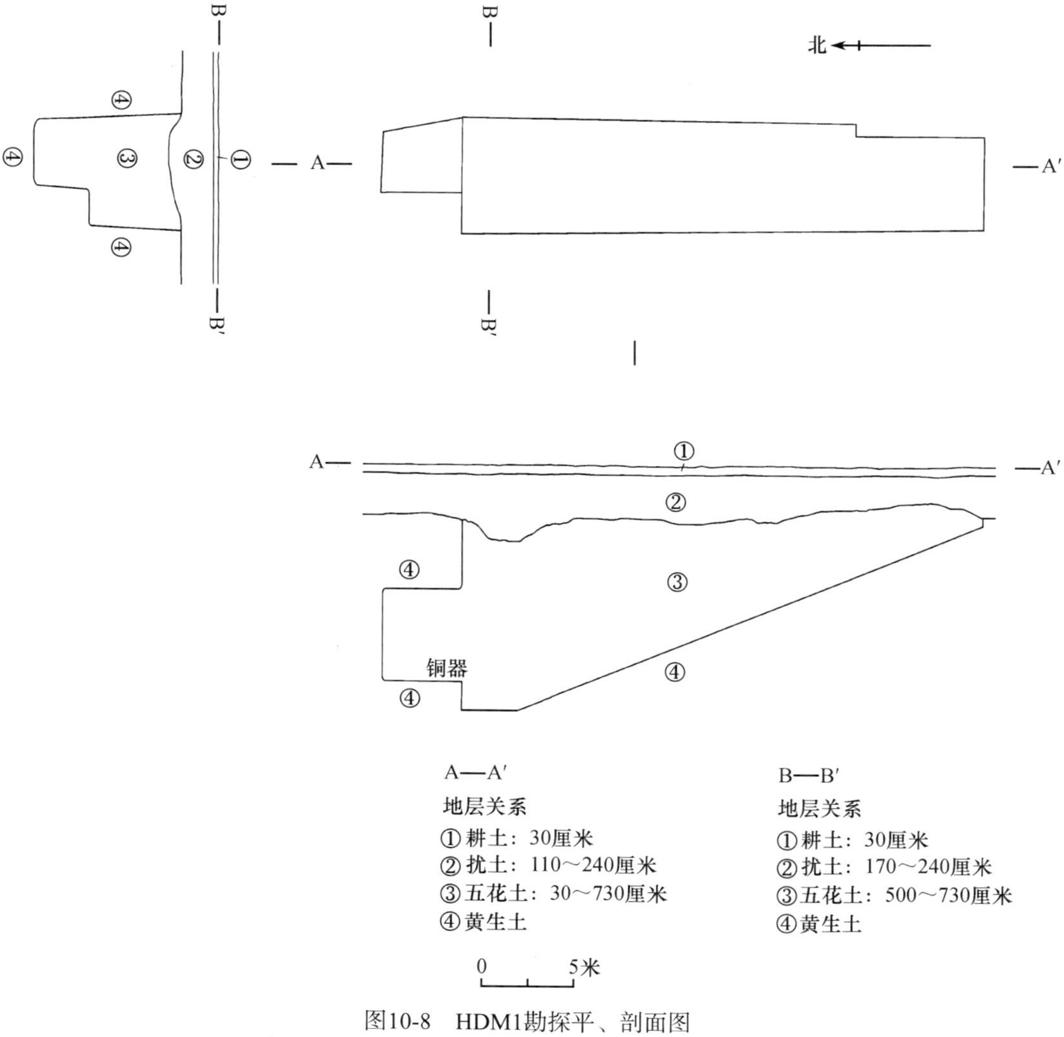

图10-8　HDM1勘探平、剖面图

HDM2：斜坡墓道竖穴土圹洞室墓。位于HDM区中部偏西，开口于②层扰土下，上口距地表深1.7米，南北向。墓道位于墓室南侧，平面呈刀形，长30.5米，南端宽3.5米，北端宽5.4米，底部有高7.5米，长19.2米的斜坡，深7.6米，墓道相邻墓室处有一宽1.8米、深0.7米的方坑，坑内发现漆皮及残骨；墓室为拱形弧顶，平面呈长方形，宽3米，高1.9米，进深2.7米，墓室后壁有一高于墓底0.4米的壁龛，高1.5米，进深1.2米，墓室底部与墓道底部平行（图10-9；图版22）。

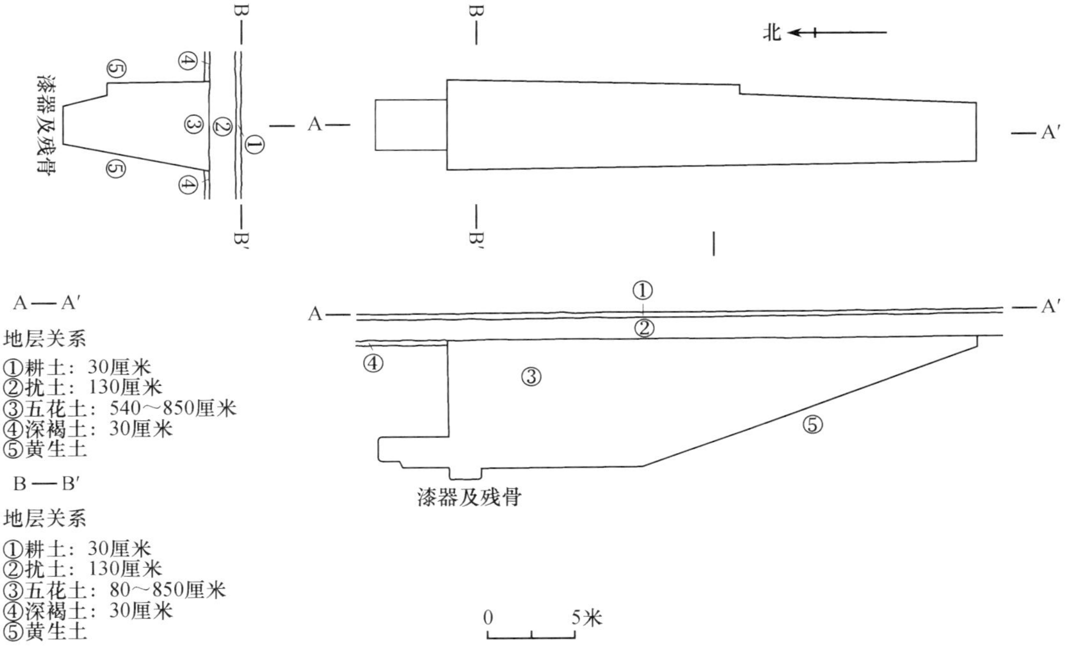

图10-9　HDM2勘探平、剖面图

HDM4：斜坡墓道竖穴土圹洞室墓。位于HDH区东北部及HDM区东南部，开口于②层扰土下，距地表深1.8米，南北向。墓道位于墓室南侧，开口平面呈刀形，长15米，南端宽2米，北端宽2.8米，北侧有低于开口平面1.2米，宽1.7米的二层台，底部有高4.3米，长9.5米的斜坡，深4.7米；墓室为拱形弧顶，平面呈长方形，宽1.3米，高1.5米，进深4米，墓室底部与墓道底部平行，未见遗迹遗物（图10-10；图版23）。

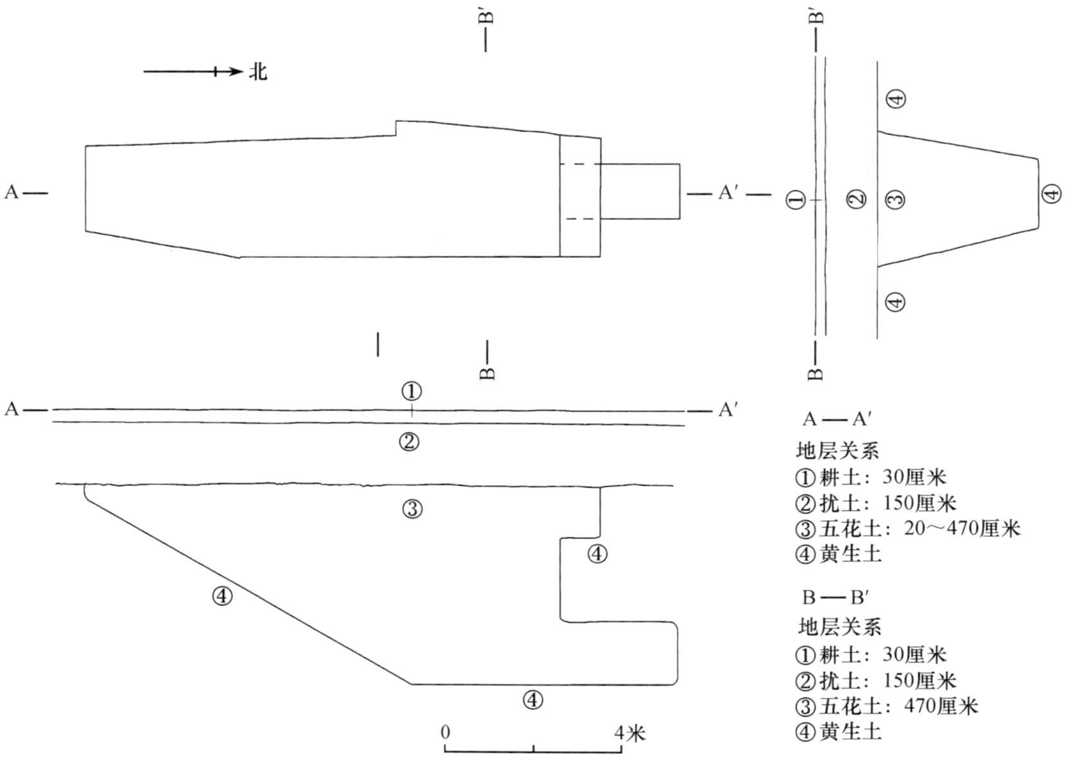

图10-10　HDM4勘探平、剖面图

AⅡ型：斜坡墓道洞室墓，墓室为洞室，1座，FDM18（图10-11；图版24）。

B型：竖穴墓道墓。89座。由竖穴式墓道与墓室组成，墓室为洞室。依竖穴墓道底部的结构不同可分为三亚型。

BⅠ型：竖穴斜坡墓道洞室墓。80座。分别为GDIM2、GDIM1、GDHM4、GDHM3、GDHM2、GDM50、GDM49、GDM48、GDM46、GDM45、GDM44、GDM42、GDM41、GDM40、GDM39、GDM38、GDM36、GDM34、GDM33、GDM32、GDM30、GDM25、GDM24、GDM22、GDM20、GDM19、GDM18、GDM17、GDM16、GDM15、GDM13、GDM12、GDM11、GDM10、GDM9、GDM8、GDM7、GDM6、GDM5、GDM4、GDM3、GDM2、GDM1、FDM36、FDM35、FDM34、FDM33、FDM32、FDM31、FDM30、FDM29、FDM26、FDM25、FDM23、FDM22、FDM21、FDM20、FDM19、FDM17、FDM16、FDM15、FDM14、FDM13、FDM12、FDM11、FDM10、FDM9、FDM8、FDM7、FDM6、FDM5、FDM4、FDM3、FDM2、HDM10、HDM8、HDM7、HDM6、HDM5、HDM3。

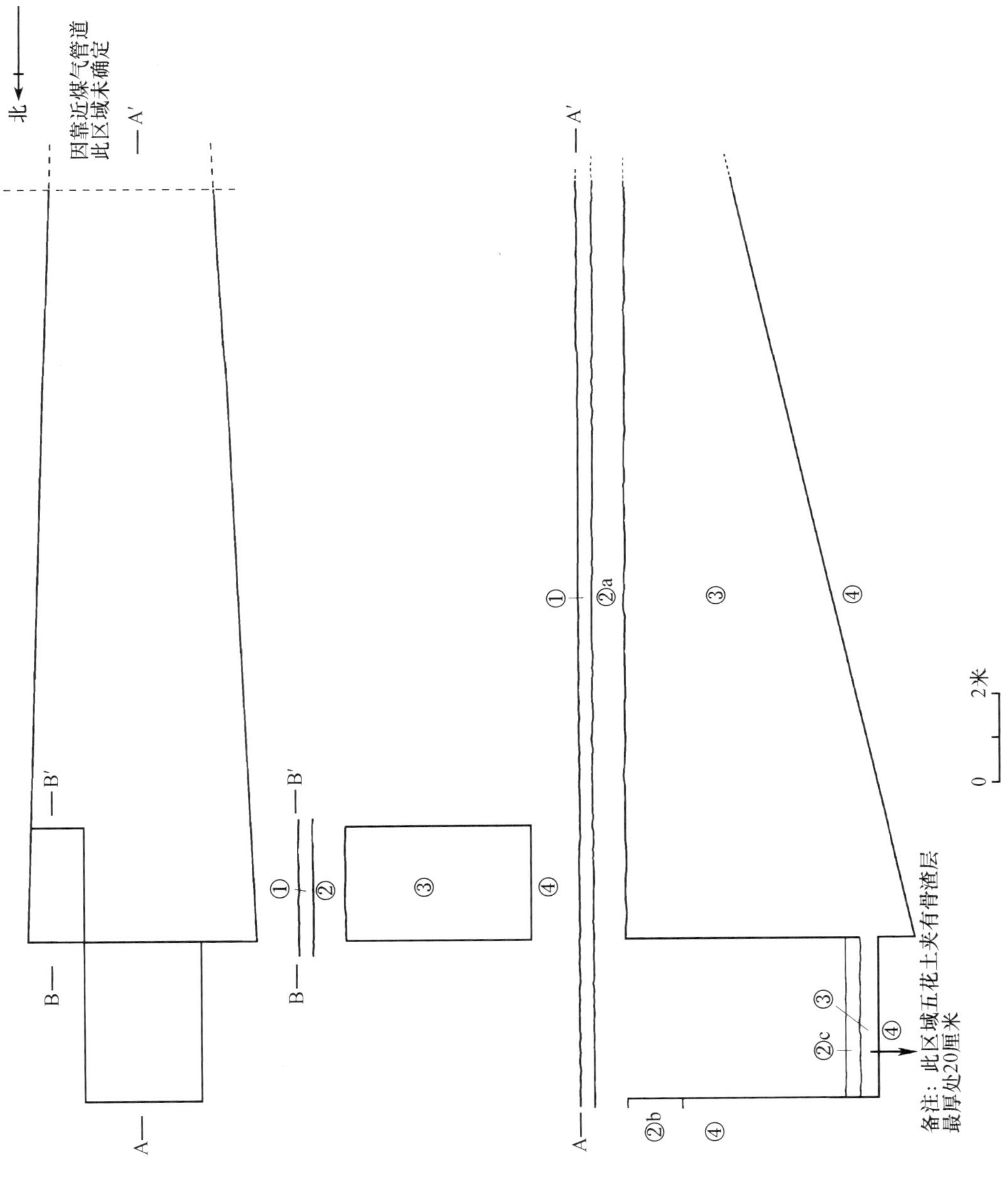

A—A′

地层关系

①耕土：30厘米
②a扰土：70~540厘米
②b冲积沙：120厘米
②c淤土：30厘米
③五花土：40~620厘米
④黄生土

B—B′

地层关系

①耕土层：30厘米
②扰土层：70厘米
③五花土层：400厘米
④黄生土

图10-11　FDM18勘探平、剖面图

以HDM3、HDM5、HDM6为例略述如下。

HDM3：竖穴斜坡墓道洞室墓。位于HDM区东北部，开口于②层扰土下，距地表深1.8米，墓道位于墓室南侧，开口平面呈刀形，长5米，南端宽3.6米，北端宽2.3米，底部有高1.2米，长3.75米的斜坡，深3.2米；墓室为拱形弧顶，平面呈长方形，宽1米，高1.2米，进深2.2米，墓室底部与墓道底部平行，未见遗迹与遗物（图10-12；图版25）。

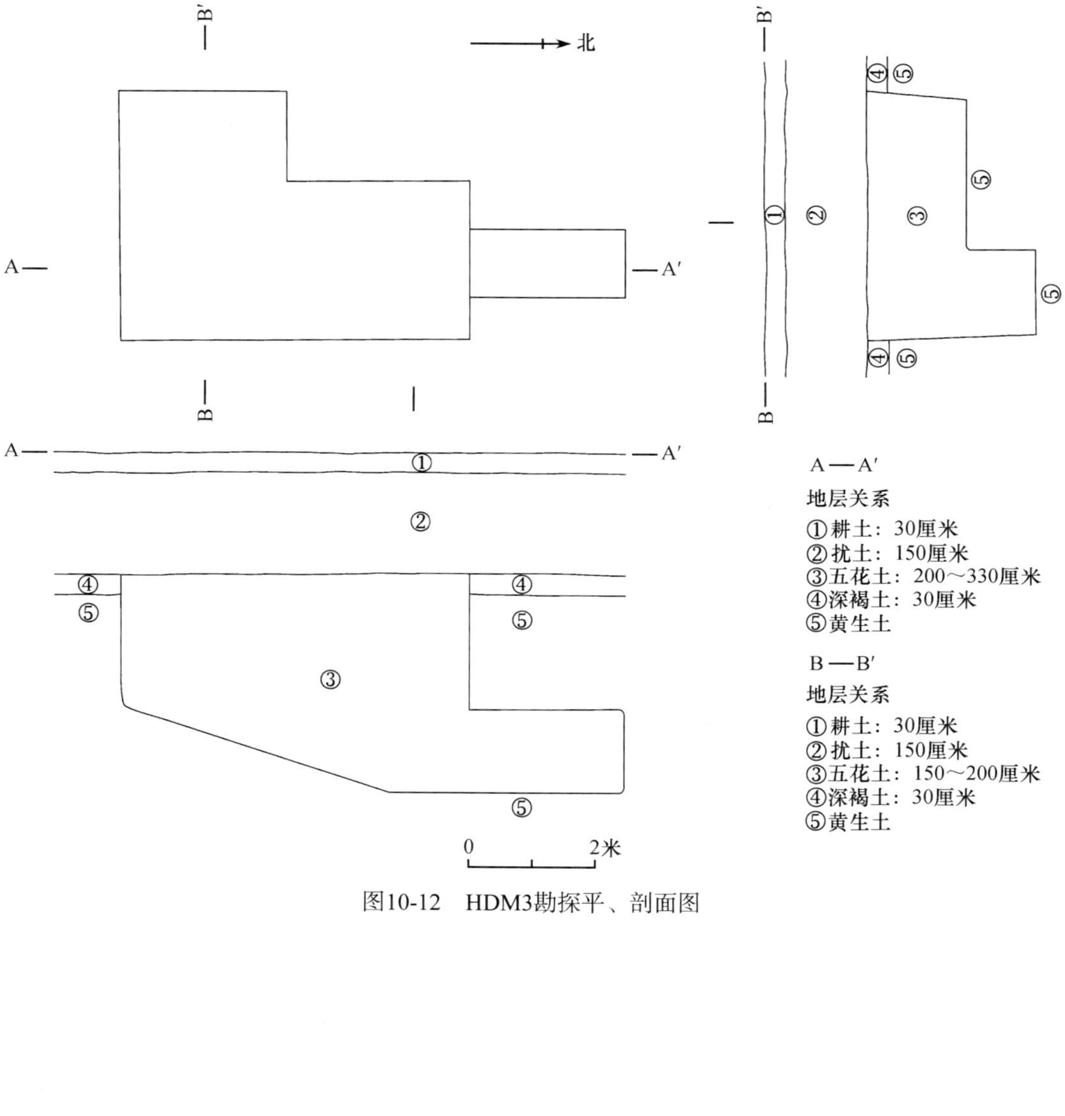

图10-12　HDM3勘探平、剖面图

HDM5：竖穴斜坡墓道洞室墓。位于HDC区西北部，开口于②层扰土下，距地表深1米，南北微偏西向，总体呈“凸”字形。墓道位于墓室南侧，开口平面呈长方形，长2.05、宽1.1米，底部呈斜坡状，深1.9米；墓室为拱形弧顶，平面似方形，宽1.7米，高1.4米，进深2.1米，勘探时发现碎骨（图10-13；图版26）。

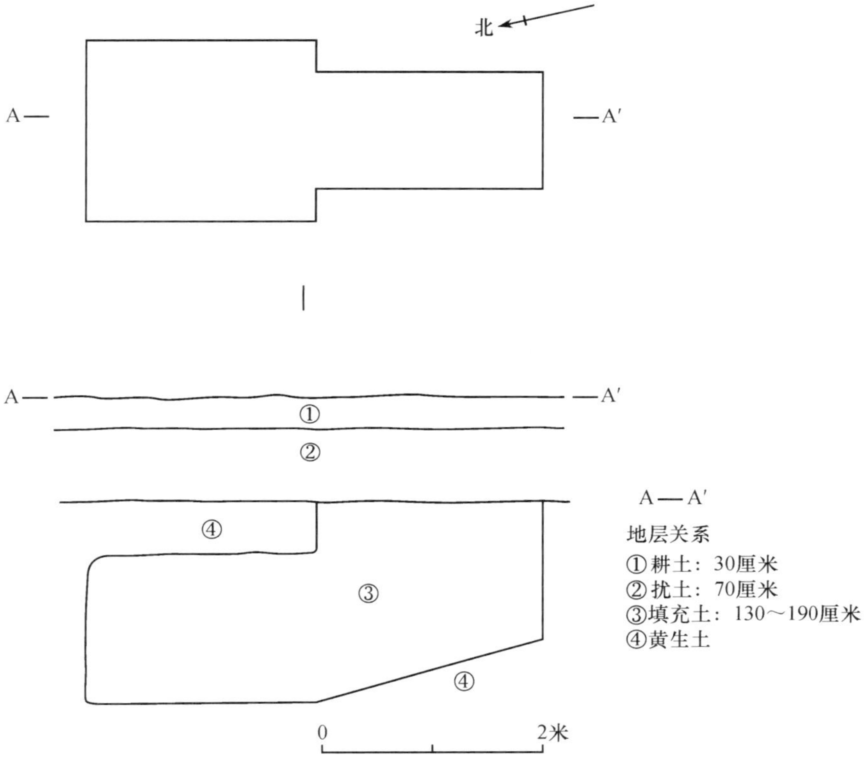

图10-13　HDM5勘探平、剖面图

HDM6：竖穴斜坡墓道洞室墓。位于HDC区中西部，开口于②层扰土下，距地表深1米，南北微偏西向，总体呈刀形。墓道位于墓室南侧，开口平面似方形，长2.3、宽2米，底部呈斜坡状，深1.5米；墓室为拱形弧顶，平面呈长方形，宽1.1米，高1米，进深1.9米，未见遗迹与遗物（图10-14；图版27）。

BⅡ型：竖穴平底墓道洞室墓，共6座，分别为HDM9、HDM11、HEM1、GEM2、GDM14、GDM23。以HEM1、HDM9略述如下。

HEM1：竖穴平底墓道洞室墓。位于HEA区中北部，开口于②层扰土下，距地表深1米，南北向。墓道位于墓室南侧，开口平面呈梯形，长2.8米，南端宽0.8米、北端宽1.5米，深2米；墓室为拱形弧顶，平面似方形，宽1.5米，高1米，进深1.5米，墓室底部与墓道底部平行，未见遗迹与遗物（图10-15；图版28）。

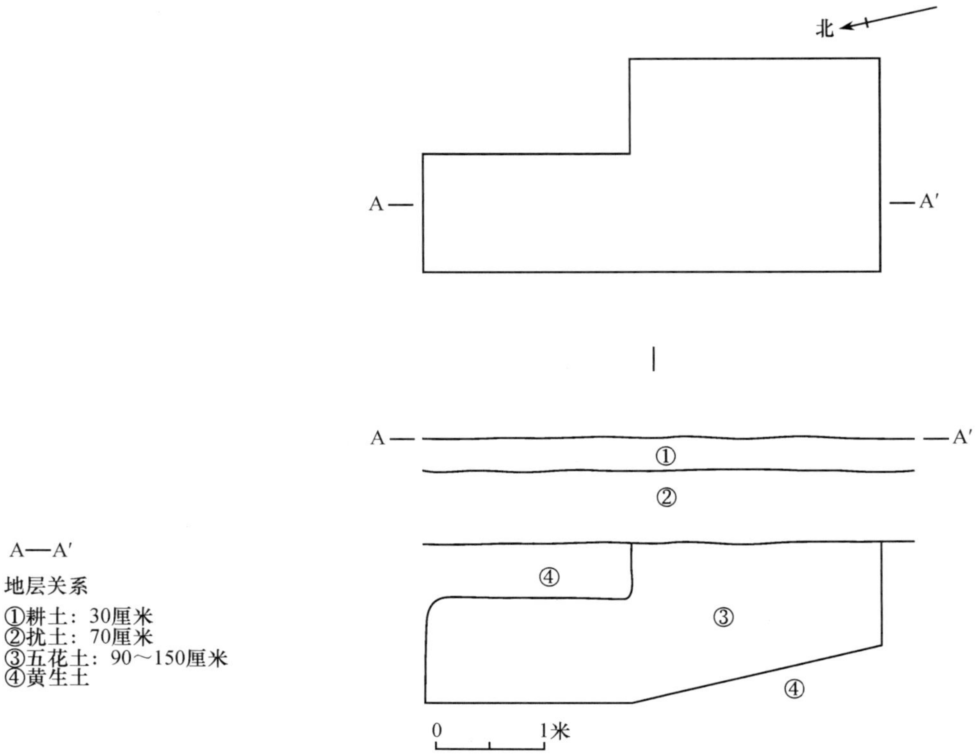

图10-14　HDM6勘探平、剖面图

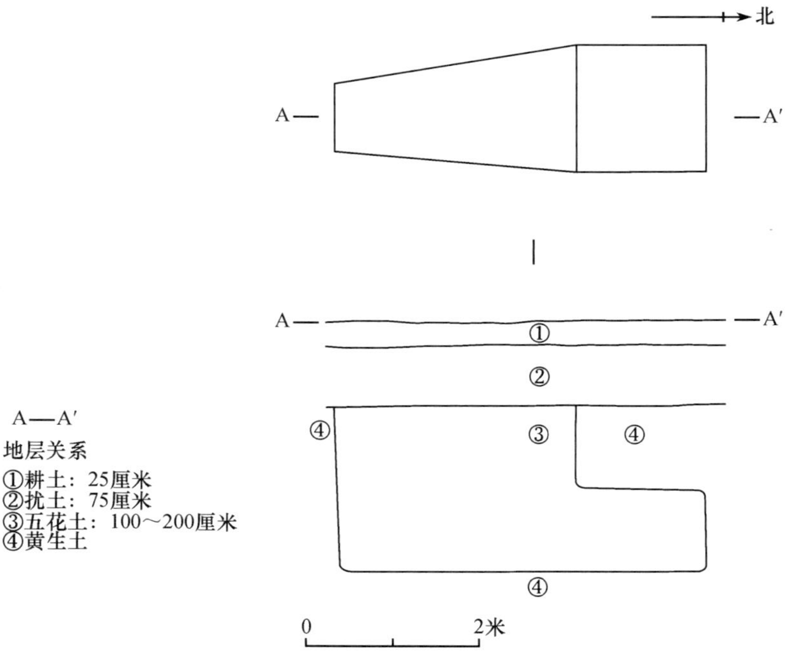

图10-15　HEM1勘探平、剖面图

HDM9：竖穴平底墓道洞室墓。位于HDD区西北部，开口于②层扰土下，距地表深1.3米，南北向，总体呈“凸”字形。墓道位于墓室南侧，开口平面呈长方形，长3.3、宽1.2米，深2.25米；墓室为拱形弧顶，平面呈长方形，宽1米，高0.9米，进深3.1米，墓道底部略高于墓室底部，未见遗迹与遗物（图10-16；图版29）。

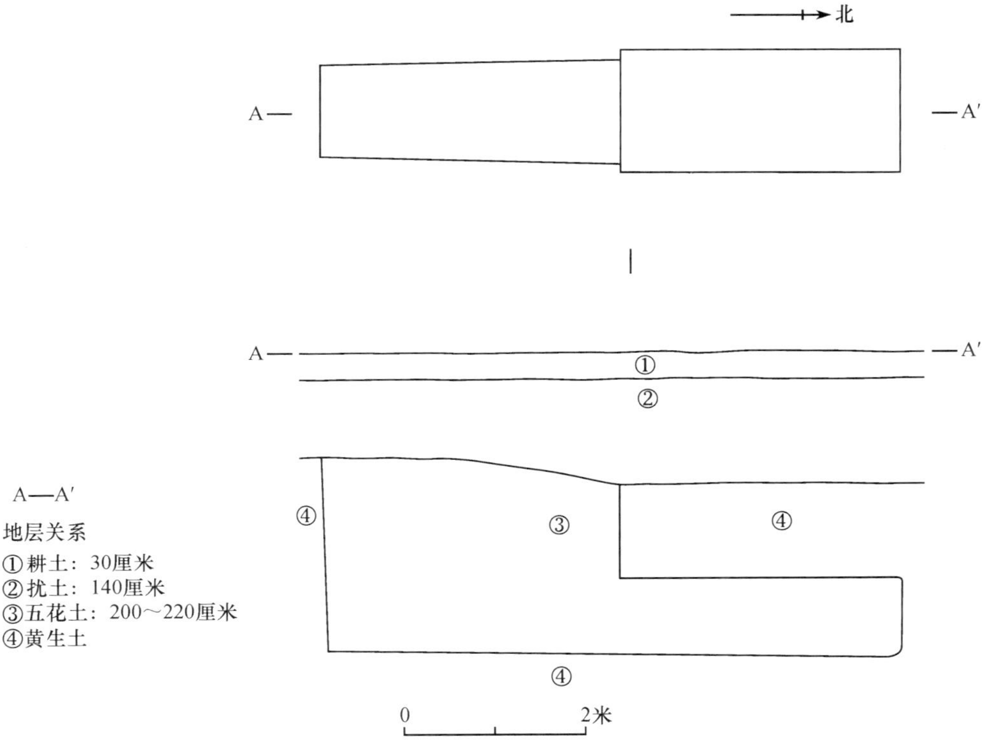

图10-16　HDM9勘探平、剖面图

BⅢ型：竖穴台阶式墓道洞室墓，3座，分别是GDM43、GDM37、GDHM1。

GDM37：竖穴台阶式墓道洞室墓。位于GDE区中东部，开口于②层扰土下，距地表深1.5米，南北向。墓道位于墓室南侧，开口平面呈长方形，长2.7、宽1.8米，底部分两层，南侧一层东西长1.8、宽1米；北侧一层东西长1.8米，南北宽1.9米；南侧一层比北侧一层高1.8米。墓室为拱形弧顶，平面呈长方形，宽0.9米，高1.3米，进深1米，墓室底部与墓道底部平行，未见遗迹与遗物（图10-17；图版30）。

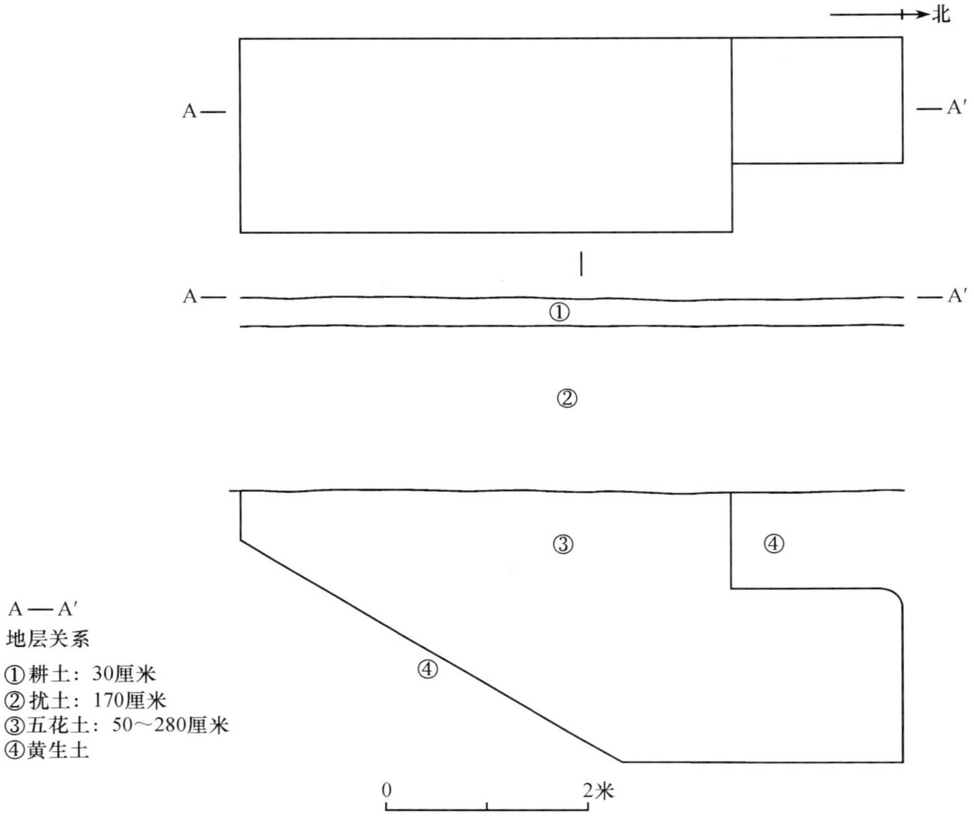

图10-17　GDM37勘探平、剖面图

GDM43：竖穴台阶式墓道洞室墓。位于GDC区中北部，开口于②层扰土下，距地表深1.2米，南北向。墓道位于墓室南侧，开口平面似长方形，长4.5、宽2.1米，南端底部依次有三道台阶，前两道宽0.5米，后一道宽1.6米，深3.1米；墓室为拱形弧顶，平面呈长方形，宽1.2米，高1米，进深1.5米，墓室底部与墓道底部平行，未见遗迹与遗物（图10-18；图版31）。

GDHM1：竖穴台阶式墓道洞室墓。位于GDH区西南部，开口于②层扰土下，距地表深1.8米，南北向。墓道位于墓室南侧，开口平面呈刀形，长3.4米，南端宽4米，北端宽2.35米，南端底部有一道台阶，宽2.1米，深2.5米；墓室为拱形弧顶，平面呈长方形，宽1.35米，高1.1米，进深1.8米，墓室底部与墓道底部平行，墓室后壁有一壁龛，高于墓室底0.4米，壁龛宽1.4米，高0.7米，进深0.9米，未见遗迹与遗物（图10-19）。

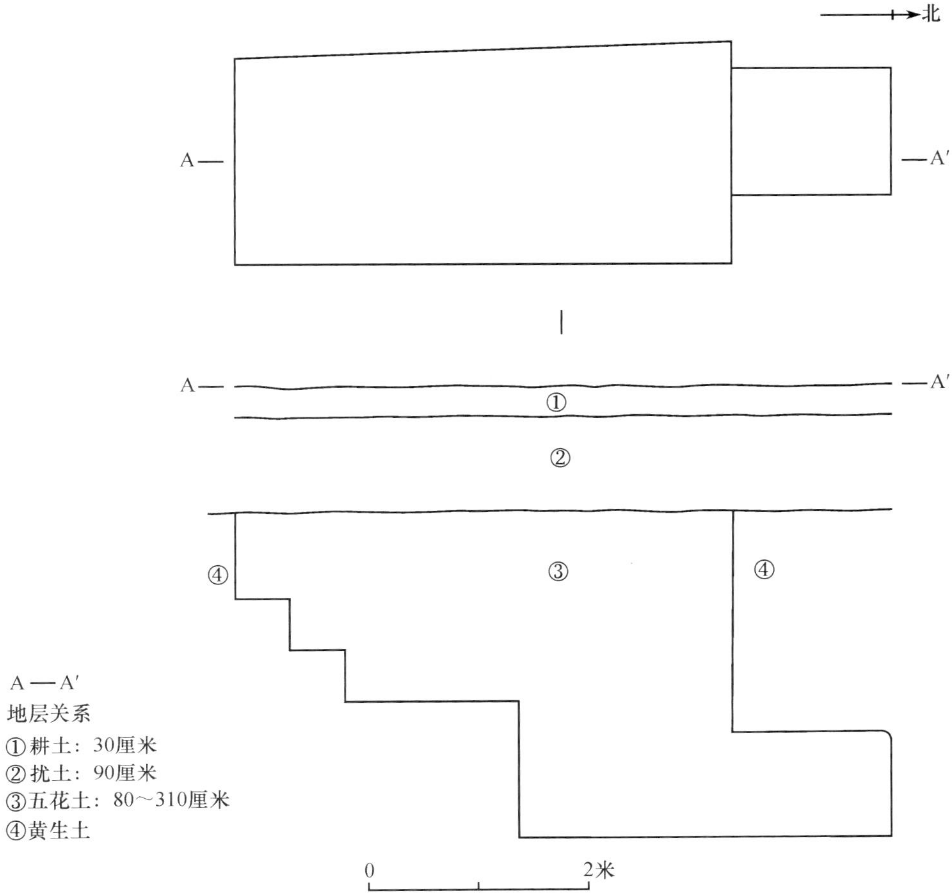

图10-18　GDM43勘探平、剖面图

（三）墓葬排布规律

这些墓葬的排布有一定规律，总体上呈南北向的8列分布。这8列墓葬自西向东南北向排布，西侧1～5列排布规律较为明显，东侧稍有零乱；南北向居中的墓葬排布较有规律，南北端的墓葬稍有零乱。

第1列：北端以HDM1为起始，包括HD区的M1、M11，GD区的M1、M2、M3、M4、M5、M6、M7、M8、M9、M10、M45、M47、M50，FD区的M32、M34、M22、M31、M36等。

第2列：北端以HDM2为起始，包括HD区的M2、M5、M6，GD区的M14、M15、M30、HM2、HM1、M44等。

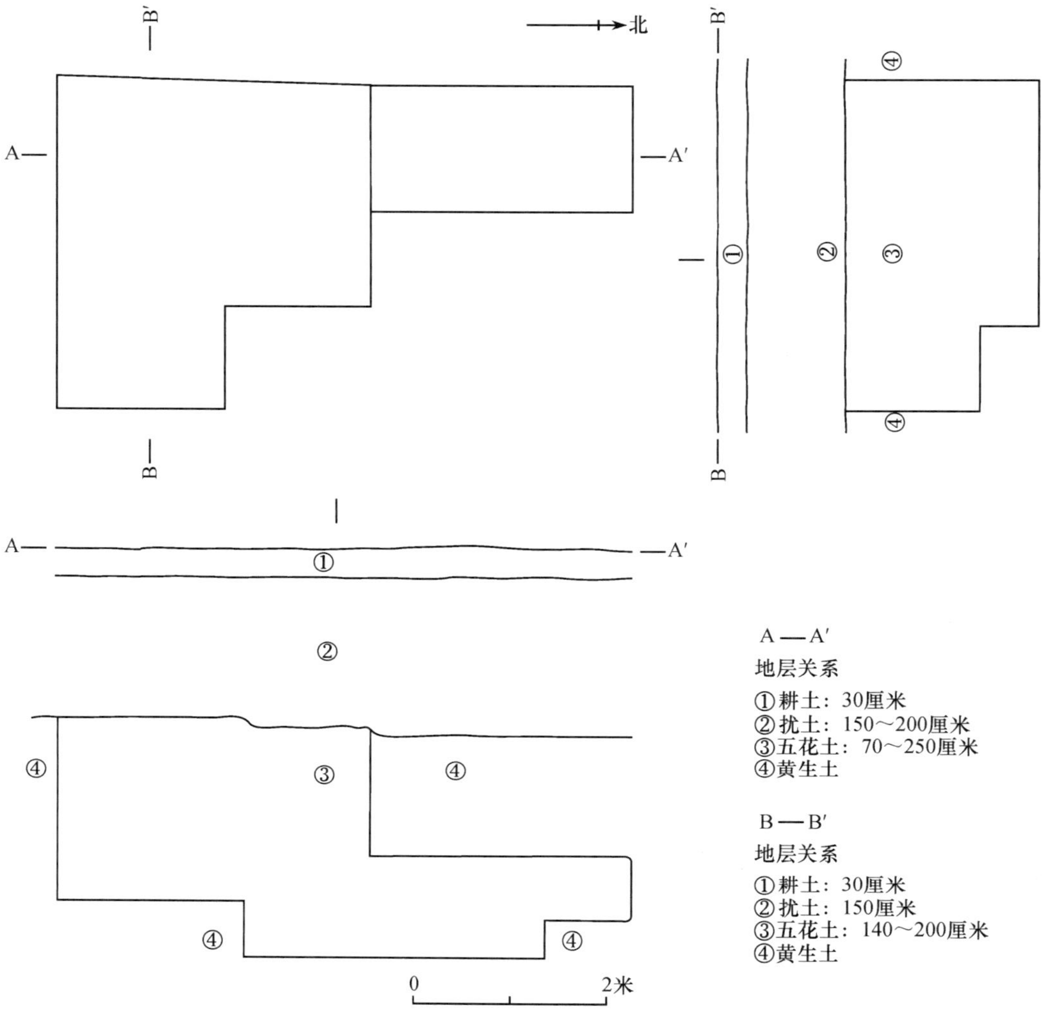

图10-19　GDHM1勘探平、剖面图

第3列：北端以HDM3为起始，包括HD区的M3、M4、M7、M8，GD区的M16、HM4、HM3、M43，FD区的M1、M2、M20等。

第4列：北端以HDM9为起始，包括HD区的M9，GD区的M17、M18、M19、M20、IM1、IM2、M33、M41、M42，FD区的M17、M13、M9、M10、M18等。

第5列：北端以GDM13为起始，包括GD区的M13、M22、M23、M24、M25、M33、M39、M40，FD区的M16、M12、M11等。

第6列：北端以GDM38为起始，包括GD区的M38、M37，FD区的M4、M3等。

第7列：北端以HDM10为起始，包括HD区的M10，GD区的M26、M12、M34、M36，FD区的M5、M6等。

第8列：北端以HEM1为起始，包括HE区的M1，GE区的M1、M2等。

第1列西距西侧墙垣23～26米，第1、2列间距约28米，第2、3列间距13～16米，第3、4列间距25～30米，第4、5列间距约35米，第5、6列间距约23米，第6、7列间距15～25米，第7、8列间距约30米，第8列东距东侧内城墙垣20～26米。

（四）墓园的其他建筑与设施

在墓葬区的北部靠近内城北墙的区域，还发现了一组夯土遗存，该遗存东西长100米，南北宽70米，由内外两层宽2.1～2.8米的墙垣构成。具体的功能需要进一步发掘及研究判断。

此外还发现有石质道路遗存3处。

五、结论与收获

从发现的近百座墓葬的排列分布来看，墓葬之间除个别外，少有叠压或打破关系，并且分布比较规整，说明墓葬的位置应该是经过事先的规划（附表一）。这一墓园的设置也是整个陵园的建造环节的重要内容。

据《史记·秦始皇本纪》载“二世曰：‘先帝后宫非有子者，出焉不宜。’皆令从死，死者甚众。”这些在始皇死后从死的后宫嫔妃，正符合在短时间内集中死亡的特征。因此袁仲一先生推断这批墓葬的主人极有可能是始皇的后宫从葬者。但是如果是从葬者，说明此墓园是事先已经规划好的，这与文献记载二世临时做主，安排后宫从葬有很大的出入。这说明，安排后宫从葬应该是始皇陵墓规制的一部分，但是始皇并没有要这批人在他死后立即从葬，二世擅自改变了始皇意愿，造成这次历史上的血腥从葬行为。

说明：参加勘探工作的有张卫星、陈治国、王煊、张立莹、吴学功、李春文、徐盼、董育林、姜高等。绘图为吴学功、李新民、李春文、张丰超等。测绘为李春文，照相为张卫星、李春文。执笔为张卫星、陈治国。

第十一章　门观建筑的勘探

一、概　　况

自2009年发现了陵园内外城北门以来，我们一直关注陵园北内外城间区域的遗址分布。至2013年底，我们对这一区域进行了系统勘探，发现这一区域设置有与西、东内外城门间区域类似的建筑遗址，并且还有不同于前两区的特点，特对这一材料进行刊布，以飨学界。

该区域属于陵园考古规划中的HC、IC、JC各区，勘探中的具体分区情况见图11-1。

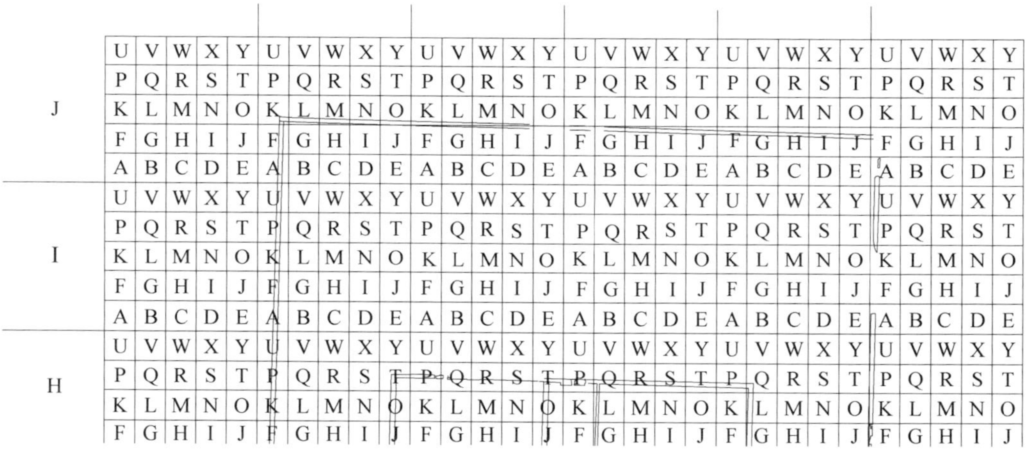

图11-1　陵园北内外城间区域勘探分区图

二、地形地貌与地层关系

该区域原为毛家村村庄及农田，现为遗址公园绿化用地。整体上南高北低，原水泥路北侧有1～1.5米的断崖。

该区域地层结构如下（图11-2）。

第①层：表土层及现代垃圾层，厚0.2～1米。现在农耕、生活层及现代建筑堆积层。

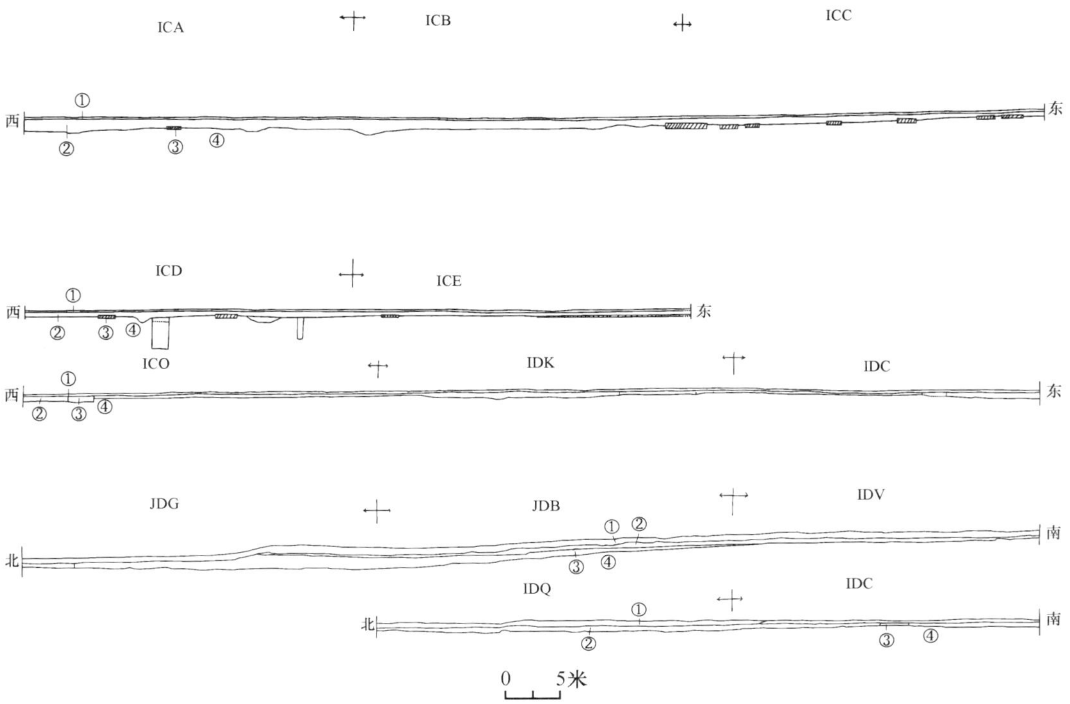

图11-2　陵园北内外城间区域地层堆积

第②层：冲积层，厚0.3～0.8米，夹杂较多的细砂石。整个区域都有分布。

第③层：夯土层，厚0.2～0.8米，局部有分布，系建筑的夯土结构遗存，区域内局部分布。

第④层：生土层。

三、形制与建筑结构

这一建筑遗存所处的区域呈长方形，南北长420米，东西宽123米。介于外城北门、外城北墙和内城北门门址、内城北墙之间，东西两侧分别为基本上垂直于内外城墙的南北向墙垣（图11-3）。

这一区域的内外城垣、门址资料已经发表。东侧的墙垣保存较好，长408米、宽3.5～4米，在南端距内城北墙29米处有一处东西宽13米、南北长22米的建筑基址，与该墙垣相连；距北端27米处，墙垣向西突出，突出的部分南北长6米、东西宽约3米。西侧的墙垣北段保护较差，由断续相连的宽3.5～4米的夯土基址组成，向南延伸至距内城北墙26米处，未与内城北墙相连；该墙垣也是北内外城间西区建筑遗址的东墙，局部还有断开的豁口（图11-4）。

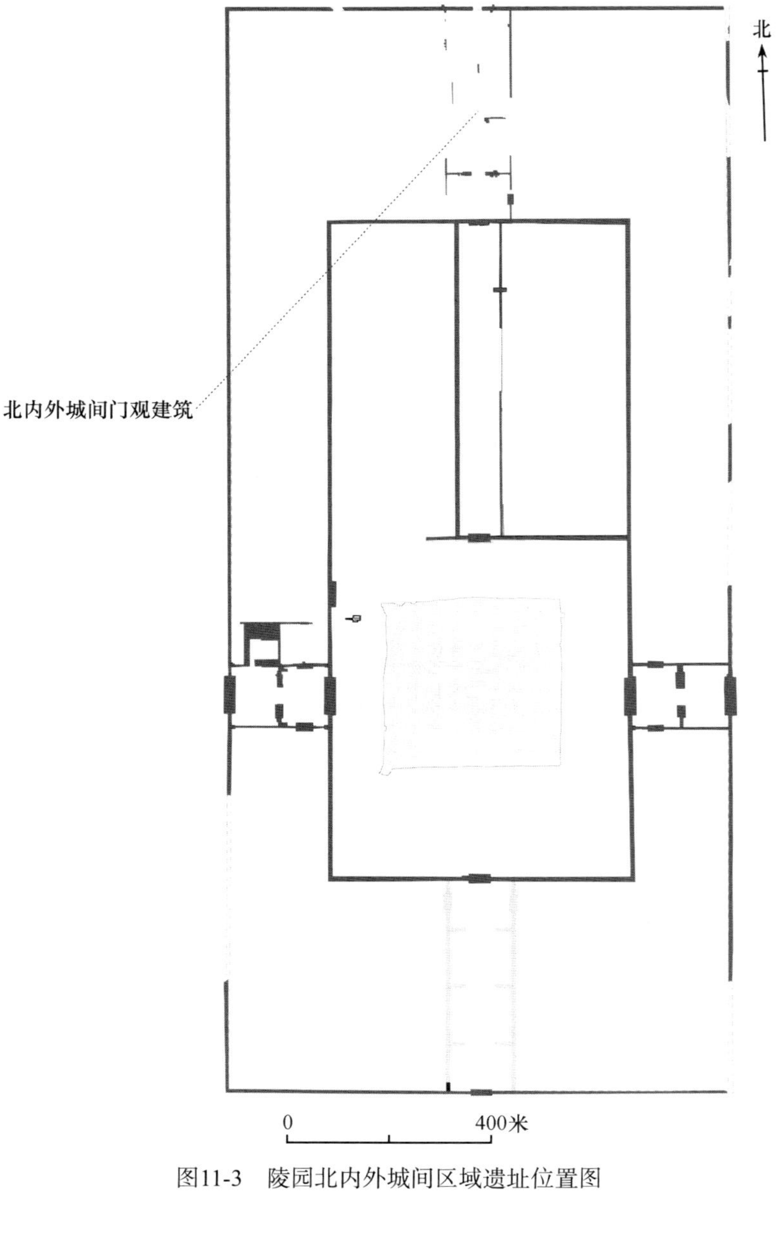

图11-3　陵园北内外城间区域遗址位置图

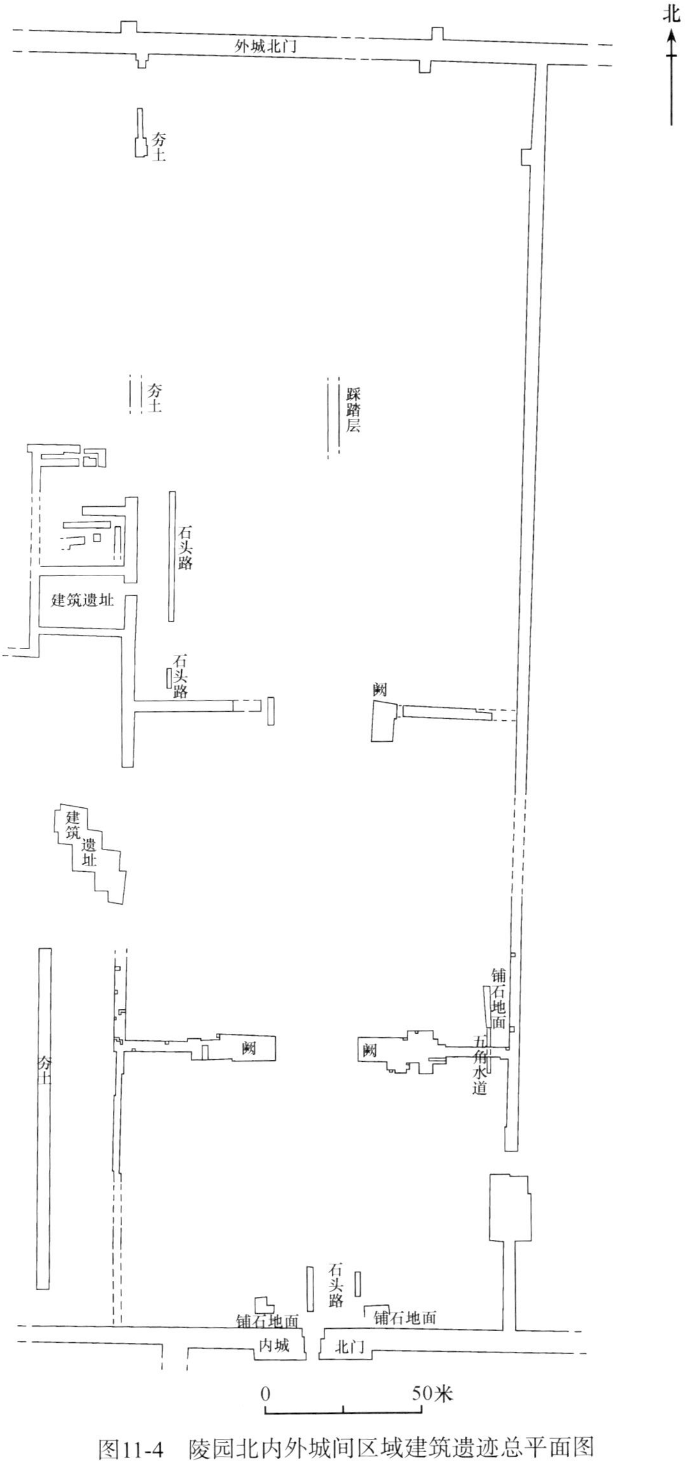

图11-4　陵园北内外城间区域建筑遗迹总平面图

在这个相对封闭的区域内，发现以下两类遗存。

第一类为两道东西向的建筑基址。

第1道基址　南距内城北门87米，由大致东西对称而不相连结的两部分建筑基址组成。东侧基址东西总长48米，分为两段。西段基址南北宽8～14米、东西长28米，局部有破坏；东段基址宽3.3、长20米。西侧基址东西全长也是48米，也可分为两段，东段宽8米、长26米；西段基址宽3.6米、长22米。东西两侧基址间相距26.5米。

第2道基址　南距第1道基址108米，也是由东西两个大致对称而不相连的部分构成。东侧基址东西总长38米，近东侧墙垣8米处的基址被破坏殆尽；由两个不同形制的结构组成，东部长条形结构长28米、宽3.5米，西部的基址与东部的呈“L”形，南北长10米、东西宽4.8米；西侧的基址东西总长44.5、宽3.5米，东端也有一个“L”形的结构，残存部南北长10米，东西宽约2米；东西基址间距为31.5米。

第二类为踩踏遗存和铺石遗存。踩踏遗存发现1处，南北呈条带状，南北长16米，东西宽3.4米；与东西两侧墙垣的距离大致相等，均为59米；铺石遗存发现两处，一处位于内城北门的北侧6米处，南北长12米、宽1.5～2米；另一处位于第二道东西向基址西侧部分的北侧，南北长约65米，宽1.5米。

四、主要收获与认识

通过此次工作，我们系统了解了北内外城间建筑遗存的整体情况。这一建筑遗存与东、西内外城间的建筑遗存类似，但还有特殊之处。

共同之处有四：都由两条介于且垂直于内外城垣的窄墙、内外城门、内外城垣等共同构成一处相对封闭的区域；这一区域内均发现平行于内外城垣的建筑，此前考古工作者判断西、东门间此类建筑为阙，我们也认为北内外城间此类建筑也是阙一类的建筑；此外，这一区域还发现踩踏层，基本居中，可能为道路遗存；在两侧的窄墙上近内城垣处均发现长方形建筑基址，个别位置这类建筑基址被破坏。

不同之处在于，北内外城间这个相对封闭的区域内阙类建筑已经明确有两道；并且，除了一般的踩踏层外，还发现有铺石遗存，应为另一种形式的道路。

综合以上认识，我们认为这一相对封闭的建筑总体上为门阙建筑，是秦始皇帝陵特有的门阙结构形式。

第十二章　道路的勘探

第一节　石道遗迹的勘探

2000年前后，原秦始皇帝陵考古队在封土的南、北两侧发现了石道遗存，并进行了发掘。1999年5月至2000年6月，秦始皇帝陵考古队在始皇陵封土至内城南垣间进行普探时，发现三段石道遗迹。石道铺设于秦代地表之上。石道为东西向，与内城南垣基本平行，其整体形状呈长条形的“Z”形，总长度为479米。以K0002陪葬坑为界分为东、西、南三段，各自均呈“L”形。当年曾进行过发掘[①]。后来又在封土的北侧有新的发现。位置在地下砖坯墙之北，南距砖坯墙63.5米；北距内城东北部小城南墙17.3米，东端距内城东墙17.3米。石道遗址全长361.8、宽2.7米。在《秦始皇帝陵园考古报告（2001～2003）》公布的平面图中，可以看出当时已发现封土南北侧的石道均折向封土东侧。但是报告中未有具体数据。

2013年前后，我们在勘探封土周边遗迹时，发现了封土东侧、西侧的石道遗迹。石道的地层堆积、基本结构同早年的发现。同时在调查及陵寝建筑的发掘中还发现，北侧的石道西端连接到陵寝建筑的第1排底部回廊。

发现的封土东侧石道有三段。以内城东门内侧的道路遗迹为界，北侧残存两段，与早年发现的区段不相连；南北两侧石道不在一条直线上，二者相距约60米。南侧残存1段，连接于早年发现的遗迹。北侧的第1段长31、宽4米；第2段北距第1段32米，长165、宽3.5～3.6米。南侧发现的石道全长233、宽3.4～3.5米，南与封土南侧的石道相连（图12-1）。

封土西侧石道在早年发现的基础上又发现1段。该段位于内城西门内的南侧，与早年的发现基本上位于南北一线上，距早年发现石道的北端47米。该段石道总长101、宽1.8～2.7米。

---

① 陕西省考古研究所、秦始皇兵马俑博物馆：《秦始皇帝陵园考古报告（2000）》，文物出版社，2006年。

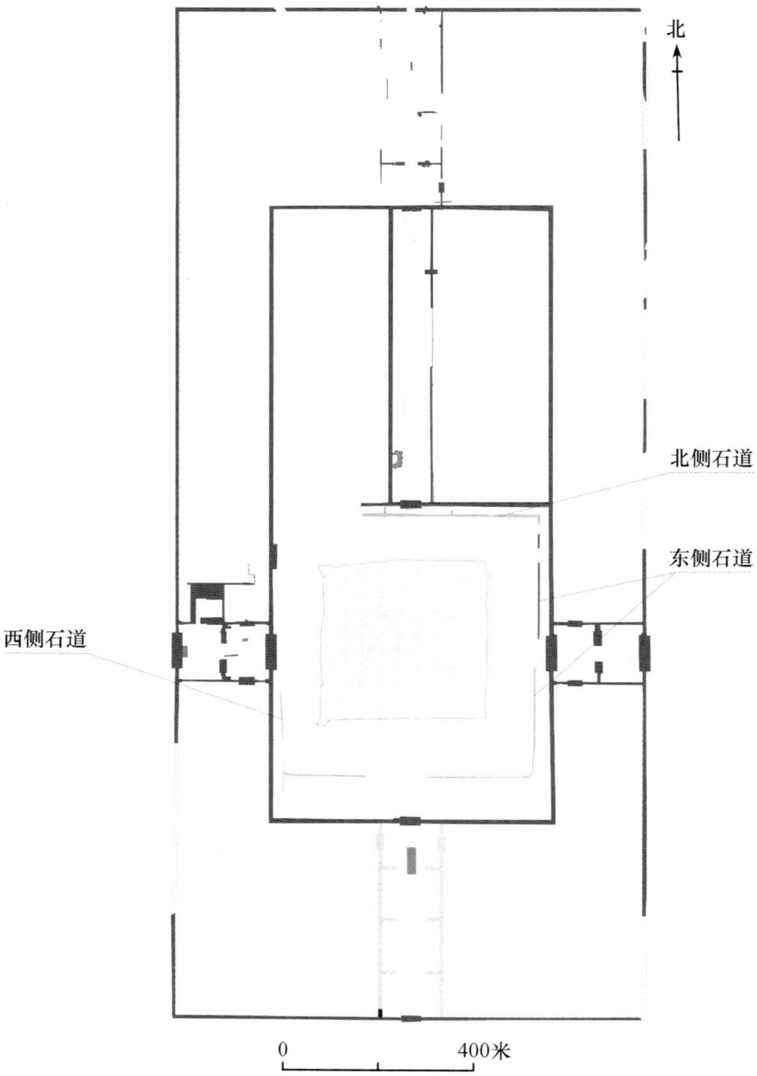

图12-1　陵园石道遗迹勘探平面图

综合早年发现与新发现，基本上可以判断该石道遗存复原下来会环绕封土一周。但是在一些部位，如陪葬坑上、城门内侧的道路处有中断。另外，值得重视的是，该石道连接了陵寝建筑，应该具有一定的礼仪意义。

第二节　内城北部道路遗存勘探

2011年，在勘探秦始皇帝陵园内城北部区域时，我们除了勘探发现了东区的小型从葬墓外，还发现了在内城北部中区存在着一条大规模的道路遗存，为认识秦始皇帝陵的道路提供了重要材料。

一、概　况

该区域介于内城北部区域，在内城北门、内城南北1号隔墙、内城南北2号隔墙以及内城东西隔墙之间，总体上南北长630米，东西宽79米（图12-2）。我们将这一区域的遗存勘探工作置于陵园考古分区下统一进行，勘探区分别为FC、FD、GC、GD、HC、HD区，布区情况见图12-3。

二、地形地貌与地层关系

该区域总体上南高北低，有三个东西向断崖，将该区域分成四个台地，在第3台地有一处大型取土坑。该区域南北部种植石榴树，北半部原为农田，现为遗址公园的绿化用地。

该区域地层堆积主要有以下4层。

第①层：表土层，厚0.3米。

第②层：冲积层，厚0.8～1.5米，夹杂较多的细砂石。该层在区域内分布广泛。

第③层：踩踏及铺石层，厚0.05～0.2米，踩踏区层理明显，系路土。区域内零星分布。

第④层：生土层。

三、遗存分布

主要遗存分为两类，分别为踩踏与铺石遗存（图12-4）。

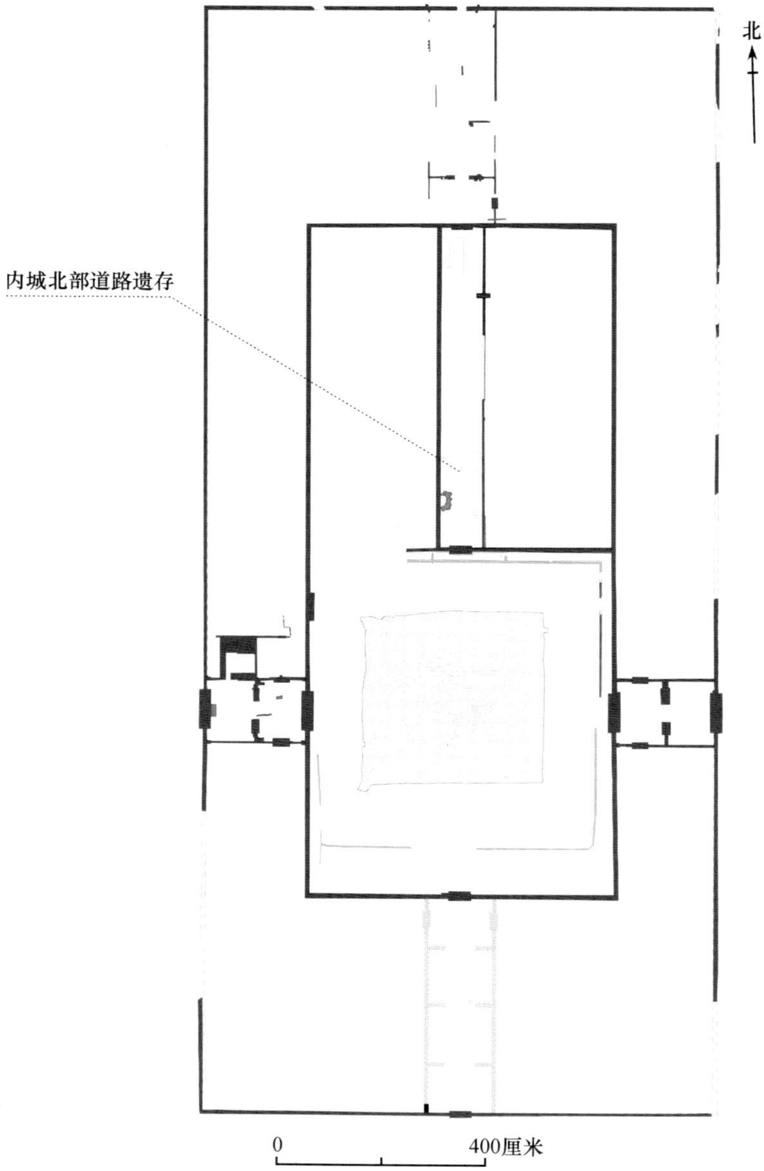

图12-2　陵园内城北部道路位置图

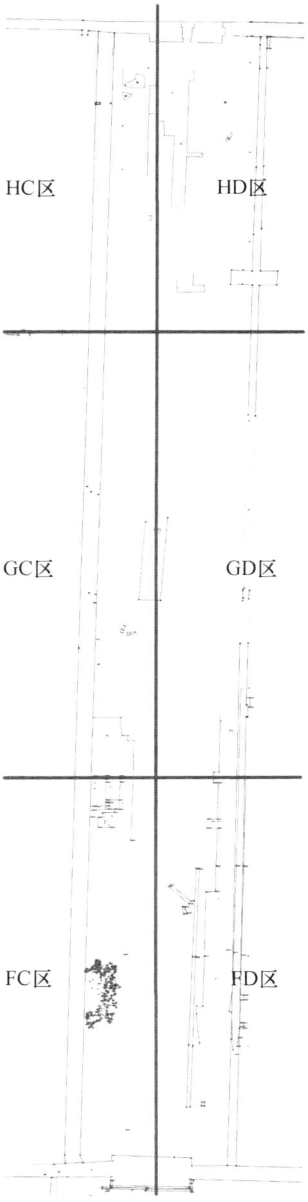

图12-3　陵园内城北部道路遗存勘探分区示意图

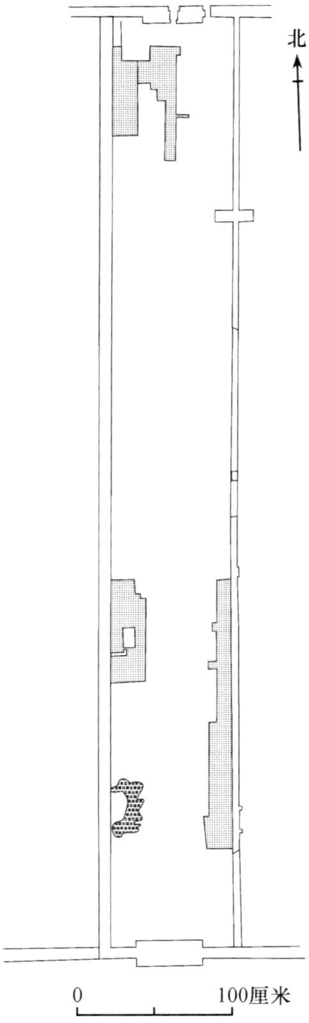

图12-4　陵园内城北部道路遗存分布平面图

踩踏遗存，发现3处。

第1处，位于内城北门南侧10～15米处，西邻南北1号隔墙。南北长75米、东西宽50米。中部有南北长50米、宽5～14米的区域被破坏。北端局部区域还发现有细石。

第2处，位于中部区域，紧邻西侧的南北1号隔墙。北端距北侧的内城北墙381米，南端距南侧的内城东西向墙垣179米。踩踏区域南北长69米，东西宽24米。

第3处，也位于中部区域，东邻东侧的南北2号隔墙。北端距北侧的内城北墙380米，南端距南侧的内城东西向墙垣67米。踩踏区域南北长183米，东西宽10～16米。

铺石遗存，较成规模的发现一处。位于南部区域，北端距北侧的内城北墙517米，南端距南侧的内城东西向墙垣75米。铺石残存的区域南北长38米，东西宽10～17米。

四、主要收获与认识

此前已有发现秦始皇帝陵的踩踏遗存，这次发现的大规模踩踏、铺石遗存，我们认为也是秦始皇陵道路遗存的一部分，这批材料为认识秦始皇陵的道路系统提供了新的资料。

经过近几年的工作，我们对秦始皇陵园内城尤其是内城北部区域基本上有了明确的认识。此前南北2号隔墙以及东西向隔墙门址的发现，已使我们认识到内城北部中区是一个相对独立的区域，是与东侧的从葬墓园、西侧的陵寝建筑完全不同的一个区域。此次在这一区域内发现大规模的道路遗存，表明这是陵墓建制中的一项重要内容，对认识秦始皇陵的形制、布局和设计理念具有重要意义。

第三节　陵园北侧神道遗存勘探

秦始皇陵园北侧的南北向道路是秦始皇陵道路系统的一部分，多年来一直为我们所关注。2007年我们就对这一道路进行过重点调查，观察了一批重要断面，对陵园北侧通向丽邑的这一道路进行了宏观与细节的判断。2010年，秦始皇帝陵博物院曾组织考古人员对这一区域局部遗存进行了勘探，在我们观察的吴西村断面以南发现了大面积的夯土，但判定这并不是道路。2014年，为了配合临潼区拟建的秦汉大道勘探工作，我们重点对2007年以来发现夯土断面的区域进行系统勘探，进一步确定了秦始皇陵北侧南北向道路的存在，并定义为神道。以下重点介绍该道路遗存的相关情况。

一、区位关系与地形地貌

秦始皇陵北侧神道位于现在秦陵街道办毛北组、吴西组、吴中组三个村民小组。

总体上南高北低，但是南北落差不大，外城北门处高程约为430米，吴中村高速公路处高程约425米。区域内地貌分为农田、村落、河流、取土坑四种类型。

外城北门北侧为毛北组民房，向北700米处为吴西村民房；毛北组与吴西组之间为农田，吴西村所属区域为农田，其中高速公路北侧原为农田，工程取土后高程整体下落20米，现复种为农田；吴西村与吴中村之间为宽230米的沙河河道；秦俑专用高速公路穿过吴西村所属区域（图12-5）。

该区域内的生产生活与自然活动对遗存及环境风貌造成了严重的破坏。吴西村南100米处形成了一条东西长120米的大型断面，系当地村民取土整地的结果；秦俑高速专线从吴中村北经过，打破了道路及夯土遗存；2007年，地方政府在吴中村所属的遗存区域建立取土场，基本将该区域的秦代遗存全部破坏。沙河冲沟为遗存最严重的自然破坏活动结果，目前形成的冲沟规模巨大，宽70～75米，最深处比南北两岸台地低21.2米。

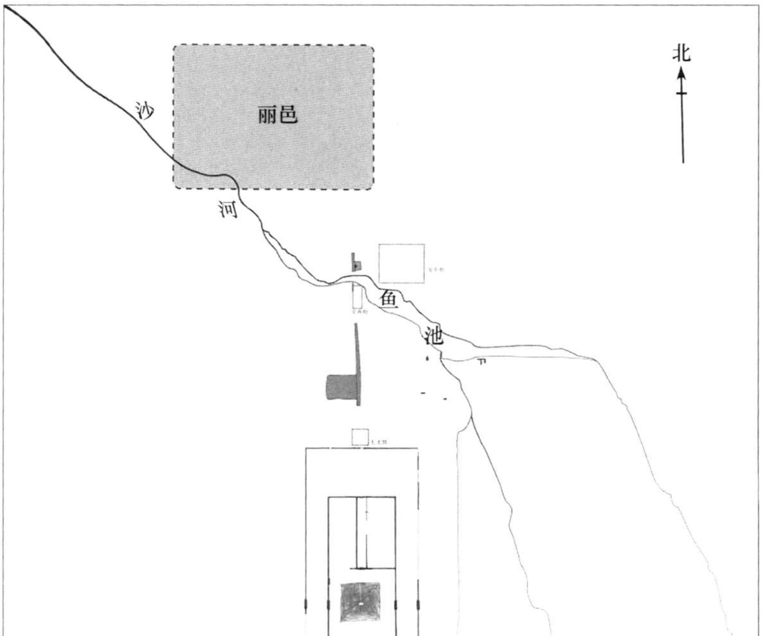

图12-5　陵园北侧神道遗存位置示意图

二、规划与工作过程

勘探工作始于2014年3月12日，至10月底基本结束，其间受各种条件限制，工作不甚连续。

按照秦始皇陵考古规划，勘探区域跨A00、A01、A02三个大区，我们将勘探区域细分成50米×50米的勘探小区系统开展工作，合计勘探26个小区，总面积65000平方米（图12-6）。

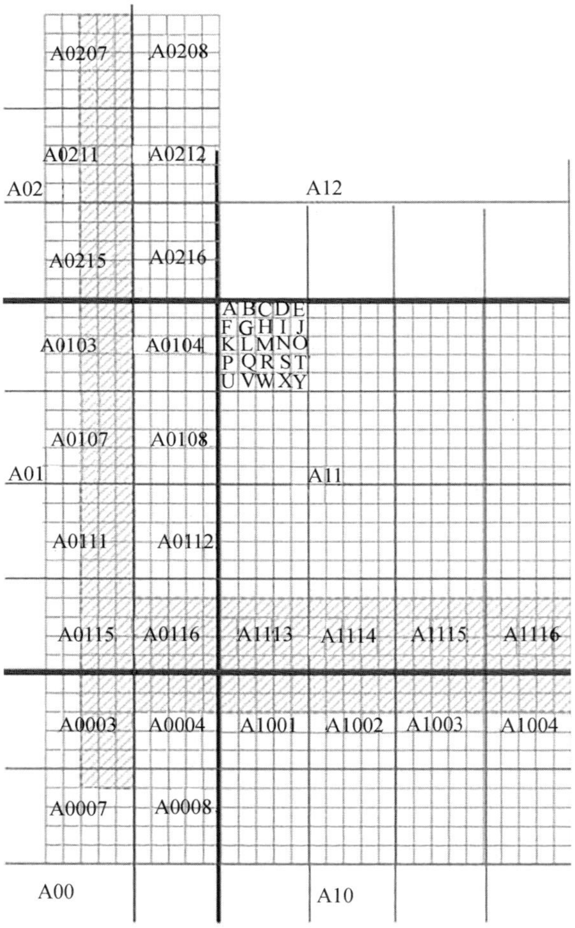

图12-6　陵园北侧神道区域勘探分区图

三、地层结构

该道路规模较大，所跨区域以五条剖线为例，说明其地层结构情况。

A—A′剖线

位于南段的南部，东西宽200米，地层结构为以下7层（图12-7）。

第①层：耕土，厚约30厘米，深褐色，种植小麦、玉米等。

第②层：扰土，厚30～40厘米，浅褐色，土质结构较紧密，长期冲积及人类活动所形成。

第③层：路土，厚5～15厘米，黑褐色，结构层次清晰，东西分布到所布探方外，最宽可达250多米。

第④层：夯土，厚25～35厘米，分布不均匀，多分布于第③层下低凹处。东部河沟处最深约3.2米。夯层不清晰，但是人为夯压明显。剖面上发现有秦代陶片。

第⑤层：垆土，厚20～40厘米，呈深褐色，文化层分布其上，土质结构紧密，硬实。系早期自然堆积层。

第⑥层：棕红土，厚30～50厘米，土质结构紧密，紧分布于第⑤层下及生土之上。

第⑦层：生土。

B—B′剖线

位于南段的中部，东西宽50米，地层结构为以下5层（图12-8）。

第①层：耕土，厚约30厘米，深褐色，种植小麦、玉米等。

第②层：扰土，厚30～40厘米，浅褐色，土质结构较紧密，长期冲击所形成。

第③层：夯土，夯土层理结构不清，为粗夯，可能为当时路基。

第④层：淤土，在夯土层下的东侧为冲沟，夯土层下部有约50厘米淤土。

第⑤层：生土。

C—C′剖线

位于南段的北部，东西宽约60米，剖线在吴西村西北处，地层结构为以下6层（图12-9）。

第①层：表土，厚20～40厘米，深褐色，土质结构较紧密，为村民长期活动所形成。

第②层：扰土，厚约75厘米，浅褐色。土质结构较紧密，内含有后期人类生活的瓦片、建筑物等。该层下为近代吴西村。

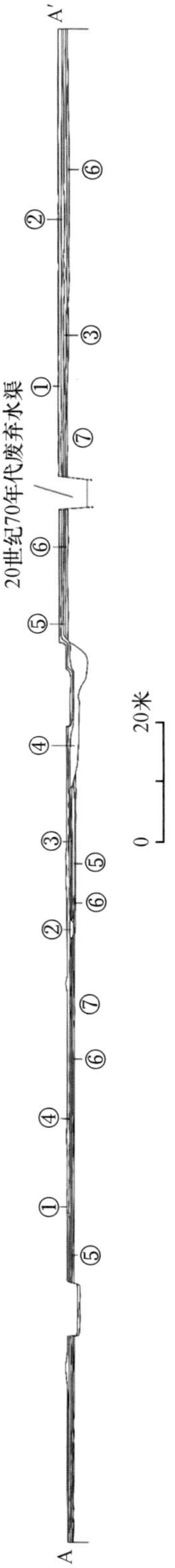

图12-7　陵园北侧神道区域A—A′剖线地层堆积

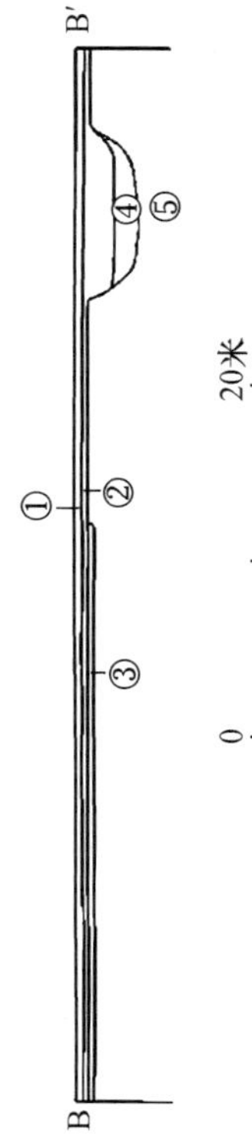

图12-8　陵园北侧神道区域B—B′剖线地层堆积

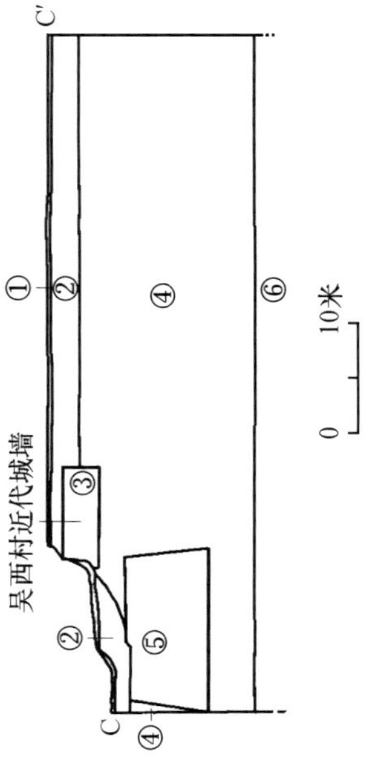

图12-9　陵园北侧神道区域C—C′剖线地层堆积

第③层：近代夯层。为吴西村近代城墙，系夯筑而成，层理结构清晰，质密。

第④层，淤土，厚15米多，浅黄褐色，土质结构较紧密，有长期堆积所形成的薄厚不一淤泥层，淤土下部见地下水。

第⑤层，夯土，厚8～10厘米。夯土层理结构不清，为粗夯，可能为当时路基。

第⑥层，生土。

D—D′剖线

位于鱼池北岸台地，东西宽150米，地层结构主要为以下7层（图12-10）。

第①层：耕土，厚30厘米。

第②层：扰土，厚20～90厘米，土质较松，夹杂晚期遗物及秦代瓦片。

第③层：路土，厚10～20厘米，东西宽约13.6米。主要分布于吴中村扬水渠西侧。

第④层：细夯，约70厘米，结构紧密，层与层间平整光滑，层厚约10厘米。

第⑤层：粗夯，厚约19米，层间结构不清晰，层厚不明显，有人工夯压迹象。

第⑥层：淤土，自东向西变厚，约6.4～14.6米。

第⑦层：生土。

E—E′剖线

位于沙河沟道南岸至其北岸，南北宽约260米，最深处约21.2米，沟底有流水。地层结构在沟道南北稍有不同。

沟道北岸（图12-10）。

第①层：耕土，厚约30厘米，深褐色，土质结构较松。种植小麦、玉米等农作物。

第②层：扰土，厚70～90厘米。浅褐色。土质结构较紧密，为长期冲积及人类活动所积累。

第③层：路土，厚10～20厘米，黑褐色，土质结构紧密，层次清晰，为人类活动所形成。

第④层：夯土，厚30～110厘米，上层夯层较薄，间距厚约10厘米。

第⑤层：夯土，厚2～17米。在古湖泊北岸以北夯土较薄，之下为生土；古湖泊北岸以南夯土层较厚，之下淤土厚达14.5米，为后期堆积所形成。

沟道南岸。

地层结构基本上同C—C′剖线处的堆积。

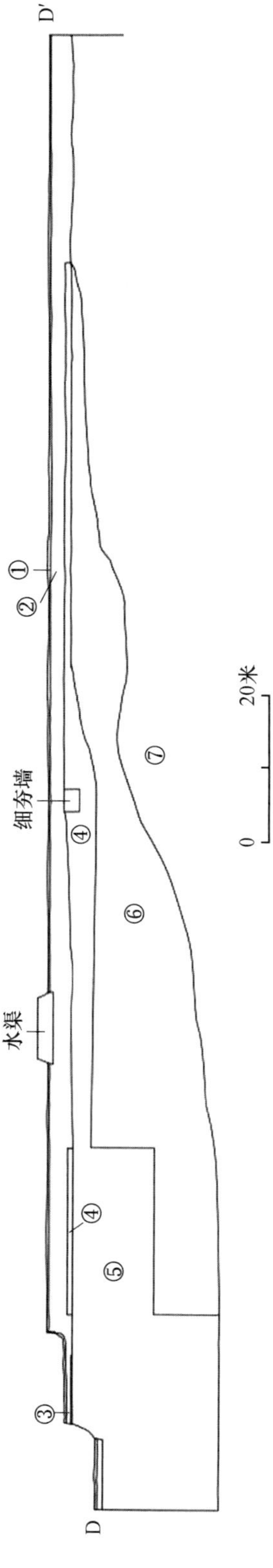

图12-10　陵园北侧神道区域D—D'剖线地层堆积

四、形制与结构

目前发现的遗存主要为道路，另外还发现了两处与道路相关的附属遗存。以下分别介绍。

道路遗存，目前发现的部分南北总长1366米，东西宽20～125米（图12-11）。南起毛北村北50米处，应该朝南还有延伸，目前暂未勘探；北至秦俑高速专线以北50米处，从该处向北至渭河二、三级阶地间已于2007年被大规模工程取土破坏。以下分段描述之。

第1段，南起毛北村北，北至吴西至岳圩村水泥路南24米处。南北长400余米，宽26～38米。在该段道路的西侧为南北宽200米，东西长150米的踩踏区，其西部仍向西延伸，尚未找到边缘。

第2段，南起吴西至岳圩村水泥路，北至吴西村村中。南北长125米，宽25～30米。与第1段相距28～30 米。

第3段，位于吴西村的中南部。南北长120米，宽3～25米。南与第2段相距15米。发现的遗存主要为踩踏层。

第4段，位于吴西村中部。南北长70余米，宽11～24米。与第3段相距20余米。包括三段断续的踩踏与夯土遗存。

第5段，位于吴西村的西北部，北部延伸至鱼池沟道南岸。南北长180、东西宽5～14米。与第4段相距120米。该段东侧、第3段的北侧部分被吴西村近代城堡所破坏。该城堡平面呈长方形，南北长约160、东西宽约75米；残存北、西、东墙垣；其中西墙南北长160、残宽8.6米，北墙垣东西长70、宽8米，南墙垣东西长75、南北宽7.5米。墙垣所围起来的区域内为现代居民建筑。

第6段，位于现吴中村扬水渠西侧，南起鱼池沟道的北侧，北至高速专线北50米。第5段与第6段间为鱼池沟道，目前宽240米。该段遗存包括道路遗存及相关的附属设施。

道路遗存东西宽80～140、南北长215米。分为南北两段。南段位于古鱼池湖泊区域内，底部的生土构造自北向南，也就是由古湖泊的边缘向中心区倾斜，因此底部由粗夯结构填充起来，构成道路的基础部分；总体上这一段底部宽30米，上部宽27.8米，夯层总厚17.2米。北段位于古鱼池湖泊的北岸，距现地表约1.5米处以下即为生土结构，道路的踩踏层就位于这一生土层面上，踩踏区域南北长60、宽24～33米。

附属遗存东西宽80～130、南北长140米。发现的遗存包括以下三部分。

台体建筑，平面呈“凸”字形，西边缘与道路遗存的东西边缘相接。东西通长

22.6、南北宽15.7～22.3米；北部边缘内折3.8米，南部边缘内折2.3米。该台体建筑残存厚度0.7～0.8米，结构由细夯层组成，暂未发现木构及建筑材料；底部坐落于更大的粗夯土结构上。

南北向长墙垣建筑，平面呈长条形，南北长151、东西宽3米。

粗夯土结构，该区域面积较大，总体上南北宽123、东西长148米。西接道路遗存、东部距吴中村发现的夯土建筑52米。粗夯土结构建筑跨古鱼池的北岸台地与古湖泊区域，在古湖泊区域粗夯土结构下压古淤积层，在古湖泊台地北岸下压生土。该夯土中部被上述的南北向长条形墙垣结构分为东西南部分。其中东部台体结构规整，南北宽43、东西长78米，东部边缘有折曲；西部粗夯土台体南起古鱼池边缘，北至现代水渠附近，南北长123、东西宽67米。

五、主要认识及相关问题探讨

1. 道路的性质

该道路位置正处于陵墓的南北中轴线上，整体上北偏东1.5°；虽经破坏，但是目前最宽处达140米，主体部分宽度亦达40米，规模较大。总体上可判断为陵墓建制中的神道。

2. 附属遗存的性质

鱼池北岸道路的附属遗存分为三个部分，其中东侧为大体量的粗夯土结构，其上分别为平面呈“凸”字形和长条形的细夯土建筑，我们认为应该是神道东侧的附属设施，或者与整个陵墓的北阙有关。

3. 道路与鱼池的关系问题

综合勘探成果，我们发现现存的鱼池以及沙河沟道只是早期古鱼池、古河道的局部。在秦代修筑陵园时这一古湖泊就已存在。因此，该神道如何通过鱼池古湖泊，是一个相当复杂的工程问题，关于这一问题还需要进一步勘探解决。

说明：参加工作的人员有张卫星、陈治国、付建、吴学功、徐盼等。绘图有吴学功、李新民、徐盼等。测绘为李春文。执笔为张卫星、陈治国、付建。

第四节　陵园东侧神道遗存勘探

秦始皇陵的道路遗迹是秦始皇陵丧葬礼仪系统的重要组成部分，多年来我们一直在进行道路遗迹的调查、勘探与发掘。此前不同的考古单位，如陕西省考古研究院、秦俑考古队、秦陵考古队，以及我院都曾开展一些工作。秦始皇陵最早发现的道路遗存应该是内城城垣所附设的道路。早在20世纪60年代考古工作者就认识到了陵园的城垣系统①，20世纪七八十年代对陵园的内外城垣多次进行了系统工作②，2000年又局部试掘了内外城垣的多个部位③，2010年的勘探工作系统完善了城垣的资料④。通过长期的工作，我们可以对内城垣所附设的道路得出系统的认识。1999～2002年，考古工作者在秦始皇陵园的内外城东西门间发现有两组道路⑤。其中1999年发现东内外门间区域分布有踩踏面，范围自内城东门至外城东门。在宽18米的范围内，踩踏面厚0.3～0.5米，但未见铺地砖；其余地方虽也有踩踏面路土，但较薄，厚为0.05～0.1米。2000年的西内外城门区域勘探成果发布时，称之为司马道，东西长187、南北宽118米，面积22066平方米。司马道上的踩踏面因受晚期洪水及其他原因的破坏，遗迹保存状况并不十分完整，呈断续状分布。这些道路与内外城门、两侧的廊房及三出阙相关，因而发现者将这些道路命名为司马道。2000～2003年，陵园内城封土的南北侧发现了石质道路遗存⑥。2010年我们对这一道路遗存的分布进一步做了工作，在封土东、西侧还发现石质道路遗存的分布，并且还发现了内城东门内的踩踏区域，这一区域与石质道路遗

① 陕西省文物管理委员会：《秦始皇陵园调查简报》，《考古》1962年第8期。

② 20世纪70年代秦俑考古队对外城墙进行过测量，南北长2165米，东西宽940米，周长6210米。陕西省考古研究所、秦始皇兵马俑博物馆：《秦始皇帝陵园考古报告（1999）》，科学出版社，2000年。

③ 陕西省考古研究所、秦始皇兵马俑博物馆：《秦始皇陵园内城南墙试掘简报》，《考古与文物》2002年第2期；陕西省考古研究所、秦始皇兵马俑博物馆：《秦始皇帝陵园考古报告（1999）》，科学出版社，2000年。

④ 秦始皇帝陵博物院：《秦始皇帝陵城垣勘探报告》，《秦始皇帝陵博物院（2011）》，三秦出版社，2011年。

⑤ 陕西省考古研究所、秦始皇兵马俑博物馆：《秦始皇帝陵园考古报告（1999）》，科学出版社，2000年。陕西省考古研究所、秦始皇兵马俑博物馆：《秦始皇帝陵园考古报告（2000）》，文物出版社，2006年。

⑥ 陕西省考古研究所、秦始皇兵马俑博物馆：《秦始皇帝陵园考古报告（2000）》，文物出版社，2006年；陕西省考古研究院、秦始皇兵马俑博物馆：《秦始皇帝陵园考古报告（2001～2003）》，文物出版社，2007年。

存基本上形成了环封土道路子系统[①]。2007年春，秦始皇兵马俑博物馆考古队在秦始皇陵园调查工作中，发现了陵园外城北侧大范围的夯土遗迹，这些夯土与秦始皇陵园北侧的道路系统有一定的联系[②]。2011年，我们勘探了内城北部两座城门之间的区域，发现了大量的踩踏遗存；增加了内城道路的新材料[③]。2015～2016年分别对陵园北侧的道路遗迹进行了调查、勘探以及发掘，基本了解了北侧道路的分布、形制与结构（见本章第三节）。近年，我们在大遗址勘探工作中，对陵园东侧的道路遗迹作为重点进行了关注。长期以来，很多学者都倾向认为陵园东侧应该有道路遗迹，个别学者曾做过兵马俑坑位于这条道路的北侧的表述。目前的工作已初步发现了这一区域东向道路的遗迹。

本次勘探从2017年11月1日开始至2018年3月31日结束，在秦始皇帝陵博物院指导下由陕西久传文物勘探公司对该区域进行了系统勘探。由于该区域位于秦始皇陵园的轴线区域，因此该区域的道路系统勘探是此次勘探的重点。本次勘探共在该区域布50米×50米的勘探区域6个，普探均采取4米×4米中间加一孔的分布方法。遗迹密集区及重要区域采用1米×1米中间加一孔的分布方法。勘探中发现了5段道路遗存，判断这些道路是秦始皇陵园东侧的道路。

一、遗迹的区位及相关遗迹

秦始皇陵园东侧发现的道路遗迹位于现临潼区秦陵街道办杨家村上焦组区域。处于秦始皇陵封土中心、外城东门的正东方向。20世纪70年代以来，在该区域历年发现90多座小型马厩坑，已试掘的坑内埋有马骨、跽坐陶俑、陶罐、铜洗、铁工具等。并发现有“中厩”“宫厩”“小厩”“大厩”“左厩”等刻文[④]。此外，早年这一区域附近还曾发现有17座中小型墓葬。1976年对其中的8座进行了发掘[⑤]。

---

① 见本章第一节。

② 秦始皇兵马俑博物馆考古部：《秦始皇陵园北侧道路遗存调查简报》，《秦陵秦俑研究动态》2008年第3期。

③ 秦始皇帝陵博物院：《秦始皇帝陵园内城北部道路遗存勘探简报》，《秦始皇帝陵博物院（2014）》，三秦出版社，2014年；见本章第二节。

④ 秦俑坑考古队：《秦始皇陵东侧马厩坑钻探清理简报》，《考古与文物》1980年第4期。

⑤ 秦俑考古队：《临潼上焦村秦墓清理简报》，《考古与文物》1980年第2期。

二、地貌与地层堆积

该区域整体表现为骊山北麓的黄土台塬地貌和山前洪积扇裙地貌。其地势南高北低；呈阶梯状倾斜展开。区域海拔在450～550米。地表种植石榴树。该区域在20世纪七八十年代经历过平整土地活动，导致此处地层堆积薄厚不一。该区域地层自然堆积整体上可分为4层。地层堆积较浅的地方分两层，堆积较厚的地方分4层，部分区域冲积层夹杂大量砂石、石块。

第①层：表土层，厚0～0.3米，浅灰褐色，土质松散，含植物根系较多。

第②层：扰土层，厚0.3～1米，浅褐色，土质较松。局部区域可见砂、石块。

第③层：垆土层，厚0.3～0.5米，深褐色，土质较硬。

第④层：生土层，浅黄色，质密，纯净。

道路遗迹主要发现于第②层扰土层下。

三、遗　　迹

此次发现的道路编号L1。遗迹共分为5段，自东向西分别编为L1-1至L1-5（图12-12）。五段通长160米，南北通宽14米。西端距离帝陵封土中心约973米，东端距秦兵马俑1号坑南侧约300米，总体上呈东西向分布。

自东向西依次叙述如下。

L1-1：平面呈长条形，东西长45.5米，南北宽4～5米。位于②层下，距地表深1.2米见踩踏层，踩踏层厚约0.1米（图12-13）。

L1-2：平面呈长条形，东西长15.5米，南北宽5～6米，踩踏层厚约0.05米，底距地表深1.25米。位于②层下，距地表深0.9米见踩踏层（图12-14）。

L1-3：平面呈长条形，东西长16米，南北宽3～4米，踩踏层厚约0.05米，底距地表深1.35米。位于②层下，距地表深0.9米见踩踏层（图12-15）。

L1-4：平面呈长条形，东西长7米，南北宽5米，踩踏层厚约0.1米，底距地表深1.5米。位于②层下，距地表深1.1米见踩踏层（图12-16）。

L1-5：平面呈长条形，东西长16米，南北宽4～5.5米，踩踏层厚约0.15米，底距地表深1.45米。位于②层下，距地表深1.1米见踩踏层（图12-17）。

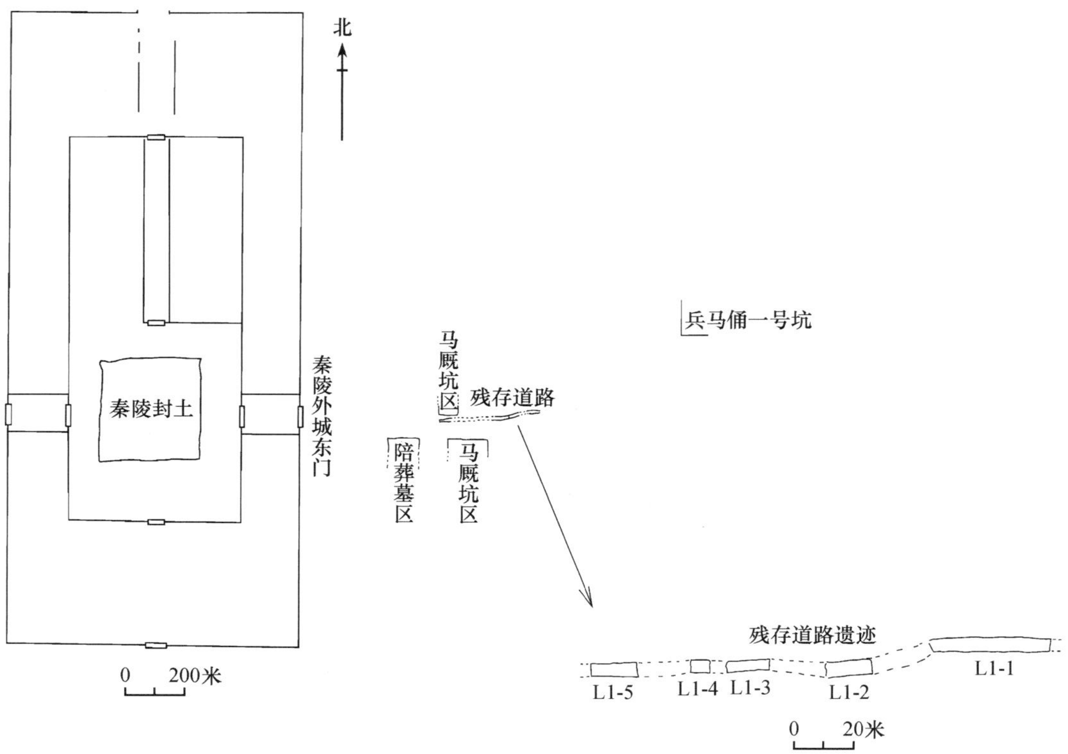

图12-12　陵园东侧神道遗存位置图及遗迹总平面图

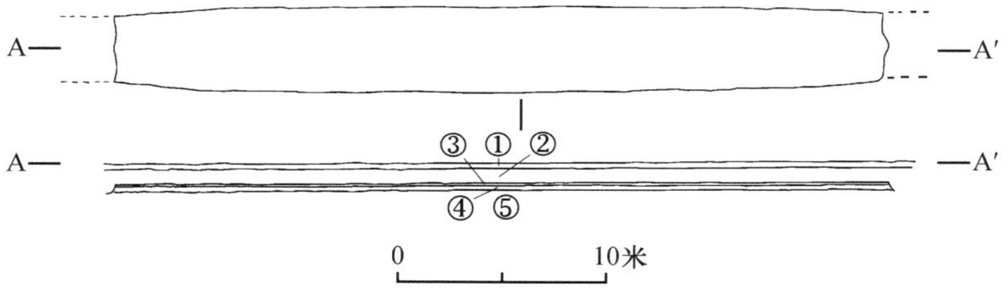

图12-13　东侧神道L1-1勘探平、剖面图

①表土层厚0.3米　②扰土层厚0.9米　③踩踏层厚约0.1米　④垆土层厚0.3～0.4米　⑤生土层

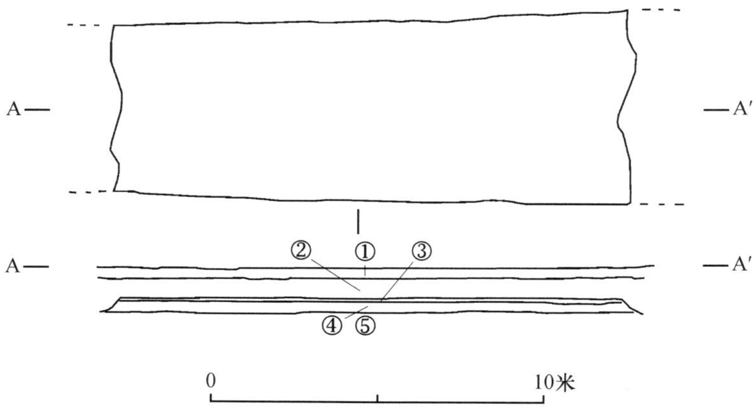

图12-14　东侧神道L1-2勘探平、剖面图

①表土层厚0.3米　②扰土层厚0.6米　③踩踏层厚约0.05米　④垆土层厚0.3米　⑤生土层

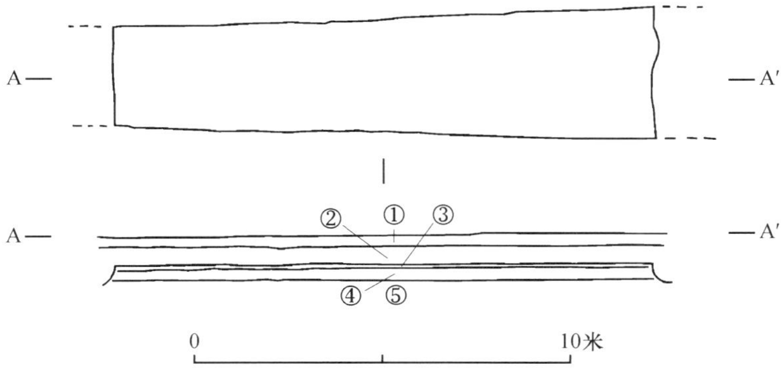

图12-15　东侧神道L1-3勘探平、剖面图

①表土层厚0.3米　②扰土层厚0.6米　③踩踏层厚约0.05米　④垆土层厚0.3米　⑤生土层

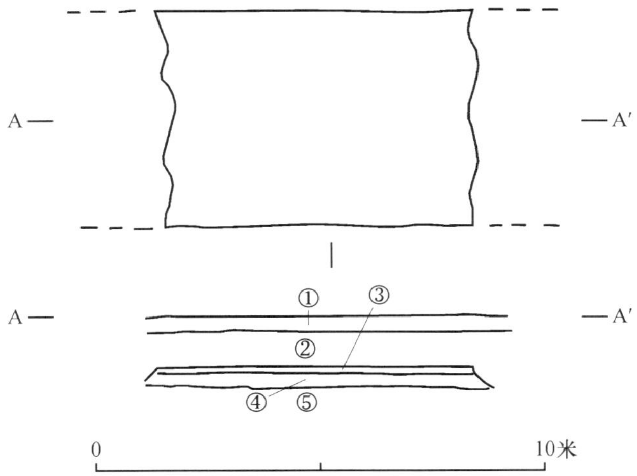

图12-16　东侧神道L1-4勘探平、剖面图

①表土层厚0.3米　②扰土层厚0.9米　③踩踏层厚约0.1米　④垆土层厚0.3米　⑤生土层

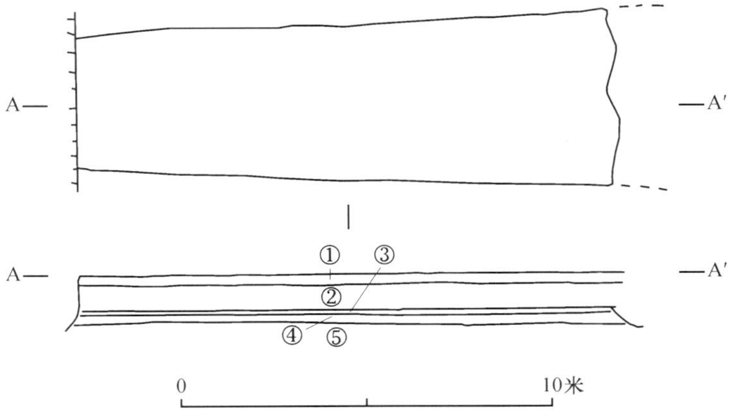

图12-17　东侧神道L1-5勘探平、剖面图

①表土层厚0.3米　②扰土层厚0.8米　③踩踏层厚约0.15米　④垆土层厚0.2米　⑤生土层

四、初步结论

1. 关于道路的形制

目前发现遗迹五道连起来总约100米。相信这并不是道路遗迹的原始完整长度，而仅是残存的部分，并且这些路段也并非可以相连。根据遗迹的分布，初步推测原来可能是连接在一起的一条道路，且向东、向西继续有延伸。由于东侧区域山洪冲积层较厚，无法勘探，其分布不清；也有可能为后期山前洪积冲刷或平整土地破坏。西侧区域现为陕西标准缝纫机公司厂区，无法进行勘探，且也有破坏的可能。

目前遗迹残存的本体宽为3～6米。这也应该不是遗迹原始的宽度。目前在这一区域60米宽的区域内除了发现这些道路遗迹外，再没有发现其他遗迹；这一区域之外南北侧均发现了小型陪葬坑、南侧发现了中小型墓葬。这说明陪葬坑的边界也是道路的范围。因而推测其整体宽度达60米左右。

关于道路的结构，从目前的发现看，还是由大量的踩踏层组成了道路的主体，建筑在早期地层之上；由于未经发掘，其具体结构不清。

2. 道路的功能性质

结合前期的考古发现，我们推断陵墓内部的道路可分为环形与“十”字形两个系统；就秦始皇陵和西汉帝陵而言，陵园内的四出道路虽可总称为冢外神道、神道，但更确切地讲应该为司马门道；而陵园外的道路，虽也可称为司马门道，但更应该称之为神道①。这次发现的陵园东侧的道路与陵园北侧的道路一样，虽然也可视为单独的道路，但更是陵园内“十”字形在陵园外延伸的部分，是秦始皇陵道路系统特别是“十”字形道路的组成部分。因性质上我们推断为秦始皇陵神道的东向部分。其作用虽具有实用功能，但更多是具有礼仪功能。而且基于秦始皇陵的主墓道为东墓道、秦始皇陵的主方向为东向认识，这条东向的神道礼制功能、意义更为重要。

① 张卫星：《礼仪与秩序：秦始皇帝陵研究》，科学出版社，2016年。

第十三章　工程及相关设施

第一节　防洪堤渠勘探调查

一、区位关系与既往工作

秦始皇帝陵防洪堤渠遗址长期以来也被称为五岭遗址、防洪大堤。五岭的遗址定名与当地的说法有关，详见有关的学者整理收集。至今地面仍有残存。遗址现位于西安市临潼区秦陵街道办，地跨陈窑、杨家、李家、杜家、上张、王硷等村组。

20世纪60年代，考古工作者曾对该遗址进行过调查工作。

袁仲一先生在1990年出版的专著中指出："遗址至今犹存，从骊山北麓的大水沟西边的山脚开始，至王硷与三任村之间止，呈西南东北走向，全长3500米。现残存部分长约1000米，宽约40米，残高2～8米。堤身以土夯筑而成，土中含有大量的砂石。依靠这条长堤把大水沟以及大水沟东边相毗邻的几条山谷向北的流水拦住，使其折而东北流，至三任村西再折转北流，会鱼池水流入渭河。三任村位于秦始皇陵兵马俑坑东约0.5公里。这不但使始皇陵的封土堆，而且使兵马俑坑和陵园里的一些地面建筑，以及各种陪葬坑、陪葬墓等，均免遭水患。不知是何年代，防洪堤曾被大水从中部（即王硷村西）冲垮，水从兵马俑坑西侧流过，俑坑幸免于难。"[①]袁先生对于该遗址的分析已十分准确，历来为学界公认。

2000年前后，原陕西省考古研究所秦陵考古队又对该遗址进行过调查。遗址呈西南东北走向，西起大水沟，从陈家窑村东南向东北逶迤而去，过杨家村东南、李家村东南直到杜家村东南，全长约1700米。五岭遗址保存较好的是杨家村东南至李家村东南间的一段，宽89.2米，现存最高处为8.5米，系就地取土粗夯而成，土质杂乱，土色呈黑褐色，夯层厚0.32～0.46米，其间夹杂有大量大小不一的石块。五岭遗址靠近骊山的一侧有一条依遗址走向的沟壕，综合沟壕周围地势、山谷方向、沟壕南侧地层等

---

① 袁仲一：《秦始皇陵兵马俑研究》，文物出版社，1990年。

分析，这条沟壕可能是人工所建，且五岭防洪堤所用的土绝大部分就是从沟壕中挖取的，但由于多年的冲刷，其宽度和深度已不可确知①。

从前述主要的考古工作与研究成果看，学术界对遗存所处的局域环境与遗存的功能认识基本一致。但是由于没有精确的考古勘探，对遗存的形制、结构以及相关的建造等尚无基础性的材料。有鉴于此，秦始皇帝陵博物院2017～2018年度组织考古力量，在大遗址勘探总体方案指导下，对该遗址进行了重点调查与勘探，取得了遗存的第一手材料。

二、地形地貌与地层结构

秦始皇陵遗址的主要分布区所处为骊山北麓山前洪积扇裙区。这个地区的地貌结构是在一级黄土台塬形成之后，零河、戏河、玉川河发育到由面流到线流的阶段形成固定河道，山区洪水顺着河道排出，但山前大小峪口的暂时洪水在山前凹陷区淤积形成洪积扇，又不断扩展，形成洪积扇群②。防洪堤渠就坐落在骊山洪积扇群这一特定的区域。在这个区域，紧接骊山坡体，地势南高北低，河流下切不深，坡度在4°以上，在靠近山坡的部分为洪积堆，坡度在7°～8°，扇间地势较低，形成缓岗和浅凹相间的地貌，海拔高程在500～650米间。地势倾斜较大，土壤以洪积堆积物为主，渗透性好③。

五岭遗址之南侧所对应的骊山北麓大水沟以及该沟以东的山坡、峪口，依次有大水沟、杨家村东南的无名沟峪、尚家村西南的沟峪、尚家村东南的沟峪、上杜家村东的沟峪五条沟壑。从上杜家村开始往东，地势为西南高东北低。因此“五岭”可能是指防洪堤之南所对应的山岭以及山岭之间的五条沟壑④。

细分遗址各段地貌特征大致相似，但仍有差别。西段西南起大水沟西侧山坡，东北终于杨家村村委会西南侧的梯田式台地上，经人工平整，今大部分为石榴树林。西段大部分位于山前冲积扇与洪积扇地带，冲积层较厚，夯层含石量较大；遗迹范围内地面附着物大部分为石榴树林，也有少量民房等建筑。

① 陕西省考古研究所、秦始皇兵马俑博物馆：《秦始皇帝陵园考古报告（2000）》，文物出版社，2006年。

② 陕西省临潼县地方志编纂委员会编：《临潼县志》，上海人民出版社，1991年。

③ 陕西省临潼县地方志编纂委员会编：《临潼县志》，上海人民出版社，1991年。

④ 陕西省考古研究所、秦始皇兵马俑博物馆：《秦始皇帝陵园考古报告（2000）》，文物出版社，2006年。

防洪堤渠遗址中段位于骊山北坡山前洪积扇地带，呈西南至东北走向，西南起点位于杨家村李家组、秦唐大道护路坡上，坡下是李家村民房，从钻探资料看，该段冲积层分布广、堆积厚、含石块较多。后期经人工平整土地后，形成阶梯式梯田。现种植大量石榴树。

东段位于骊山山前洪积扇地区，大体走向仍是西南至东北向，但与前两段的走势略有些不同，已近东西向，调查勘探结果表明，该地段范围冲积层分布更加广泛，堆积更厚，含石块较多，淤积层也较厚，含细沙量较大。范围内地面附着物有民房、石榴树园、农家乐设施等。与之对应的秦唐大道南侧断面上，有自南向北倾斜的棕红色冲积层，说明此处地形仍是南高北低，经修路，平整土地后，形成今日村庄和耕地分布态势。

三、遗迹结构

遗址本体西南起于大水沟西北侧的骊山山坡，东至庞家沟，全长约2800米，宽13～94米，残高（厚）1～8.5米（图13-1）。

现存遗址可分为三段。杨家村村委会西侧为西段，杨家村李家组至杜家组为中段，王硷村南至庞家沟西侧为东段。西段、中段部分夯土遗迹高出地面。西段夯土遗迹在山坡处即可发现到断面，向东北方向也可看到墙体的部分剖面，从杨家村村委会至李家村之间夯土遗迹出现断缺。中段夯土堤体保存较完好，该处大堤走向明晰，夯层清楚，今李家村庄基本上背依大堤而建，许多民居的窑洞或建筑在夯土层下或建在夯土层中；从杜家村东南向东至王硷村上张组东，地面上已不见夯土痕迹，直到位于王硷村上张组的泊缘玉器厂东围墙外为一处较大缺口。东段堤体夯土起于现玉器厂东墙（厂内是否有夯土不清），夯土遗迹位于现代地面以下，延伸到王硷村庞家沟，该村台地可见部分高出地面的夯土遗迹。

与之关联的人工河沟，地面仍可见一些痕迹，从航片亦可辨出其跨越今秦唐大道，全长约790米，宽50～70米，中间因秦唐大道阻隔，被分割成南北两段。南段起于杨家村村内小道，北至秦唐大道边，长约250米，宽60～70米，深2～10米，北段南起秦唐大道北坡，北至杜家村南，长约440米，宽50～70米，深3～15米。勘探显示，沟内石层分布广泛，淤积层较厚。

三段之间有两处大缺口，一是杨家村村委会至李家村段，缺口长达450米，未发现夯土迹象；二是杜家村西南至泊缘玉器厂，缺口长达850米，亦未见夯土迹象，此处存在有较厚的淤积层，据称20世纪50年代，该地为一蓄水池，推测此间断部分可能是被来自骊山北麓的山洪冲毁造成。

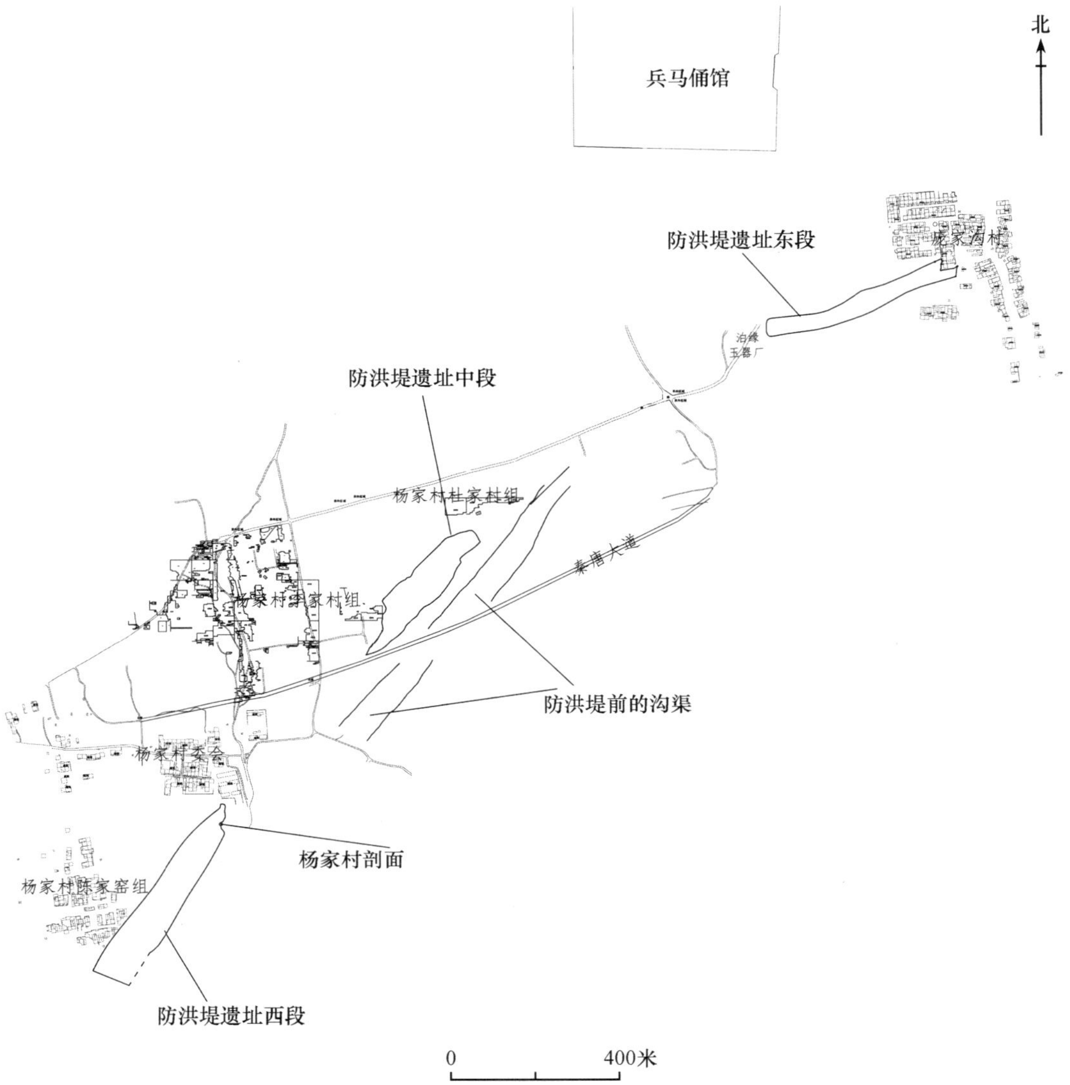

图13-1　秦始皇陵防洪堤渠遗存位置示意图

本次调查、勘探，共发现防洪堤渠遗址防洪大堤断面7处，自西向东分别为：大水沟西侧山前断面，杨家村1号、2号断面，李家村1号、2号、3号断面，庞家沟村窑洞壁面。这些断面为精确认识其堆积提供了重要证据。

三段夯土大堤之中，李家村西南到杜家村西南一段保存较好。下面按西段、中段和东段分别介绍。

1. 西段

西段位于秦陵街道办事处杨家村陈家窑南侧至杨家村村委会西南，北距秦始皇陵园750～1040米，西南起点位于骊山北麓的大水沟西侧山体北坡上，经陈家窑村东南一直向东北延伸，西北终点位于杨家村村委会西南，东北端点位于杨家村村委会西南侧石榴树园，仍属杨家村杨家组地段。西段西南起点位置发现了厚约1米的夯土遗存（图版32），宽7～8米；该段整体残长约510米，宽13～94米，残高（厚）1～6米。由于冲积扇地形自西南向东北倾斜，且存在阶梯状台地，遗址顶部高程落差最大为38米（图13-2）。

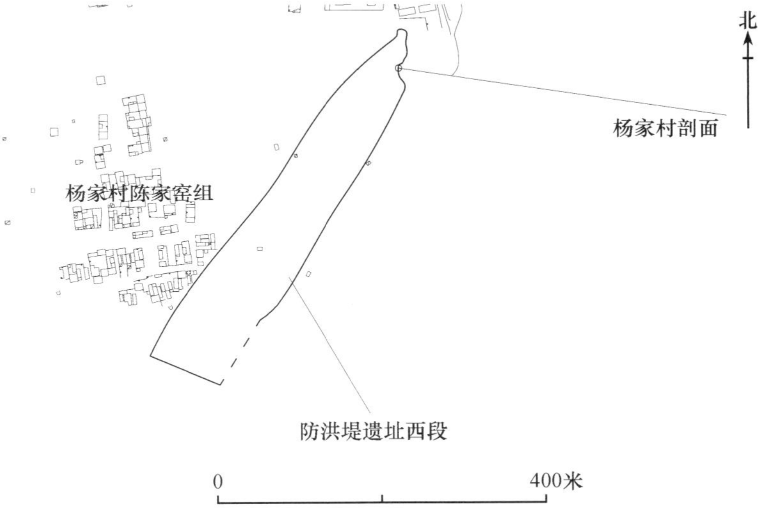

图13-2　防洪堤渠遗址西段平面图

通过调查，在两处断崖上发现有夯土遗迹。一处位于大水沟北侧山坡断崖上，发现有厚约1米的夯土遗存；一处位于杨家村村委会后西南侧台地石榴园内，在一长约115米的断崖上，发现有长约75.5米、厚5～7米的夯土遗迹，我们选取两个地方做了剖面，编号杨家村1号剖面和杨家村2号剖面，并且两个剖面的下部相连接，总长度28.6米（图版33）。其堆积结构分述如下。

杨家村1号剖面位于杨家村村委会后西南侧台地石榴园内（图13-3；图版34），杨家村1号剖面地层如下。

第①层：表土层，厚10～30厘米，粗砂土，浅褐色，疏松，含植物根系。

第②层：扰土层，厚10～30厘米，距地表深10～30厘米，粗砂土，浅褐色，疏松，含植物根系。

第③a层：粗夯层，厚10～95厘米，距地表深20～60厘米，黏土，浅黄色，较疏

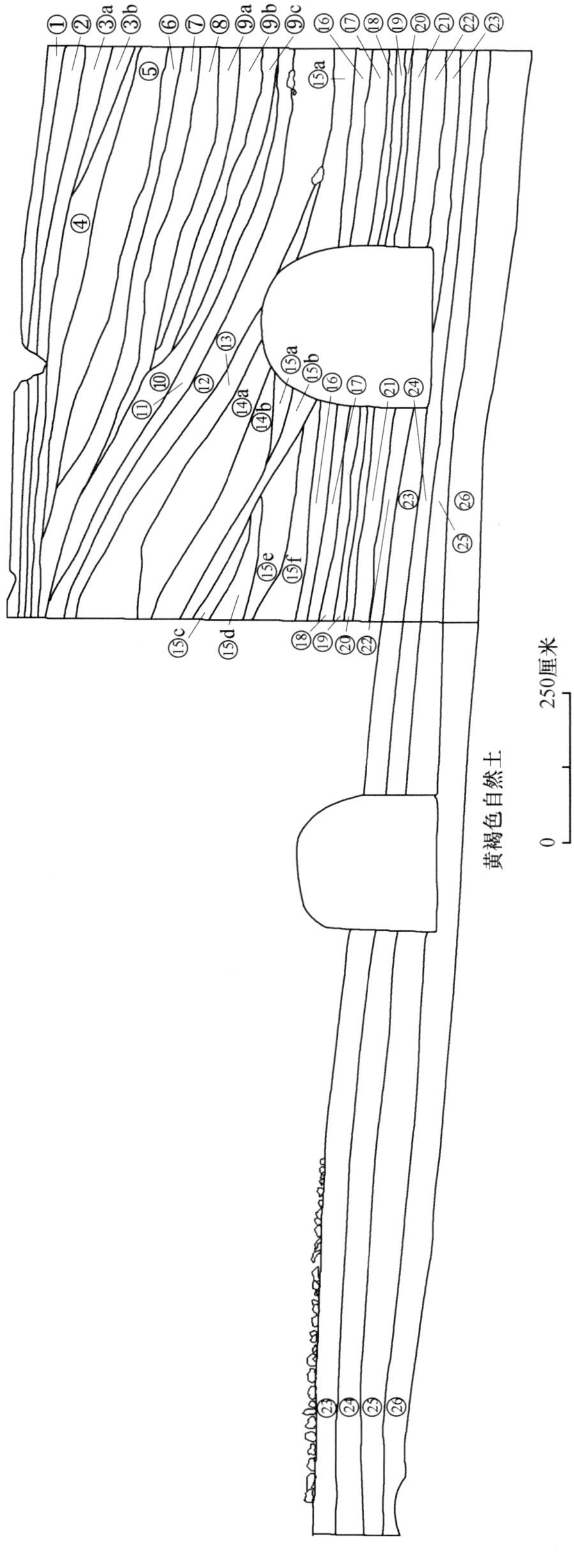

图13-3　杨家村1号剖面图

松，含少量砾石。

第③b层：粗夯层，厚0～35厘米，距地表深70～105厘米，黏土，深黄色，较疏松，含大量石块。

第④层：粗夯层，厚10～45厘米，距地表深35～140厘米，黏土，深黄色，较疏松，含大量砾石。

第⑤层：粗夯层，厚0～65厘米，距地表深50～150厘米，黏土，浅褐色，疏松，含大量砾石。

第⑥层：粗夯层，厚0～50厘米，距地表深65～195厘米，黏土，浅褐色，较疏松，含大量砾石。

第⑦层：细夯层，厚15～40厘米，距地表深50～220厘米，黏土，浅褐色，质密，含少量砂石。

第⑧层：细夯层，厚0～45厘米，距地表深120～245厘米，黏土，浅褐色，土质较致密，含少量砂石。

第⑨a层：细夯层，厚0～35厘米，距地表深210～275厘米，黏土，深褐色，土质较致密，含大量砾石。

第⑨b层：细夯层，厚0～35厘米，距地表深210～310厘米，黏土，浅褐色，土质较致密，含大量砂石。

第⑨c层：细夯层，厚0～30厘米，距地表深240～345厘米，黏土，浅黄色，土质较致密，含大量砂石。

第⑩层：细夯层，厚0～50厘米，距地表深65～370厘米，黏土，浅褐色，土质较致密，含大量砂石。

第⑪层：细夯层，厚20～35厘米，距地表深65～370厘米，黏土，浅黄色，土质较致密，含少量砂石。

第⑫层：细夯层，厚20～70厘米，距地表深90～395厘米，黏土，浅黄色，土质较致密，含大量砂石。

第⑬层：细夯层，厚0～100厘米，距地表深110～460厘米，黏土，深褐色，土质较致密，含大量砾石。

第⑭a层：细夯层，厚20～80厘米，距地表深210～380厘米，黏土，浅褐色，土质较致密，含少量砾石。

第⑭b层：细夯层，厚10～55厘米，距地表深230～395厘米，黏土，浅黄色，土质较致密，含少量砾石。

第⑮a层：细夯层，厚0～60厘米，距地表深400～460厘米，黏土，深黄色，质密，含少量砾石。

第⑮b层：细夯层，厚15～40厘米，距地表深280～440厘米，黏土，浅黄色，土质较致密，含少量砾石。

第⑮c层：细夯层，厚0～25厘米，距地表深300～385厘米，黏土，浅褐色，土质较致密，含大量砾石。

第⑮d层：细夯层，厚15～55厘米，距地表深325～385厘米，黏土，浅黄色，土质较致密，含大量砾石。

第⑮e层：细夯层，厚15～55厘米，距地表深280～395厘米，黏土，浅黄色，质密，含大量砾石。

第⑮f层：细夯层，厚25～70厘米，距地表深395～460厘米，黏土，浅褐色，土质较致密，含大量砾石。

第⑯层：细夯层，厚20～25厘米，距地表深465～490厘米，黏土，浅黄色，土质较致密，含大量砾石。

第⑰层：细夯层，厚15～30厘米，距地表深480～520厘米，黏土，深褐色，土质较致密，含大量砾石。

第⑱层：细夯层，厚10～25厘米，距地表深500～545厘米，黏土，浅褐色，土质较致密，含大量砾石。

第⑲层：细夯层，厚10～20厘米，距地表深525～560厘米，黏土，浅褐色，土质较致密，含大量砾石。

第⑳层：细夯层，厚10～15厘米，距地表深540～570厘米，黏土，浅黄色，土质较致密，含大量砾石。

第㉑层：细夯层，厚20～30厘米，距地表深555～585厘米，黏土，深褐色，土质较致密，含大量砾石。

第㉒层：细夯层，厚20～35厘米，距地表深580～605厘米，黏土，浅褐色，土质较致密，含大量砾石。

第㉓层：冲积层，厚20～35厘米，距地表深600～635厘米，黏土，浅褐色，土质较致密，含大量料姜石。

第㉔层：冲积层，厚20～30厘米，距地表深635～660厘米，黏土，浅黄色，土质较致密，含少量砾石。

第㉕层：冲积层，厚20～40厘米，距地表深660～685厘米，黏土，深褐色，土质较致密，含少量砾石。

第㉖层：冲积层，厚50～65厘米，距地表深700～705厘米，黏土，褐色，土质较致密，含少量砾石。

750厘米下见黄褐色自然土。

据剖面结果观察，杨家村1号断面高7.5米，共分26层，第③～㉒层为夯土层，最厚处在第⑬层西侧，厚达1米，最薄处为第⑳层，厚仅0.1～0.15米。其中粗夯4层，细夯16层，第⑯层以上层位较乱，每一大层下可细分为不同数量的亚层，如第③层可分③a、③b层，第⑮层细分6个亚层；此外，层位走向为西南向东北倾斜，夯筑杂乱；第⑯层以下，层位趋平，分层明显。从土质上看，20个夯层内均含有大小不等的石块和砾石，粗夯层较疏松，细夯层较致密，第㉒层明显含有很多较大石块层；土色有浅褐、浅黄、深褐、深黄等，分布较乱，夯土层下见浅黄色自然冲积土。

杨家村2号剖面，位于1号剖面的西侧（图13-4；图版35），剖面堆积显示，该地有三个不同的堆积类型，从照片（由东向西照）上看，标明“北”部的位置，从第④层开始向下共18层，应是属“夯层”性质的堆积类型；标明“南”部的位置，从地表向下有6层，土质松软，可以明显判断出是“冲积土”性质的堆积，标明“中”部的位置，最厚处有13层，堆积性质亦属“夯层”，这个堆积向南再往下直通崖底。该剖面南、北地层堆积分述如下。

南部堆积。

第①层：表土层，厚10～40厘米，粗砂土，深褐色，疏松，含植物根系。

第②层：扰土层，厚10～20厘米，距地表深10～35厘米，粗砂土，浅褐色，疏松，含植物根系。

第③层：冲积层，厚15～45厘米，距地表深30～55厘米，粗砂土，浅黄色，疏松，含少量砾石。

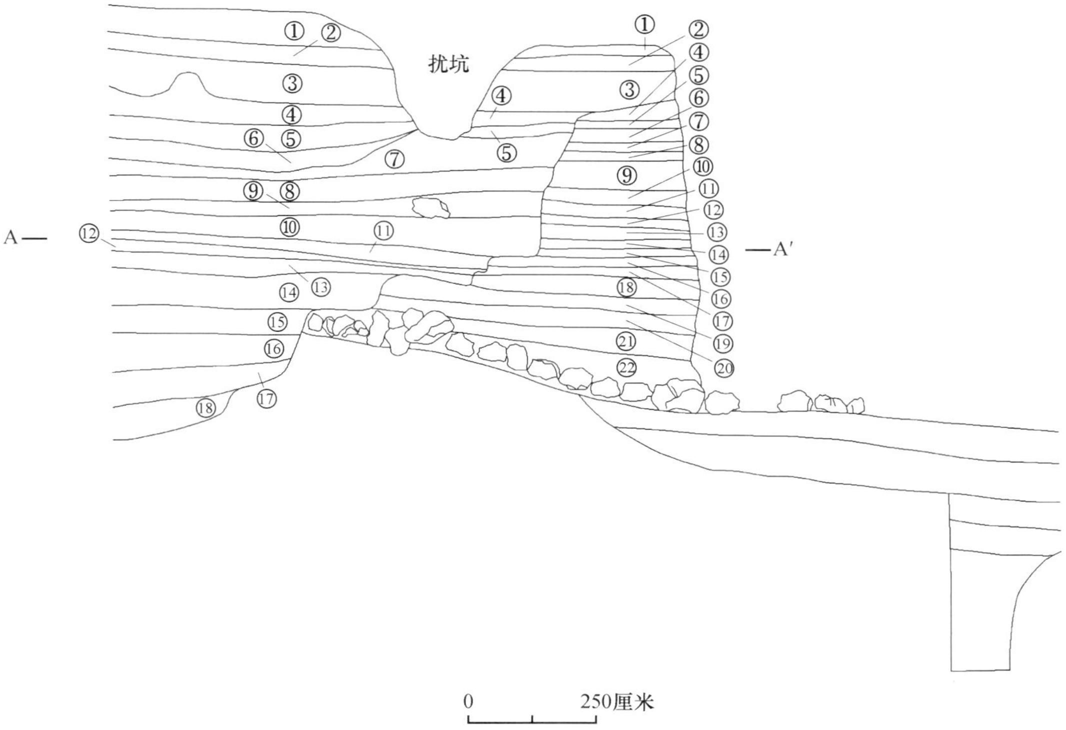

图13-4　杨家村2号剖面图

第④层：冲积层，厚10～55厘米，距地表深70～75厘米，粗砂土，浅褐色，疏松，含大量砾石。

第⑤层：冲积层，厚10～30厘米，距地表深85～130厘米，粗砂土，深褐色，疏松，含大量砾石。

第⑥层：冲积层，厚0～25厘米，距地表深130～160厘米，粗砂土，浅褐色，疏松，含大量砾石。

第⑦层：粗夯层，厚10～50厘米，距地表深130～180厘米，黏土，浅褐色，较疏松，含少量砂石。

第⑧层：粗夯层，厚25～30厘米，距地表深135～190厘米，黏土，深褐色，较疏松，含少量砂石。

第⑨层：粗夯层，厚10～30厘米，距地表深165～215厘米，黏土，浅黄色，较疏松，含少量砾石。

第⑩层：细夯层，厚20～45厘米，距地表深190～235厘米，黏土，浅褐色，土质较致密。

第⑪层：细夯层，厚10～20厘米，距地表深235～255厘米，黏土，深褐色，土质较致密。

第⑫层：细夯层，厚5～15厘米，距地表深250～265厘米，黏土，深褐色，质密。

第⑬层：细夯层，厚10～25厘米，距地表深260～280厘米，黏土，浅褐色，土质较致密，含少量砾石。

第⑭层：细夯层，厚35～40厘米，距地表深290～300厘米，黏土，浅黄色，土质较致密，含少量砾石。

第⑮层：细夯层，厚30～35厘米，距地表深335～340厘米，黏土，浅褐色，土质较致密，含少量砾石。

第⑯层：细夯层，厚25～45厘米，距地表深360～370厘米，黏土，深褐色，土质较致密，含少量砾石。

第⑰层：细夯层，厚0～35厘米，距地表深390～415厘米，黏土，浅黄色，土质较致密，含少量砾石。

第⑱层：细夯层，厚0～35厘米，距地表深425～450厘米，黏土，深褐色，土质较致密，含少量砾石。

北部堆积。

第①层：表土层，厚10～20厘米，粗砂土，深褐色，疏松，含植物根系。

第②层：扰土层，厚10～20厘米，距地表深10～20厘米，粗砂土，浅褐色，疏松，含植物根系。

第③层：粗夯层，厚20～45厘米，距地表深45～70厘米，黏土，浅黄色，较疏松，含少量砂石。

第④层：粗夯层，厚10～20厘米，距地表深60～80厘米，黏土，深黄色，较疏松，含少量砾石。

第⑤层：粗夯层，厚10～15厘米，距地表深95～105厘米，黏土，浅褐色，疏松，含少量砾石。

第⑥层：粗夯层，厚20～30厘米，距地表深115～125厘米，黏土，浅褐色，较疏松，含少量砾石。

第⑦层：细夯层，厚10～20厘米，距地表深130～145厘米，黏土，浅褐色，土质较致密。

第⑧层：细夯层，厚10～20厘米，距地表深150～170厘米，黏土，浅褐色，土质较致密，含少量砂石。

第⑨层：细夯层，厚30～40厘米，距地表深170～190厘米，黏土，深褐色，土质较致密。

第⑩层：细夯层，厚8～10厘米，距地表深200～215厘米，黏土，浅褐色，土质较致密。

第⑪层：细夯层，厚20～30厘米，距地表深220～240厘米，黏土，浅黄色，土质较致密，含少量砂石。

第⑫层：细夯层，厚8～10厘米，距地表深235～250厘米，黏土，浅黄色，土质较致密。

第⑬层：细夯层，厚10～20厘米，距地表深255～270厘米，黏土，深褐色，土质较致密，含少量砾石。

第⑭层：细夯层，厚8～10厘米，距地表深270～280厘米，黏土，浅褐色，土质较致密。

第⑮层：细夯层，厚8～10厘米，距地表深290～300厘米，黏土，深黄色，质密。

第⑯层：细夯层，厚10～15厘米，距地表深300～315厘米，黏土，浅黄色，土质较致密。

第⑰层：细夯层，厚8～10厘米，距地表深315～330厘米，黏土，深褐色，土质较致密。

第⑱层：细夯层，厚15～20厘米，距地表深325～340厘米，黏土，浅褐色，土质较致密。

第⑲层：细夯层，厚10～20厘米，距地表深350～370厘米，黏土，浅褐色，土质较致密。

第⑳层：细夯层，厚10～20厘米，距地表深370～390厘米，黏土，浅黄色，土质较致密。

第㉑层：细夯层，厚20～30厘米，距地表深390～410厘米，黏土，深褐色，土质较致密。

第㉒层：细夯层，厚20～35厘米，距地表深410～440厘米，黏土，浅褐色，土质较致密。下部为整石铺筑，均为大石块。

从杨家村2号剖面南、中、北不同位置堆积分析，其间有明显的叠压关系，北部堆积应为防洪堤渠遗址的主体部分，是防洪大堤的南侧，其下部边缘呈台阶状夯筑；中部堆积可能是防洪大堤的加固或修补部分，南侧堆积可以确认为冲积层，不是夯层，且为多次冲积形成，现场断面可以看见其在紧邻防洪大堤的加固或修补部分即中部堆积，从表土层下直到崖底。由于该断面南侧地面有当地村民种植的石榴树苗，无法做断崖上的剖面，未能充分展示防洪堤渠遗址南侧的夯筑结构，有待将来解决。

杨家村1、2号剖面底部四层相连接，该处断崖呈东南—西北向，从剖面图上可以看出底部四层基本在一个平面上，南部略高，北部略低，与骊山北坡地势较为一致，而1号剖面的中上部层位走向为西南向东北倾斜，夯筑杂乱（图13-5）。

综上，我们大致认为，防洪堤渠遗址西段构筑方法为：首先依北坡南高北低的地势平整夯筑地面，部分区域铺一层石块，逐层夯筑，每层夯层厚度不一，夯层内含有大小不等的石块和砾石，或多或少，粗夯层较疏松，细夯层较致密，中上部以上夯层杂乱。大堤南侧部位下部呈台阶状夯筑，有加固或修补痕迹。

2. 中段

中段从杨家村李家组西南至杜家组西南，北距秦始皇陵640～820米。西南起点位于秦唐大道路基北，李家组村民房屋后，东南起点亦位于秦唐大道边；西北终点位于杨家村杜家组南侧石榴树园，东北终点位于杜家组防洪堤渠遗址保护标志碑西侧约100米处。中段长约390米，宽17～84米，残高（厚）2.1～8.5米。秦唐大道下压堤体遗迹数量不清。

中段呈西南—东北走向，表土层下即为夯土，东侧部分地区存在0.3～0.5米厚的扰土层。中段最窄处位于西南处起点李家村、秦唐大道北侧，宽约17米，最宽处位于中部，宽约84米，由于存在阶梯状台地，故存在高程落差，最大落差为11米（图13-6）。

防洪堤渠遗址中段，通过考古调查，在三处断崖上发现有夯土遗迹。第一处位于李家村组东南的断崖上，防洪大堤南侧；第二处位于李家村组东偏北的断崖上，防洪大堤的北侧；第三处位于李家村组与秦唐大道连接处的窑洞壁面上，该壁面全长约138米，其中发现有长约115米、厚7～8米的夯土遗迹，我们在第三处范围选取了5个点做了剖面，编号李家村1号至李家村5号剖面，5个剖面下部相连，总长达46米（图13-7；图版36～39）。

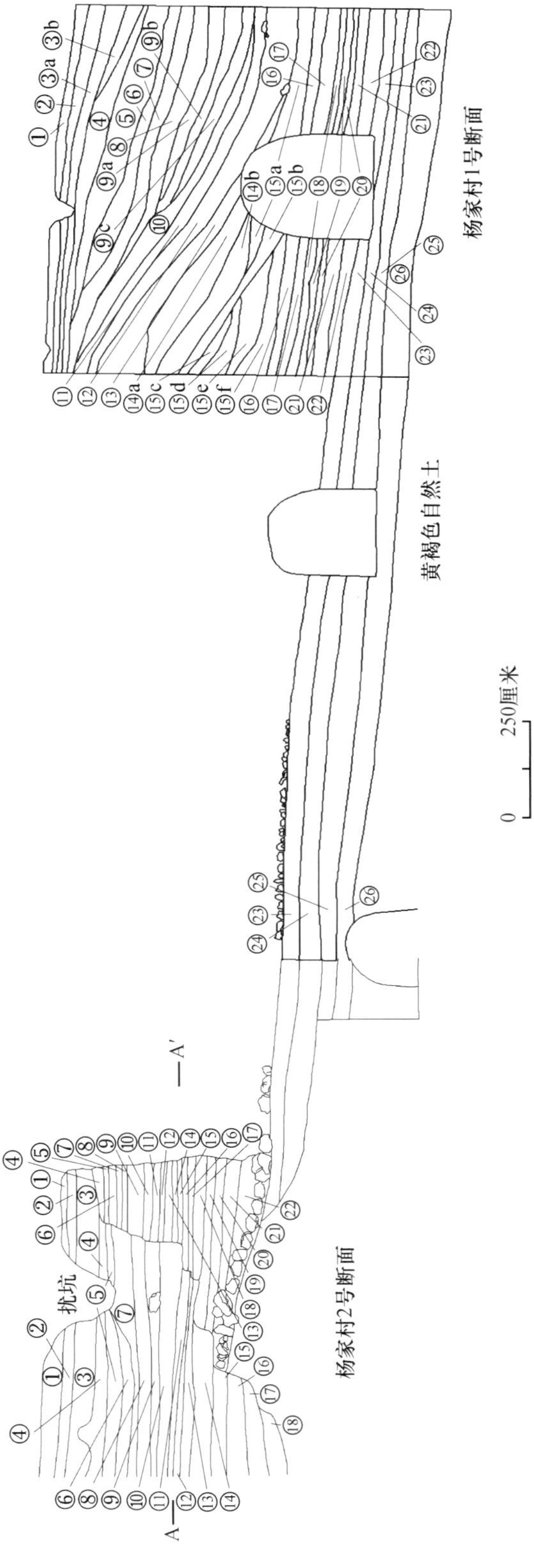

图13-5　杨家村断崖剖面图

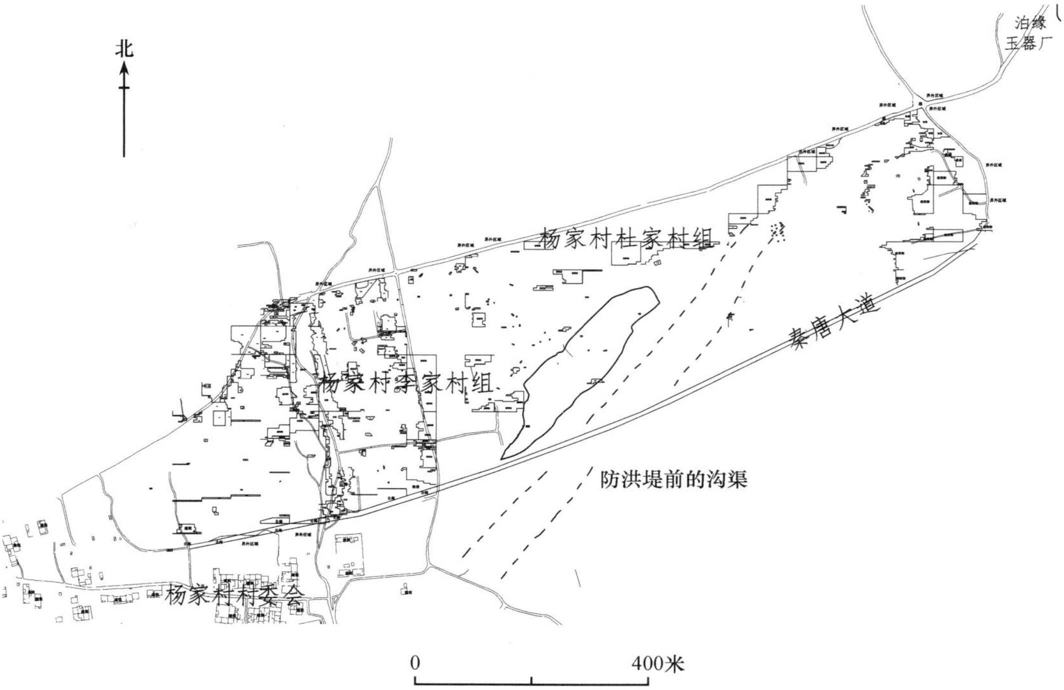

图13-6　防洪堤渠遗址中段平面图

李家村五个剖面，以1号剖面最为完整，介绍如下（图13-8）。

第①层：表土层，厚50～55厘米，粗砂土，浅褐色，疏松，含植物根系。

第②层：粗夯层，厚10～20厘米，距地表深50～55厘米，黏土，浅褐色，土质较致密，含植物根系。

第③层：粗夯层，厚5～10厘米，距地表深65～75厘米，黏土，浅褐色，土质较致密，含植物根系。

第④层：粗夯层，厚40～45厘米，距地表深75～85厘米，黏土，浅褐色，土质较致密，含少量砾石。

第⑤层：粗夯层，厚10～35厘米，距地表深120～125厘米，黏土，浅褐色，土质较致密，含少量砾石。

第⑥层：粗夯层，厚45～75厘米，距地表深135～155厘米，黏土，浅褐色，土质较致密，含少量砾石。

第⑦层：细夯层，厚35～55厘米，距地表深210～220厘米，黏土，浅黄色，土质较致密，含少量砂石。

第⑧层：细夯层，厚45～55厘米，距地表深245～255厘米，黏土，浅褐色，质密，含少量砂石。

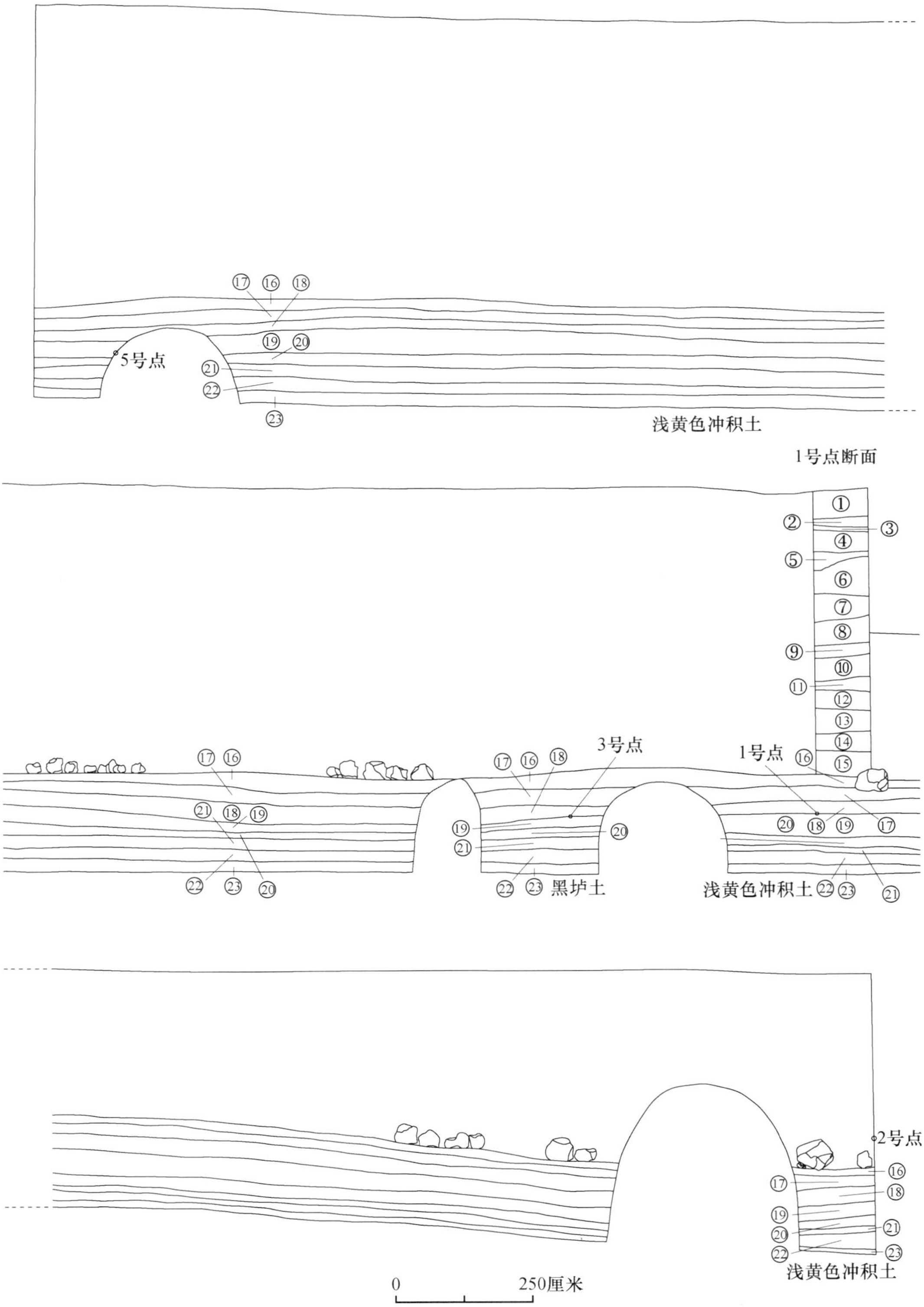

图13-7　李家村1～5号剖面图

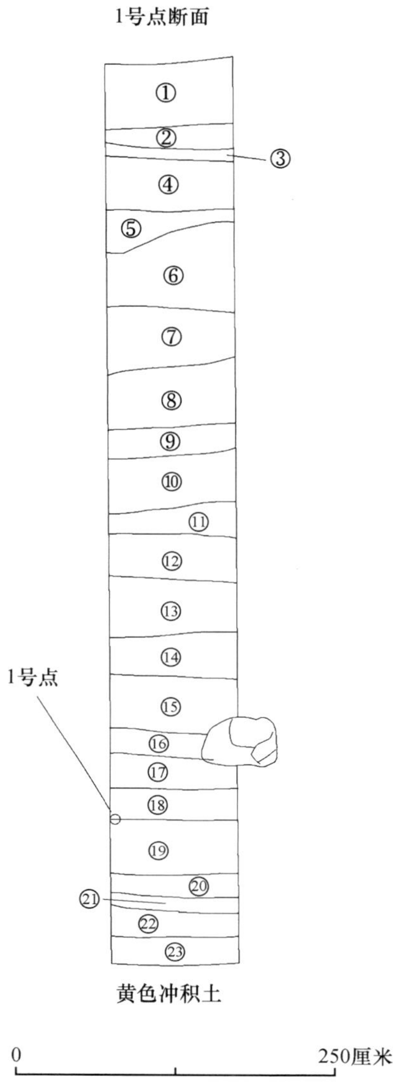

图13-8　李家村1号剖面图

第⑨层：细夯层，厚20～25厘米，距地表深295～300厘米，黏土，浅褐色，质密，含少量砂石。

第⑩层：细夯层，厚40～45厘米，距地表深320～325厘米，黏土，浅褐色，质密，含少量砂石。

第⑪层：细夯层，厚15～30厘米，距地表深360～365厘米，黏土，浅褐色，质密，含少量砂石。

第⑫层：细夯层，厚35～40厘米，距地表深385～390厘米，黏土，浅褐色，质密，含少量砂石。

第⑬层：细夯层，厚40～50厘米，距地表深415～430厘米，黏土，浅褐色，质密，含少量砾石。

第⑭层：细夯层，厚30～40厘米，距地表深465～470厘米，黏土，浅褐色，质密，含少量砾石。

第⑮层：细夯层，厚45～50厘米，距地表深500～510厘米，黏土，浅黄色，质密，含大量砾石。

第⑯层：细夯层，厚20～25厘米，距地表深545～555厘米，黏土，浅黄色，质密，含大量砾石。

第⑰层：细夯层，厚25～30厘米，距地表深565～575厘米，黏土，浅褐色，质密，含少量砾石。

第⑱层：细夯层，厚20～25厘米，距地表深595～600厘米，黏土，浅褐色，质密，含少量砾石。

第⑲层：细夯层，厚45～50厘米，距地表深615～625厘米，黏土，浅褐色，质密，含少量砾石。

第⑳层：细夯层，厚15～20厘米，距地表深665～670厘米，黏土，浅褐色，质密，含少量砾石。

第㉑层：细夯层，厚10～15厘米，距地表深680～690厘米，黏土，浅褐色，质密，含少量砾石。

第㉒层：细夯层，厚20～25厘米，距地表深690～700厘米，黏土，浅褐色，质密，含少量砾石。

第㉓层：细夯层，厚15～20厘米，距地表深715～720厘米，黏土，浅褐色，质密，含大量砂石。

740厘米下见浅黄色冲积土。

从剖面情况来看，依照夯层相对位置，发现有比较明显的倾斜趋势，即西南向东北倾斜，从地层剖面情况来看，夯层下可见黑垆土，也有的见浅黄色自然土，夯层厚薄不一，包含物有大量砾石、小石块，还有大石块。

此外，我们还注意调查了防洪大堤中段两侧的地层堆积。该段防洪堤两侧均为石榴园，其中东侧为河沟及人工平整的土地，西侧为人工平整修饬的地面，种植有石榴树、香椿树等。按照普探所得结果，两侧地层堆积情况如下（图13-9、13-10）。

西侧从西南至东北有B1110N、B1110J、B1111A、B1107V、B1107R等探区，B1110J、B1111A、B1107V、B1107R位于石榴园内，地形复杂，坡坎比较密集。

东侧从西南至东北有B1110T、B1110K、B1110G、B1111C、B1107X等探区，均位于石榴果园内，但由于人工修整，地形多以台地为主。

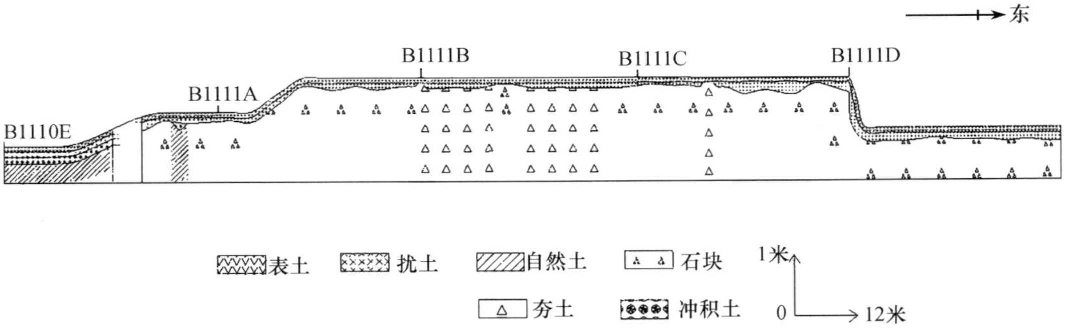

图13-9　防洪堤渠遗址中段东西向剖面图

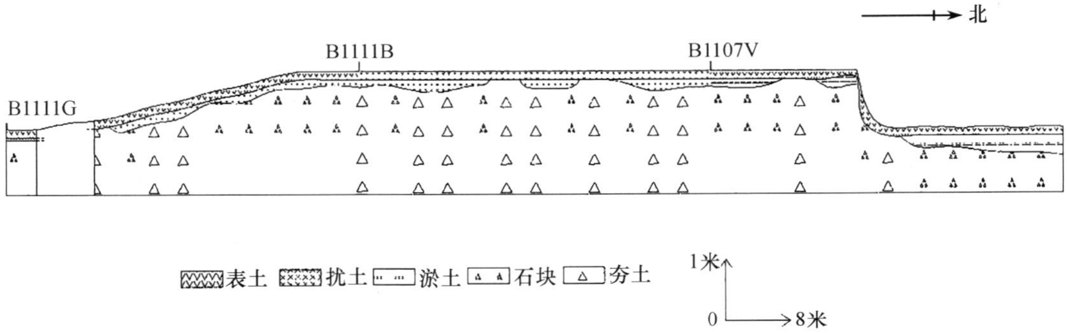

图13-10　防洪堤渠遗址中段南北向剖面图

以东西向分布的B1110E、B1111A、B1111B、B1111C、B1111D等5个探区剖面为例，从东西向剖面图上看，防洪堤渠遗址所在地中间较高，两边较低，夯土范围东侧大部是地表下直接见夯土，夯土西侧存在较厚的扰土层，夯土范围两侧有较厚的冲积层和砂石层，不少探孔打到石块而无法钻探，记录中见石不下情况较为普遍。

以南北向分布的B1107V、B1111B、B1111G这3个探区剖面为例，剖面显示遗址所在地地势南高北低，南部较缓，北部较陡；南侧夯土范围外向南为石层；北侧夯土范围外有少量扰土层，下见冲积砂石层，见石不下情况较为普遍。普探结果显示，防洪堤渠遗址中段的周边地层明显，为较大范围的砂石层覆盖，石块、砾石含量极大。

3. 东段

东段位于秦始皇兵马俑1号坑东南，从王硷村上张组泊缘玉器厂东侧围墙外（相距约10米）起，往东至庞家沟村西南大沟西侧窑洞止，西北、西南起点皆在泊缘玉器厂东侧；东北终点位于庞家沟村村内、东南终点位于庞家沟村西南近秦唐大道河沟西侧。西距秦始皇陵约1480米，北距秦始皇兵马俑1号坑620～780米。防洪堤渠遗址东段长约560米，宽44～56米，高约7米（图13-11）。

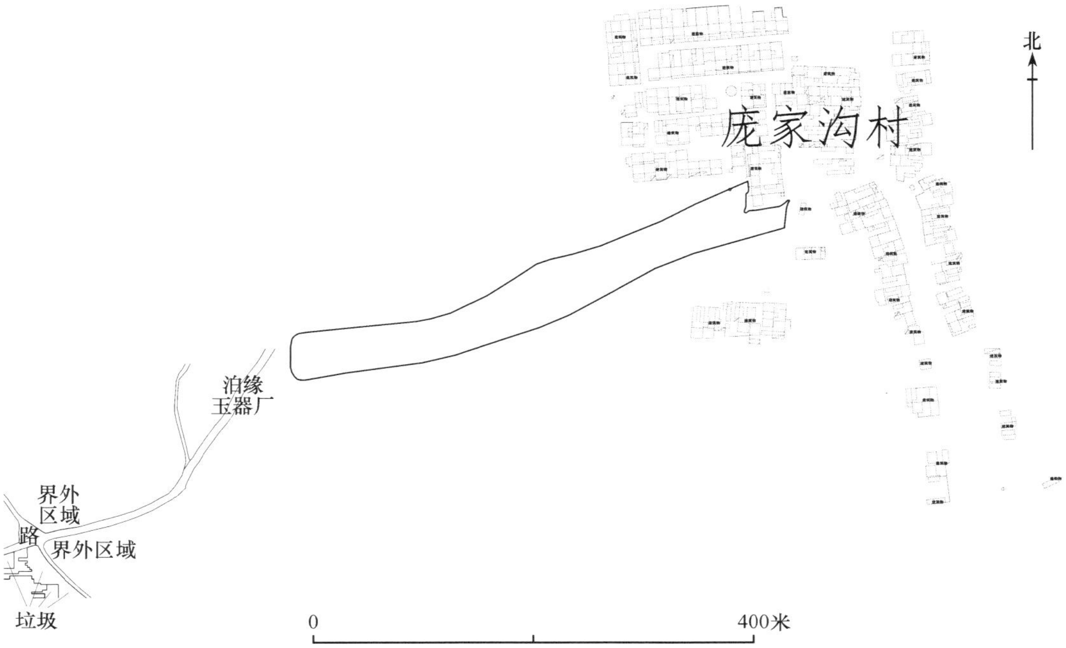

图13-11　防洪堤渠遗址东段平面示意图

东段最窄处位于起点上张村泊缘玉器厂东侧，宽约44米，最宽处位于庞家沟段中部，宽约56米，所在地属阶梯状台地，存在一定高程落差，最大落差为7米。

4. 防洪堤渠遗址南侧人工沟渠

目前仅在遗址的中段东南侧发现有大型沟渠遗存，该段沟始于防洪堤渠遗址保护碑以南，呈东北—西南走向，与防洪堤渠遗址中段并行，跨越秦唐大道，全长约790米，其中秦唐大道路北约长440米，宽50～70米，深3～15米，大道路南约长250米，宽60～70米，深2～10米，由西南向东北倾斜。

勘探结果显示，秦唐大道南的河沟西侧未发现夯土遗迹，沟内石层分布广泛，普探时发现有大量石块，且有分布较广的淤积层。

当地村民介绍，如今所见的人工河沟与数十年前相比，经过反复填埋和不断地冲刷，地表变化非常之大，如今见到的附近小沟亦为后期人工挖成，加上修路、建筑、耕地等破坏，此段景象恐与我们想象中的防洪堤渠遗址关联河沟已相去甚远。由于仅仅是调查所得，有关河沟的详情并不清楚，期待今后更进一步的工作，但河沟的存在也为我们进一步认识防洪堤渠遗址提供了佐证。

四、建筑结构与形式

通过调查勘探，我们认识到防洪堤渠遗址夯层较厚，含石量较多，夯层厚度不均，夯筑方法有“粗夯”和“细夯”之分，粗夯层较疏松，细夯层较致密，夯土层下见黑垆土或浅黄色冲积自然土，探孔资料及断面情况皆显示，大部分区域表土下即为夯土。从防洪堤渠遗址夯土层的土质和包含物来看，粗夯的特征明显，其建筑用土可能是就地取材于东南侧的人工河沟。

综合杨家村剖面、李家村剖面和探井剖面资料，杨家村断面第㉒层，李家村断面第⑮和⑯层，探井第⑫层等均有一层石块层，显示出防洪大堤内部存在着位置不同的用石块层加筑的夯筑结构，石层几乎是一整层都是用石块平铺，推测可能是为了垫平而采取的一种铺筑方法，亦有可能是夯层内部存在的一种夯筑结构。

防洪堤渠遗址中段探井内的堆积显示，黑垆土或浅黄色冲积自然土的深度不同，西部探井1和东部探井2的位置高程存在约4米的落差，但见到原始地层的深度均在6米左右，因此推测，防洪堤渠防洪大堤是将地势低的地方加夯到与高处持平后再一起继续夯筑；夯土起始位置并不在一个平层上，也可以说明，防洪大堤是部分利用了西南—东北倾斜的地势依地形而建。

从杨家村2号剖面南、中、北地层堆积分析，其间有明显的叠压关系。我们认为北部堆积应为防洪堤渠遗址的主体部分，是防洪大堤的南侧，其下部边缘呈台阶状夯筑；中部堆积应为防洪大堤的加固或修补部分，从现场断崖看，其南侧为冲积层，无夯层发现；南部为多次冲积而形成。从杨家村1、2号总剖面图分析，其底部4层基本在一个平面上，南部略高，北部略低，与骊山北坡地势较为一致，而1号剖面的中上部层位走向为西南向东北倾斜，夯筑杂乱。据此，我们大致认为，防洪堤渠遗址西段构筑方法为：首先依北坡南高北低的地势平整夯筑地面，部分区域铺一层石块，逐层夯筑，每层夯层厚度不一，夯层内均含有大小不等的石块和砾石，或多或少，粗夯层较疏松，细夯层较致密，中上部以上夯层杂乱。其防洪大堤内侧部位下部呈台阶状夯筑，再加固或修补。

五、主要收获

调查勘探结果表明，防洪堤渠遗址是一处呈西南—东北走向的弧形大堤，今存西、中、东三段，全长约2800米，宽13～94米，厚1～8.5米。

西、中、东三段夯土遗存之间共有两处缺口，第1处长约450米，第2处更长约850米，但存在较厚的淤积层。关于这些间断部分的成因，袁仲一先生推测可能是被来自骊山北麓的山洪冲垮所致，我们赞同此说（参见袁仲一：《秦始皇陵兵马俑研究》）。

与防洪大堤配套的人工河沟，目前残长约790米，宽50～70米，中间因秦唐大道阻隔，被分成南北两段。

防洪堤渠遗址是为保护秦始皇帝陵及陵园建筑免遭洪水的冲刷和破坏，在陵园东南骊山山前区域设计和修筑的一项重要的配套防洪工程，以阻挡来自骊山的常年溪水和季节性洪水。防洪大堤的修筑，迫使陵园南侧自骊山而下、原本由南向北流动的部分溪水改道分流，从而避开陵园的主体建筑，并在一定时间内对陵园的地面和地下建筑起到了较好的保护作用。

第二节　排水明渠的勘探

2013～2015年我们在勘探秦始皇陵封土下的台体建筑时，在其南侧发现了一条大型水渠。新发现的排水渠位于台体建筑东、南、西侧边缘，与台体建筑的基础有2～3米的间距，相当于将台体建筑半环形包于其中（图13-12）。该水渠位于2003年发现的地下式阻排水渠内侧，并与其局部相通，但与二者在结构、填充物、功能上有所不同。这条水渠的发现丰富了秦始皇陵建筑过程中对地面积水处理措施的认识。

一、形制与结构

整体呈“凵”形，渠中线总长约425米，占地东西长252米，南北宽106.6米，渠口宽10～22米，深13～16米（图13-13）。现将该水渠分为东、南、西三段分别介绍如下。

东段：距台体建筑基础2～3米，水渠边缘距台体建筑小型突出结构约1.6米。水渠西边线南北长84.6米，东边线南北长106.6 米，在北端25.9米区段向东突出约4.4米。北端上口宽21.8米，南端宽16.2米。底部宽度不清。最深处16.8 米。底部发现有石块，东壁砌有高4米砖坯墙。

南段：距台体建筑基础2～3米。北边东西长227.6米，南边252.2米，上口宽19～22米，底部宽3米，深16.5米。以居中部位为例，北壁设有两层台阶，第一层深约7米，宽5米；第二级再向下约5米，宽2.7米；再向下3米左右到水渠底部。南壁设有三级台阶，第一级深 3.2米，宽约2米，第二级比第一级深4.8米，宽3.5米，第三级为底部紧贴北壁的砖坯结构，宽1～1.2米，深2.5米。水渠底部为淤泥。

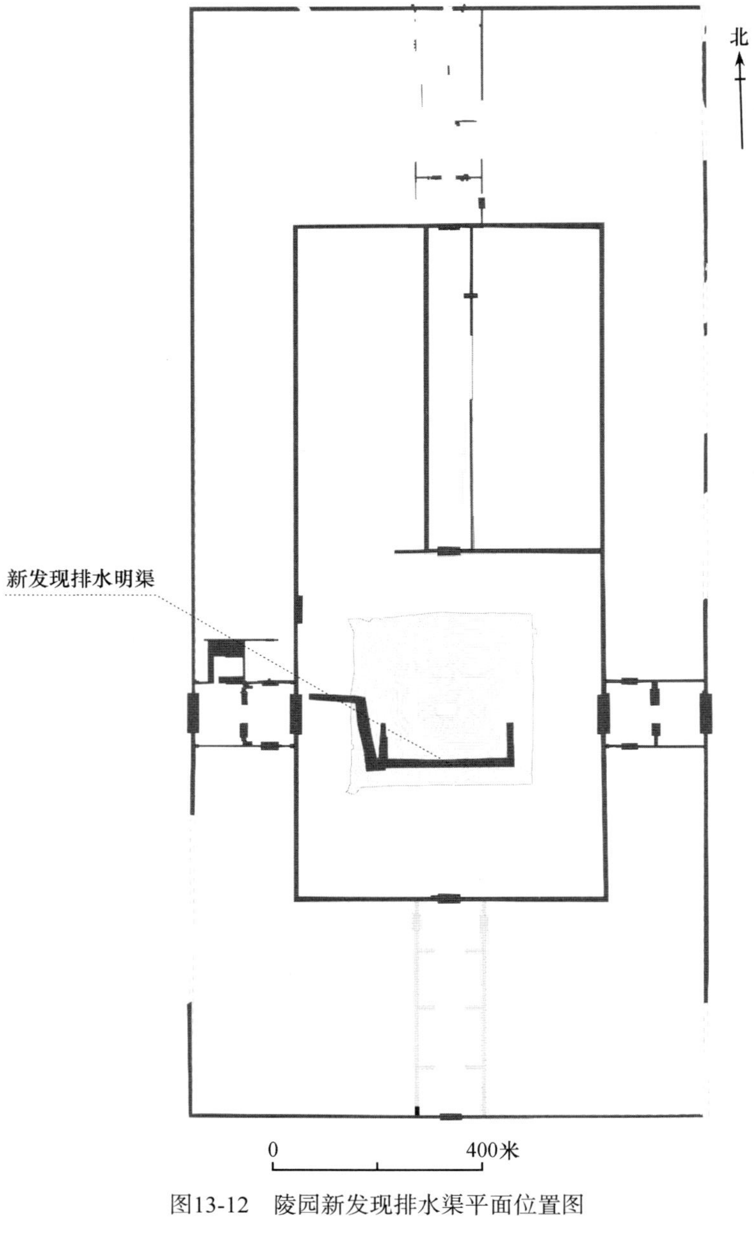

图13-12　陵园新发现排水渠平面位置图

西段：位于台体建筑南侧台体与西侧突出结构之间，在二者形成的夹角空间内下挖而成，其西边缘距台体建筑基础较近，二者几乎相接。北边缘以及东边缘的北段距台体建筑边缘为2～3米，在中段以南距台体建筑边缘6～8米。该段水渠东壁长74米，西壁长57米，北端上口宽10.8米，南端宽17米，深13米。东西壁中腰部位各有一个二层台结构，西壁二层台宽1.6米，东壁二层台宽2.5米。水渠底部宽10.5米，在底中有一道宽1.6米，深1.3米的沟漕。底部多为淤泥。

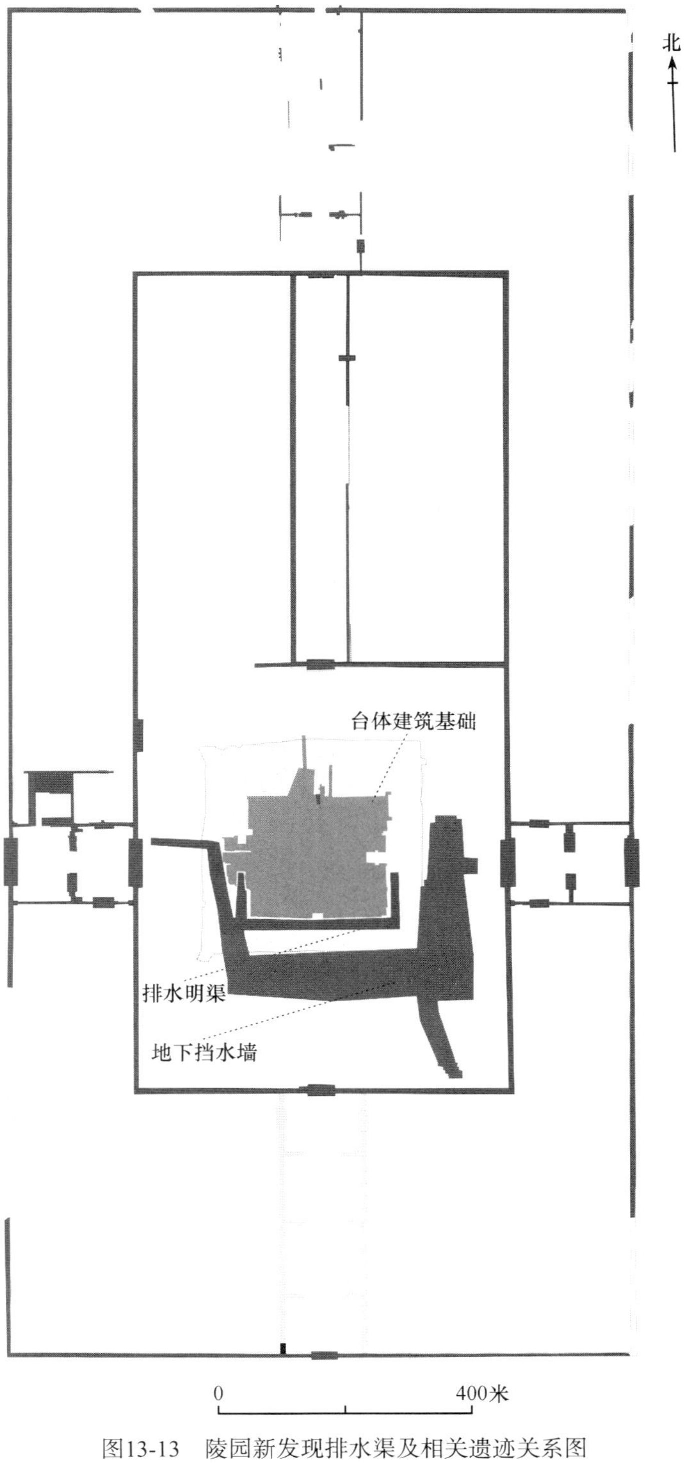

图13-13　陵园新发现排水渠及相关遗迹关系图

二、地层结构

以南段居中部位剖面为例，地层堆积如下（图13-14）。

第①层：表土层，厚0.3～0.4米，系封土表土的风化层。

第②层：夯土层，最厚达30.5米，五花土，夹杂砂粒石块，质密，勘探无明显分层，但从其他区域的剖面观察为70～80厘米的粗夯结构。系粗夯的封土。

第③层：砖坯层，厚2.5米，位于渠底北壁。

第④层：淤积土层，厚0.6米，为排水渠下的淤土。

第⑤层：垆土层，厚0.3～0.5米，靠近北壁，系周秦时期地层。

第⑥层：棕红土层，厚0.5～0.7米，靠近北壁，系次原生土层。

第⑦层：生土层。在北壁位于第⑥层下，在南壁地面即为生土。

开口于夯土层下，打破垆土层、生土。

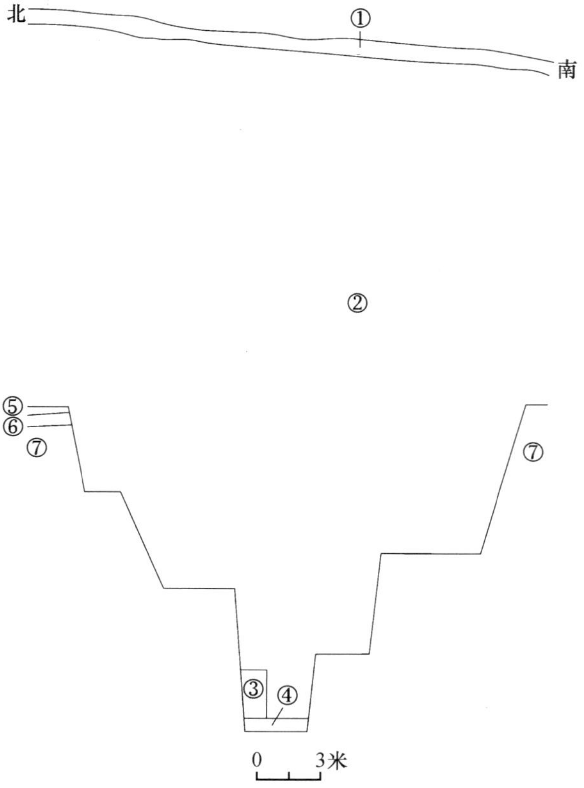

图13-14　排水渠南段中部剖面地层图

三、相邻水工程设施的补充勘探

本次勘探复探了该地下挡水设施。在该水渠的西段分清了该水渠内部不同填充结构的分界。该段青膏泥填充结构与粗夯土结构的分界位于距南端103米处，基本上与新发现的水渠南边缘平齐。该发现对进一步认识该地下阻水渠的作用具有重要价值。

四、性质与功能

新发现的这段排水渠结构与早年发现的水渠在形式上一致，口大底小，在使用期间，渠内有没有填充物，可以保障水流的畅通。这种水渠为明渠。

该水渠环绕台体建筑的东、南、西三面而设，应该主要排泄台体建筑南半部地面流水。

该排水渠与早年发现的阻水渠在台体建筑的西南侧连为一体。汇聚的水流经早年发现的排水渠沿台体建筑西侧突出部门边缘流出，经铜车马坑处、内城西门、西内外城间，最终流向了外城西墙外。

五、时代与功能

该排水渠与台体建筑存在的时段为同一个时期，但晚于封土的时段。最终于始皇三十七年九月始皇入葬骊山后到二世元年四月，被封土覆盖。

第十四章　秦始皇陵范围内其他专项勘探成果

第一节　陵园霸王沟区域勘探

一、区　　位

2012年夏，为了配合秦始皇帝陵考古遗址公园建设，秦始皇陵考古队勘探了位于陵园西内外城间区域的霸王沟主体区域。

“霸王沟”又称岳家沟、岳沟，是秦始皇陵园内一处较大的沟壑，平面形状呈不规则“人”形。其主体部分位于西内外城间、内城南墙向西延长线向北的区域，该区域东西介于西内外城墙之间，东西长180、南北宽约150米，暂定为a区；其西南的一支南北长约140、东西宽50～70米，暂定为b区；其东南的一支东端大致起于内城南门外侧，向西流到内城墙西南角处汇入主体部分，东西长270、南北宽14～43米，暂定为c区。

本次勘探的主要区域为a、b区，这两个暂定区域位于秦始皇陵考古勘探分区规划中的CB区，CB区250米×250米，根据工作需要又细为CBA～CBY等25个小区，每一个小区50米×50米见方。本次工作主要勘探了霸王沟位于西内外城之间的部分，其伸向南内外城之间的部分（c区），暂没进行勘探，进行勘探工作的有CBA、CBF、CBG、CBH、CBI、CBK、CBL、CBM、CBP、CBQ、CBR、CBU、CBW13个小区，此外还勘探了BBU小区（图14-1）。

二、地形地貌

本区域总体为秦始皇陵所处的山前洪积扇群的河流下切地貌。由于后期的人为活动，村民不断开拓两侧沟壁，致使下切的区域不断扩大，形成了主体部分（a区）。现存沟壁两侧较陡峭，沟底凹地较平缓。

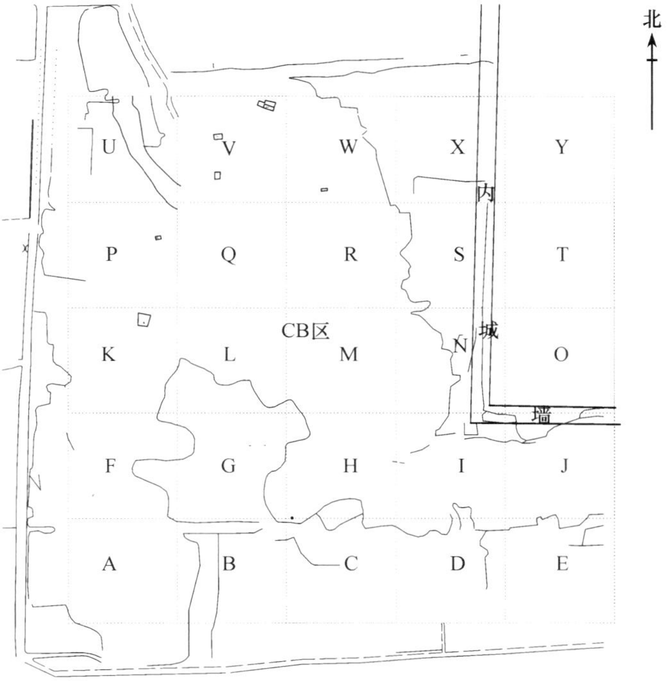

图14-1 霸王沟区域勘探位置分区示意图

经过勘探，沟底部的凹地内原为冲积河流的底部区域及少量的秦始皇陵建筑单元底部遗存。由于长期的人为活动，村民在凹地内生活、居住，这里原为秦陵镇岳沟组村民集中居住地，建有约0.5万平方米的房屋，并附设相关的道路、水井等生活、生产设施。随着人为活动，原自然冲沟与秦始皇陵部分遗存的底部又复埋于沟底凹地的人为活动层之下。

三、地层关系

根据勘探结果和霸王沟地层自然断面，霸王沟周边地层多为山洪冲积形成。

第①层：耕土层，厚约0.25米，现代人类耕作活动形成。

第②层：扰土层，厚约0.9米，近现代人类活动所形成。

第③层：黄褐色土层，厚约0.8米，距现地表深1.2米，早期人类活动形成，经对比秦始皇陵地区多年来考古资料，定为秦汉时期地层。

第④层：黄色冲积土层，厚2.8～3.5米，距现地表深约2米。定为生土层。

第⑤层：黄褐色冲积土层，厚1.4米，距现地表深约5.3米。下为夹沙土。定为生土层。

霸王沟深4.3～5.5米，打破第③层。长期以来，自然和人类生活形成该区域地面有可耕土层、生活堆积层（垃圾土），下为黄褐色土层（即生土层）。

四、遗　　存

经过一月余的考古勘探，霸王沟内发现自然遗存与人为遗存两类。其中，自然遗存有河流一条，人为遗存有陪葬坑1座、古墓葬3座、扰坑6个、现代水塘1座和近现代水井9个（图14-2）。

河流，霸王沟该段区域内河流基本呈南北向，略偏向西北。该河流平面呈长条状，现存河面宽9～12米，河底距沟内地表深约3.8米。河流内淤积层北部AA′、南部DD′剖面可分为淤积土层和淤积砂石层。中部两处BB′、CC′剖面可分为三层：①淤积土层；②沙土层；③淤积砂石层（图14-3）。

K1，位于CBV区东北部，平面呈刀形，上部被霸王沟形成时破坏。最长边8米，短边4.7米。西端刀把宽2.8米，东边宽4.7米，距沟内地表深1.25米，底部为约0.2米的红烧土，被水浸泡较软。刀把部堆积厚约0.15米残瓦陶片及不规则的蓝烧土块。

K2，位于CBV区中部偏北，平面呈东西向长方形。上部被霸王沟形成时破坏。长4米，宽2.3米，距沟内地表深1.6米。底部为0.3～0.5米厚的红烧土，被水浸泡较软。

K3，位于CBV区的西南部，平面呈方形。上部被霸王沟形成时破坏。边长3米，距沟内地表深1.5米。底部为0.5米厚的红烧土，被水浸泡较软。

K4，位于CBW区南部，平面呈东西向长方形。上部被霸王沟形成时破坏。长3.2米，宽1.8米，距沟内地表深1.6米。底部为0.3米厚的红烧土，被水浸泡较软。

K5，位于CBP区东北部，平面呈东西向长方形。上部被霸王沟形成时破坏。长2.5米，宽1.3米，距沟内地表深1.5米。底部为0.2米厚的红烧土，被水浸泡较软。

K6，位于CBK区东北部，平面似方形。上部被霸王沟形成时破坏。边长5.5米，距沟内地表深5.6米。上部为褐色五花土，下部为深黑色土。

K7，陪葬坑，位于CBG和CBH区内，为一“7”形陪葬坑。东半部分被霸王沟形成时破坏。东南部被M1所打破。开口于②层扰土层下。北部东西向斜坡道长18米，宽3～5.2米，深1.4～5.5米。南北向主室长38米，宽6.5米，最深处9.2米。坑内填土中有夯迹，夯层厚约13厘米。据当地人传说曾出土过金、银、铜等饰件。中部有直径约1米的盗洞一个，呈上大下小，盗洞内填土中夹杂大块砂石。

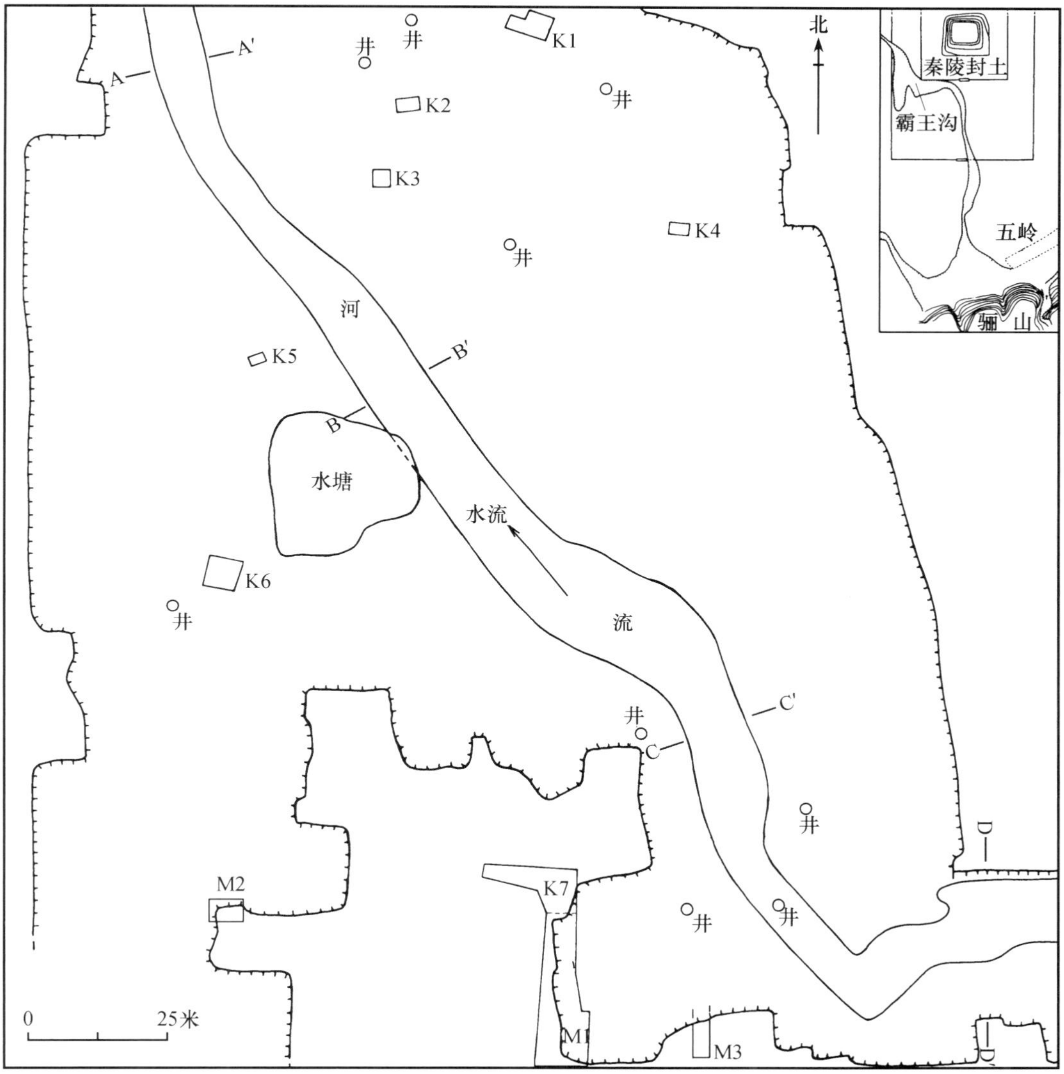

图14-2　霸王沟区域遗存平面图

M1，位于CBG区东南部和CBH区西南部，呈南北向，开口于②层扰土层下，距地表深约1.3米，墓道位于墓室的北部。墓长28米，宽11米，深10.5米。大部分被霸王沟河流及人类活动破坏。打破K7陪葬坑。

M2，位于CBF区中部偏东，西北少半部分被霸王沟形成时所破坏，开口于②层扰土层下，平面呈东西向长方形，长6米，宽4.2米，墓底距地表深6.2米。坑内填土中夹杂秦汉瓦片。粗夯，夯层厚约25厘米。

M3，位于CBH区内南部，北半部分被霸王沟形成时破坏。开口于②层扰土层下，距地表深1.5米，现存平面呈长方形。残长6.1米，宽2.5米，深2.4米。墓内填土较纯净。

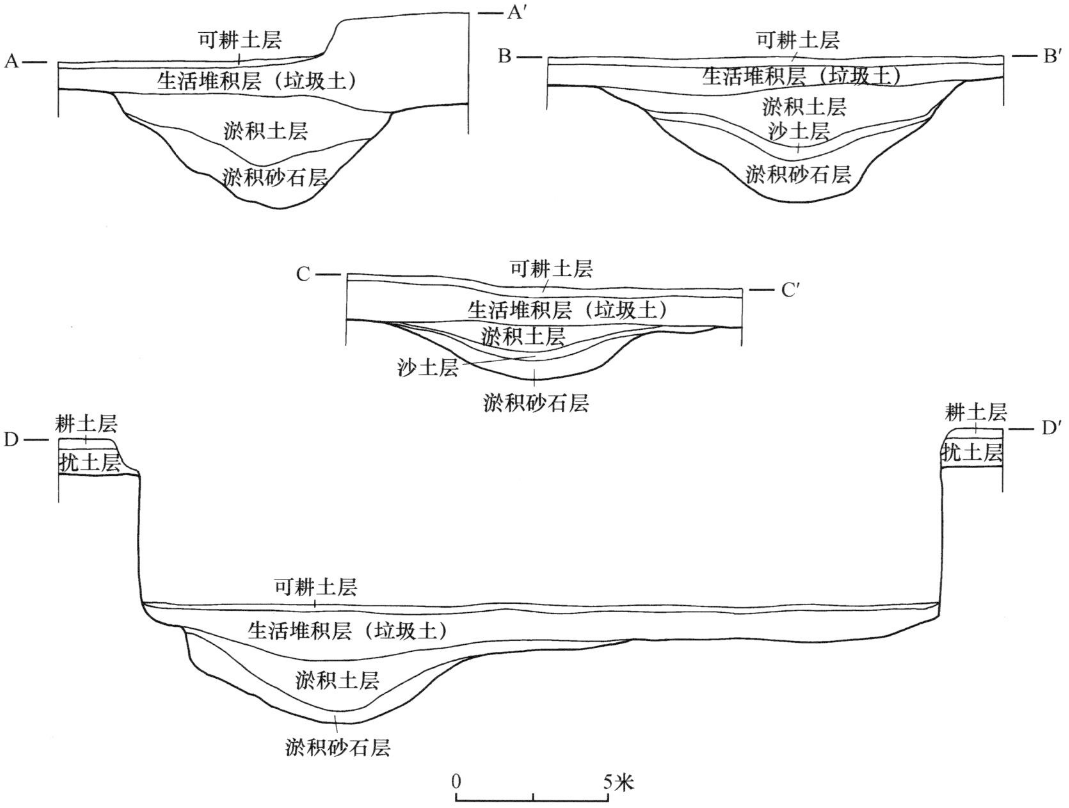

图14-3　霸王沟区域河道剖面图

水塘，现代人居住时蓄水，平面大体呈长方形，东西向长约35米，南北宽约22米，距沟内现地表深2～8米，底部为深褐色淤泥。

水井，这次勘探发现9座，多为近现代人工挖成。

五、结　　论

此次在勘探区域的a区部分发现的遗迹以小型烧土坑为主，共有6个（K1～K6），面积不大，其上部均被破坏，叠压在现沟内扰土层下，可能为近现代居民生产生活形成的扰坑。K7为一处重要的遗存，目前性质暂定为一处车马坑，时代为秦代或稍早。

发现的3处墓葬，均开口于扰土层下，开口部分已被冲刷；从墓葬形制、墓内填土看，时代稍早，可早至秦代或更早。3处墓葬有较重要的价值。

第二节　陵园东北内外城间区域勘探

一、工作概况

2013年9月至2014年5月秦始皇帝陵博物院组织考古队对位于陵园内外墙间的东北区域进行系统的勘探，对该区域的地层堆积与遗存分布情况有了系统了解，这一工作有利于理解秦始皇陵空间结构及遗存的分布。

该区域跨原秦陵街道办毛家村、下焦村，其中毛家村村庄基址主要位于本区域的中西部，东部为下焦村的农田及少数的几户住宅基址，中南部为下焦村的坟地和原毛家村小学。目前本区域的居民及单位已全部搬迁，为了配合本次勘探，博物院组织相关部门对原居民区域的建筑基址进行了清理。

该区域是骊山北麓的一处小区域，总体上从属于其南高北低的地形格局。区域地貌相对平整，但全为近现代村庄基址所在，基本上没有早期堆积。由于长期的生产生活影响，形成多处小型东西向断崖，分隔成数级阶地。

该区域跨秦始皇陵园考古分区的HD、ID、IE、IF、JD、JE、JF区，勘探面积7.5万平方米。勘探过程中各区又细为25个50米×50米的小区，各小区内采用2米梅花点式布勘探孔，根据土质、土色的变化对探孔填表记录（图14-4）。

二、地层堆积

该区域地层堆积依次为耕土层、扰土层、冲积土层、垆土层、棕红色土层、生土层。现就以IEU区和其东相邻IEV区内的053～065号探孔土色土质为例，说明该区域东西向地层的变化（图14-5）。以IEV区东部013～325号探孔土色土质变化说明该区域内南北向地层结构（图14-6）。

1. IEU～IEV区东西地层剖面

第①层：耕土层，厚30～35厘米，深褐色，土质较疏松，含大量植物根系，部分地段有少量建筑垃圾。

第②层：冲积砂石土层，厚0.9～2.7米，浅黄褐色，含大量小砂石块。

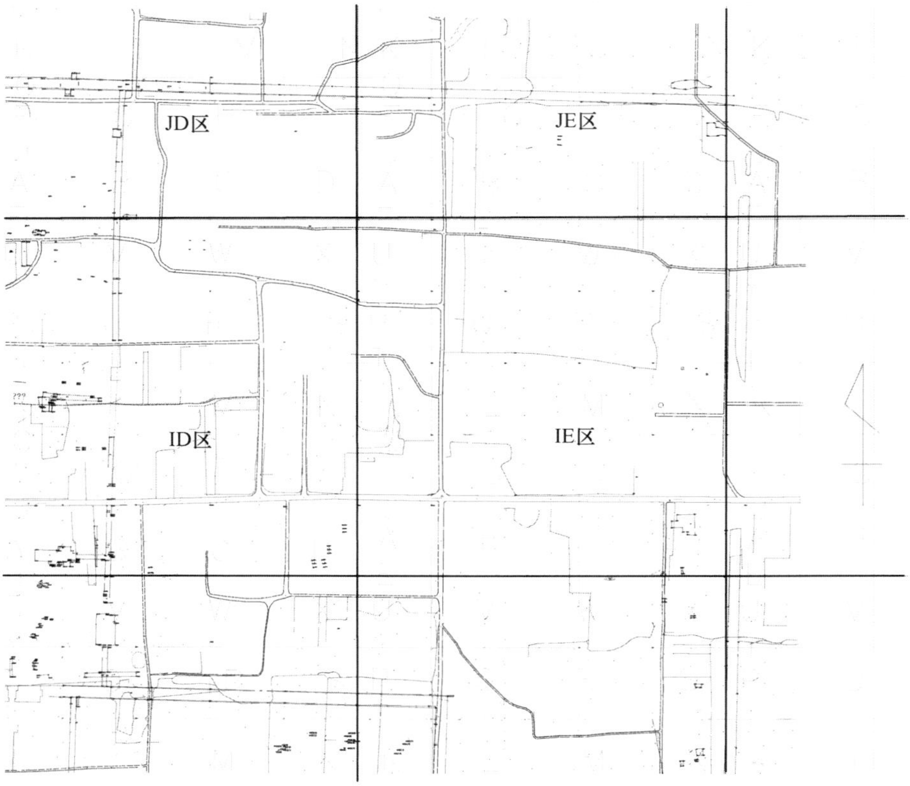

图14-4　陵园东北内外城间区域勘探分区图

第③层：垆土层，厚0.4～0.6米，灰褐色，土质较硬实。

第④层：棕红色土层，厚0.35～0.6米。棕红色，土质硬实，致密。

第⑤层：生土层，浅黄色，土质硬实，致密。

2. IEV南北地层剖面

第①层：耕土层，厚30～35厘米，深褐色，土质较疏松，含大量植物根系。

第②层：冲积砂石土层，厚0.9～1.9米，浅黄褐色，土质含大量小砂石块。

第③层：垆土层，厚0.3～0.6米，灰褐色，土质较硬实。

第④层：生土层，浅黄色，土质硬实，致密。

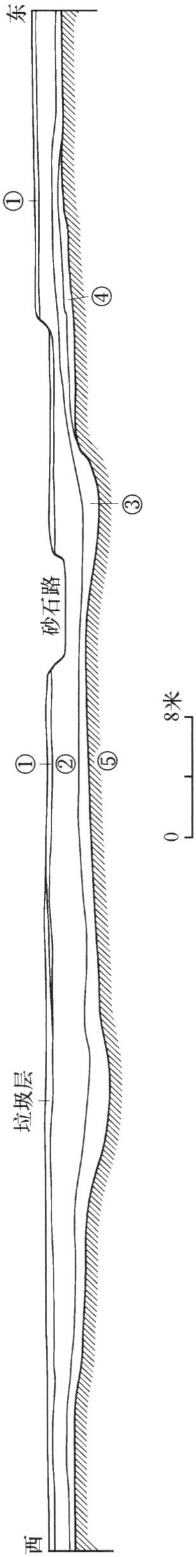

图14-5　东西向地层堆积

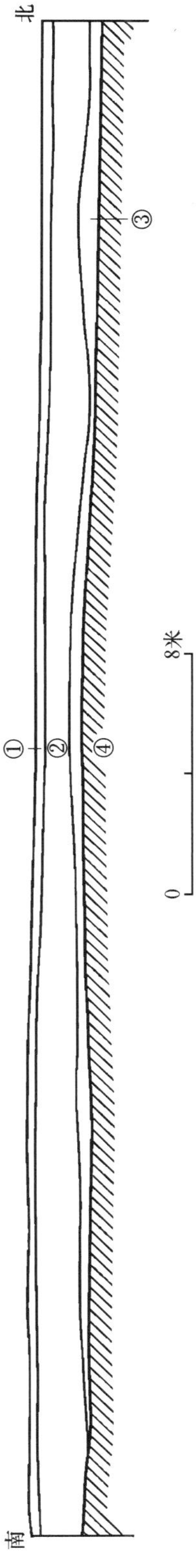

图14-6　陵园东北内外城间区域南北向地层堆积

三、主要遗迹

经过勘探该区内发现遗存52处：分别为冲积沟2处、小面积踩踏区2处、小型扰土坑23处、窑址1处、早期墓葬1处、近现代墓14处、近现代水井9处（图14-7）。

1. 冲积沟

2处，分述如下。

IE：G1位于IEW、IEQ、IEP三区，开口于表土层下。南北长约147米，宽8.4～16.5米，深1～1.8米，沟内为冲积砂石土。

JE：G1位于JEH及JEC区内，开口于表土层下。南北长约64米，宽2.2～3.1米，深1.2～1.7米，沟内为冲积淤土。

2. 踩踏区

2处。

JE：L1位于JEJ区北部，平面呈不规则椭圆形，处于扰土层下，距地表深0.8米，踩踏层厚1～4厘米，该层下为生土。踩踏区东西向长26米，宽2～6.3米，面积约104平方米。该踩踏区应该与陵园墙垣的修筑有关。

JE：L2位于JEJ区东南部，平面似刀形，处于扰土层下，距地表深2.2米，踩踏层厚2～5厘米，下为黄色生土层，踩踏区东西向长14.6米，宽3.7～8.2米。面积约88平方米。该踩踏区也应该与陵园墙垣的修筑有关。

3. 小型扰坑

发现23处，位置与形制分述如下。

IEN区1处，编号K1，位于该区中部偏西，平面呈三角形，开口于①层下，打破其他地层至生土。南北长11.8米，东西宽1.5～5.4米，距地表深3.7米。

IEO区1处，编号K1，位于该区中部，平面呈三角形，开口于①层下，打破其他地层至生土。东西长14.1米，南北宽1.6～7.7米，距地表深2.4米。

IEQ区1处，编号K1，位于该区东南部，平面呈南北向不规则刀形，开口于①层下，打破其他地层至生土。长5.4米，宽1.8～2.2米，距地表深3.4米。

IEV区3处。K1位于该区东北部，平面圆形，开口于①层下，打破其他地层至生土。直径1.3米，距地表深2.6米。K2位于该区南部偏西，平面呈椭圆形，开口于①层

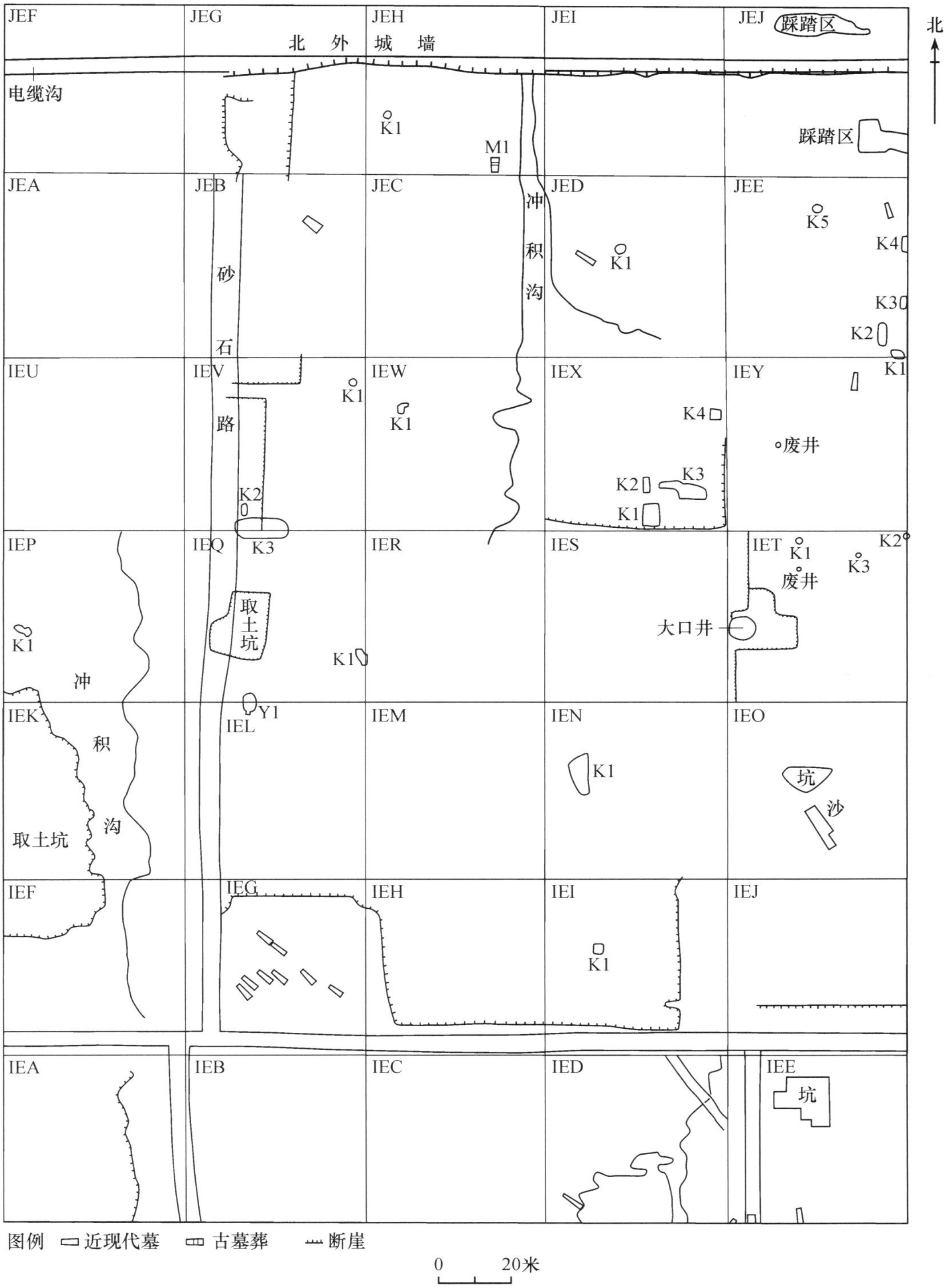

图14-7　陵园东北内外城间区域遗迹分布平面图

下，打破其他地层至生土。直径0.95～1.9米，距地表深4.6米。K3位于IEV和IEQ两区中部，平面呈椭圆形，开口于①层下，打破其他地层至生土。直径4.2～12.8米，距地表深4.1米。

IEX区4处。K1位于该区中南部，平面南北向长方形，开口于①层下，打破其他地层至生土。长5.8米，宽4.2米，距地表深2.4米。K2位于该区中部偏南，平面南北向长方形，开口于①层下，打破其他地层至生土。长4.25米，宽2.1米，距地表深1.9米。K3位于该区东南部，平面呈东西向不规则刀形，开口于①层下，打破其他地层至生土。长12.6米，宽2.2～4.1米，距地表深2.5米。K4位于该区东部偏北，平面正方形，开口于①层下，打破其他地层至生土。边长2.8米，距地表深2.3米。

JEE区5处。K1位于JEE区和IEY区东部，平面似方形，开口于①层下，打破其他地层至生土。边长3.2米，距地表深2.6米。K2位于该区东南角，平面为南北向长方形，开口于①层下，打破其他地层至生土。长6.2米，宽2.1米，距地表深3.3米。K3位于该区东南部，平面为南北向长方形，开口于①层下，打破其他地层至生土。长3.8米、宽2米，距地表深3米。K4位于JEE区和JFA区中部，平面似方形，开口于①层下，打破其他地层至生土。边长3.1米，距地表深3.2米。K5位于该区中部偏北，平面为圆形，开口于①层下，打破其他地层至生土。直径3.3米，距地表深3.5米。从地层与形制看，这些扰坑为近现代取土坑。

此外，在IEP、IEW、JED、JEH区各有1处扰坑，在IET区有3处扰坑。从地层与形制上看，上述扰坑均为近代取土坑。

4. 窑址

1处。

IE：Y1位于IEL和IEQ区中部微偏西，南北向椭圆形，开口于②层下，打破其他地层至生土。南北长6.4米，宽3.3米，距地表深3.8米，见灰土及红烧土。从地层及形制判断，该窑的时代晚于秦代。

5. 早期墓葬

1处。

JEH：M1位于JEH区东南部，竖穴墓道洞室墓，平面南北向长方形，开口于②层下，打破其他地层至生土。长6.2米，宽2.1米，距地表深3.9米。从地层判断，该墓葬的时代晚于秦代。

6. 近现代墓

14处。IEG区中部8座，IEV区东北部1座（有打破关系），JED区中部偏西1座，IEY区东北部1座，JEE区东北部1座，IED、IEE区各1座。均开口于表土层下，为近现代墓葬。

7. 近现代水井

9处。IEH区大口井1处，IET中部偏北小口井1处，中部偏西大口井1处。均开口于表土层下，大口井甚至还有水。

四、结　　语

经过勘探，该区域地层关系相对明确，从两处剖面看该区域保存有原始的地层堆积。虽然有些后期的居民生产生活对这个区域有所影响，但是对这一区域的地层结构没有造成实质性的破坏。发现的遗存以后期破坏扰动为主，基本上没有发现陵墓礼制设施。

综合勘探成果，我们有以下几点认识：

一、该区域周边的陵墓墙垣设施界定了其在陵墓的空间位置，说明这个区域是秦始皇陵陵墓空间规划中的一个重要区域。但是通过考古工作我们发现秦代对这个区域没有进行过大规模陵墓设施的建设。究其原因可能与没有规划或经过规划但没有施工有关。

二、该区域最重要的地貌变化发生在秦代以后。随着陵墓南侧防洪大堤被破坏，骊山洪水冲垮了陵园的墙垣设施，整个陵墓的东内外墙垣间区域不断被洪水所带来的泥沙冲刷与沉积。本区域发现的大型冲沟也属于这类自然破坏遗存。

三、近现代居民的生产生活对这一区域的地层结构有所影响，形成大量的取土坑、水井、墓葬，特别是毛北村的村民居址完全破坏了局部区域的原始地层堆积。

说明：参加工作的有张卫星、陈治国、付建、吴学功、李春文、姜高、和友利，以及其他秦陵考古队技工、工人40人。报告执笔张卫星。测绘李春文。绘图李新民等。

第三节　秦汉大道东段勘探

2014年3月至7月，秦陵考古一队配合秦汉大道的建设，对东起小任村，西至毛北村、吴西村的区域进行了文物普探， 这一区域南北宽约200米，东西长3000米，总钻探面积约60万平方米。

钻探区域主要为现代村落、道路和农田，地势较为平坦，地层变化不大，基本延续。

本次钻探共发现早期墓葬15座，灰坑5座，河床6条，陪葬坑1座，夯土遗迹一处（图14-8）。另外还发现疑似墓葬2座，由于条件限制未能全面钻探。下面对钻探发现的遗迹进行简要介绍。

（一）墓葬

2014QHM1　斜坡墓道洞室墓，开口于③层冲积土下，距现地表深1.5米，方向90°。平面呈“甲”字形，由墓道及墓室组成，墓道位于墓室东侧，平面呈长方形，长18.7米，宽1.1～1.25米，深4.8米；墓室为土洞室，平面长方形，宽1.5米，高1.5米，进深3.5米（图14-9）。

2014QHM2　斜坡墓道洞室墓，开口于③层冲积土下，距现地表深1米，方向180°。平面呈“甲”字形，由墓道、墓室及天井组成，墓道位于墓室南侧，平面呈长方形，长13.3米，宽0.9～1米，深6米；天井紧邻墓室，平面呈长方形，长2.9米，宽1米；墓室为土洞室，平面呈长方形，宽1.6米，高1.5米，进深3米（图14-10）。

2014QHM3　斜坡墓道洞室墓，开口于②层冲积土下，距现地表深0.95米，方向270°。平面呈“甲”字形，由墓道及墓室组成，墓道位于墓室西侧，平面呈长方形，长7.3米，宽1～1.5米，深4米。墓室为土洞室，平面呈长方形，宽1.9米，高1.5米，进深2.9米（图14-11）。

2014QHM4　竖穴斜坡墓道洞室墓，开口于③层冲积土下，距现地表深0.9米，方向270°。平面呈“甲”字形，由墓道及墓室组成，墓道位于墓室西侧，平面呈长方形，长10.4米，宽0.9～1米，深2米。墓室为土洞室，平面呈长方形，宽1.6米，高1.45米，进深3.1米（图14-12）。

2014QHM5　斜坡墓道洞室墓，开口于②层冲积土下，距现地表深0.9米，方向90°。平面呈“甲”字形，由墓道及墓室组成，墓道位于墓室东侧，平面呈长方形，长9.7米，宽1～1.1米，深4米。墓室为土洞室，平面呈长方形，宽1.7米，高1.45米，进深3米（图14-13）。

2014QHM6　竖穴斜坡墓道洞室墓，开口于②层冲积土下，距现地表深0.8米，方向270°。平面呈“甲”字形，由墓道及墓室组成，墓道位于墓室西侧，平面呈长方形，长8.4米，宽0.9～1.2米，深3.9～6.2米。墓室平面为长方形，宽2米，高1.9米，进深3米，墓室部分探出砖块（图14-14）。

2014QHM7　斜坡墓道洞室墓，开口于②层冲积土下，距现地表深1.6米，方向270°。平面呈“甲”字形，由墓道及墓室组成，墓道位于墓室西侧，平面呈长方形，长12.3米，宽1.6～1.9米，深5.2米。墓室为土洞室，平面为长方形，宽2米，高1.8米，进深3.1米（图14-15）。

2014QHM8　斜坡墓道洞室墓，开口于②层冲积土下，距现地表深0.8米，方向270°。平面呈“甲”字形，由墓道及墓室组成，墓道位于墓室西侧，平面呈长方形，长9.5米，宽1.2～1.6米，深2.5米。墓室为土洞室，平面为长方形，宽2米，高1.5米，进深3米（图14-16）。

2014QHM9　斜坡墓道洞室墓，开口于②层冲积土下，距现地表深1.6米，方向270°。平面呈“中”字形，由墓道、墓室及天厅组成，墓室和墓道之间有天厅，墓道位于天厅西侧，平面呈长方形，东西长11.4米、宽1.3～1.7米、深4.9米；天厅平面似方形，长3.1米、宽3米、深4.9米；墓室位于天厅东侧，墓室平面呈长方形，宽2米、高1.5米、进深3.5米，天厅及墓室勘探见砖，可能是铺地砖（图14-17）。

2014QHM10　斜坡墓道洞室墓，开口于②层扰土下，距现地表深0.75米，方向180°。平面呈“甲”字形，由墓道及墓室组成，墓道位于墓室南侧，平面呈长方形，南北长5.5米、宽0.9米、深4.9米。墓室为土洞室，平面为长方形，宽2.2米，墓室顶部坍塌高度不详，进深1.8米（图14-18）。

2014QHM11　斜坡墓道洞室墓，开口于③层冲积土下，距现地表深0.8米，方向180°。由墓道及墓室组成，墓道位于墓室南侧，平面呈长方形，南北长4米、宽1.5～1.85米、深2.55米。墓室为土洞室，平面为长方形，宽1.7米、高1.2、进深2米（图14-19）。

2014QHM12　斜坡墓道洞室墓，开口于②层扰土下，距现地表深0.8米，方向180°。由墓道及墓室组成，墓道位于墓室南侧，平面呈长方形，南北长约9.8米、宽1.2米、深4.3米；墓室及大半部分墓道坍塌，墓室北部探出有残骨及木灰。

2014QHM13　竖穴墓道洞室墓，开口于②层扰土下，距现地表深0.8米，方向180°。由墓道及墓室组成，墓道位于墓室南侧，平面呈长方形，南北长2.5米、宽0.8～1.25米、深4米；墓室为土洞室，平面似方形，宽1.25米、高1.2米、进深1.2米（图14-20）。

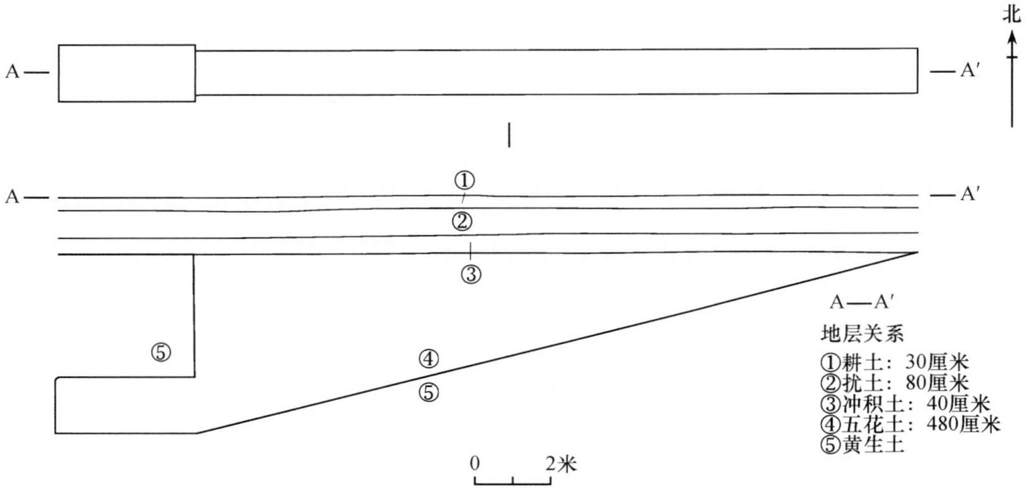

图14-9　2014QHM1勘探平、剖面图

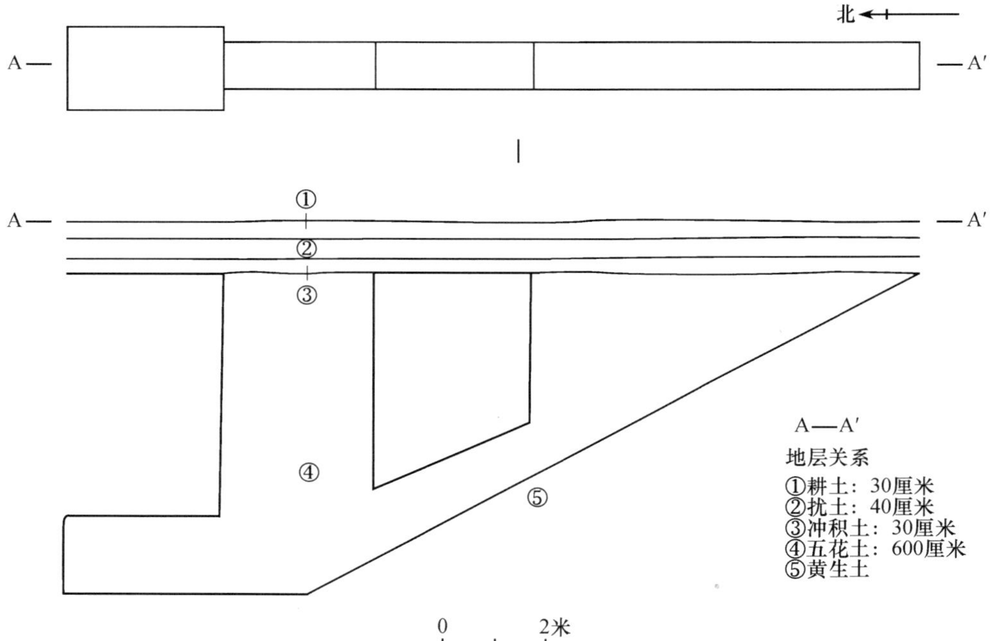

图14-10　2014QHM2勘探平、剖面图

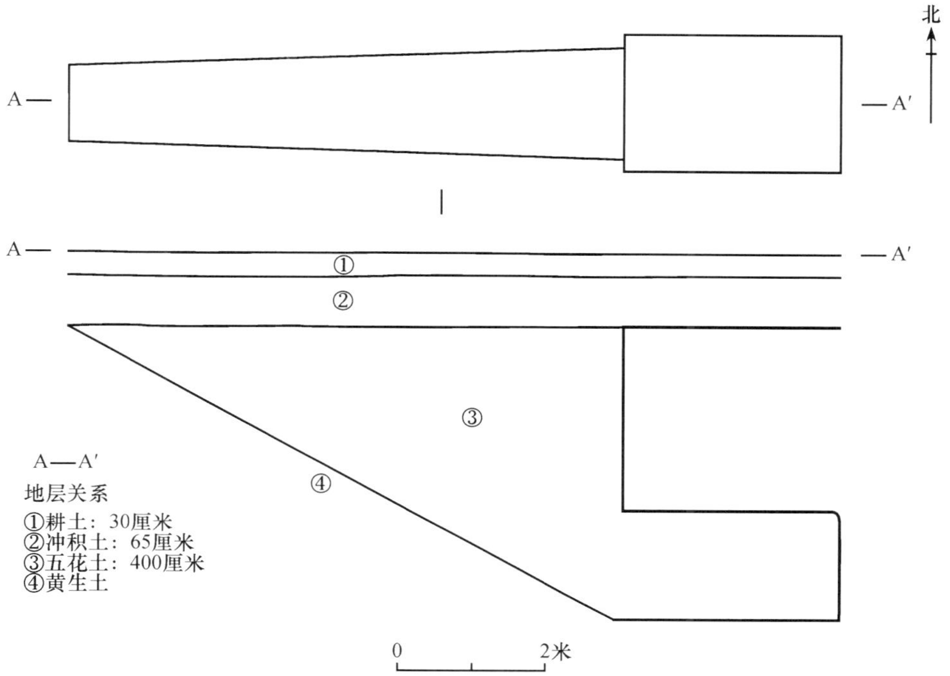

图14-11　2014QHM3勘探平、剖面图

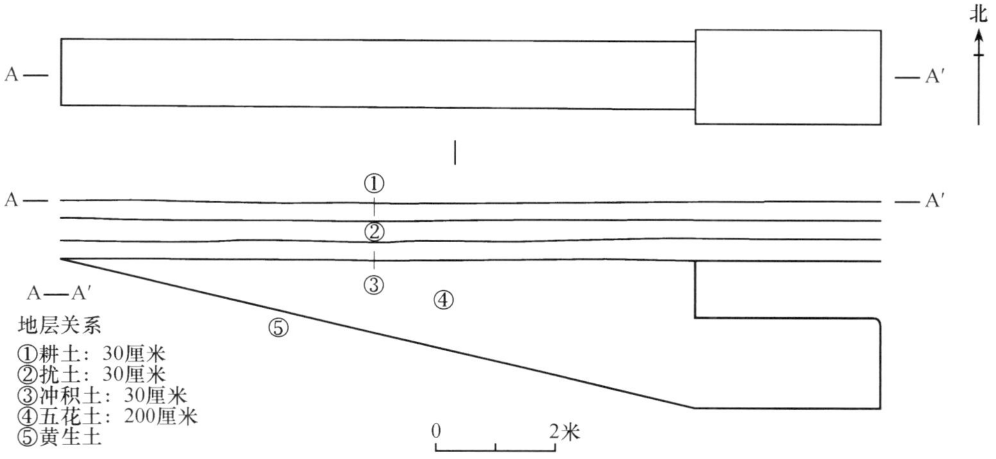

图14-12　2014QHM4勘探平、剖面图

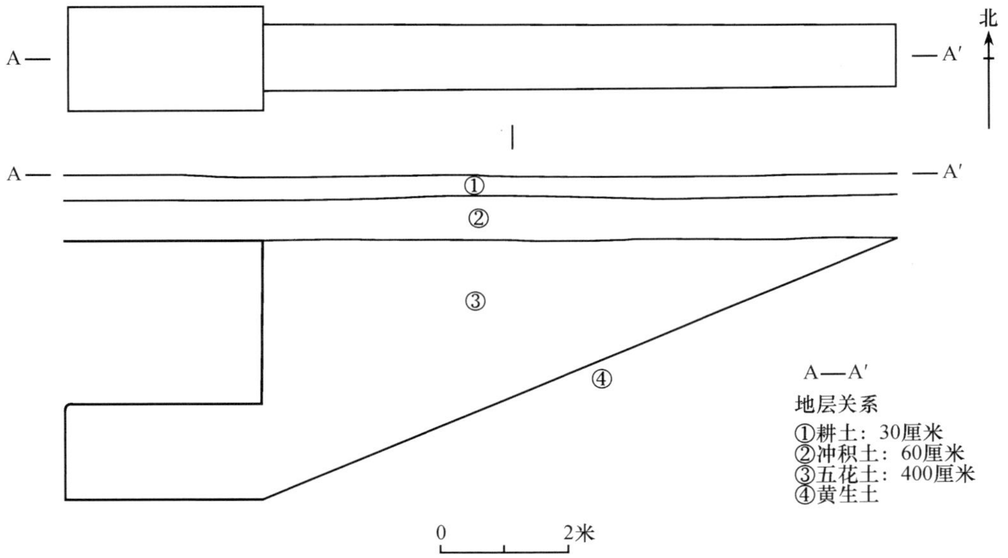

图14-13　2014QHM5勘探平、剖面图

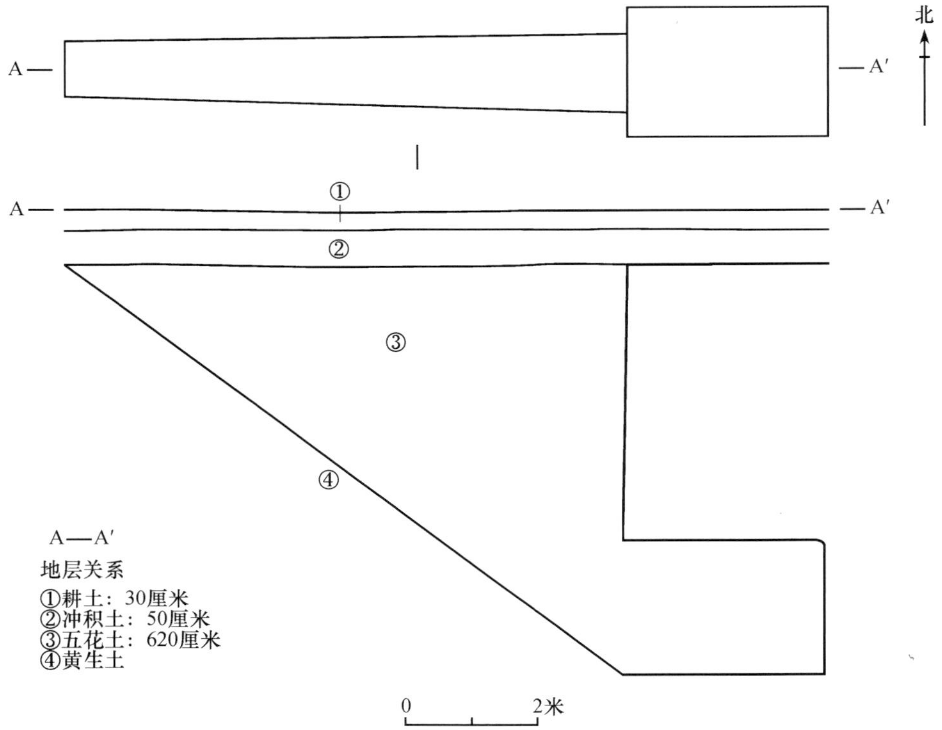

图14-14　2014QHM6勘探平、剖面图

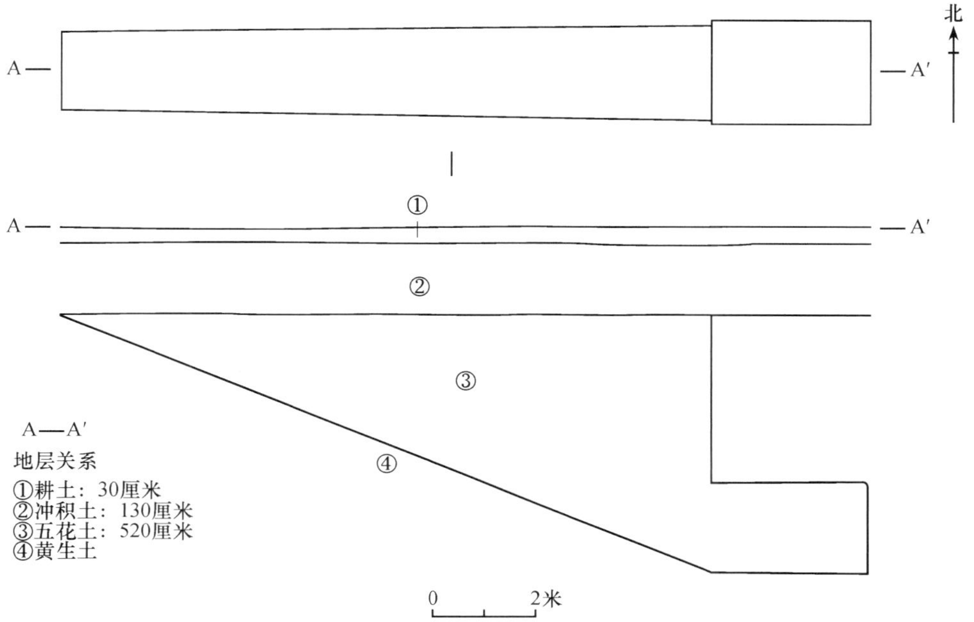

图14-15　2014QHM7勘探平、剖面图

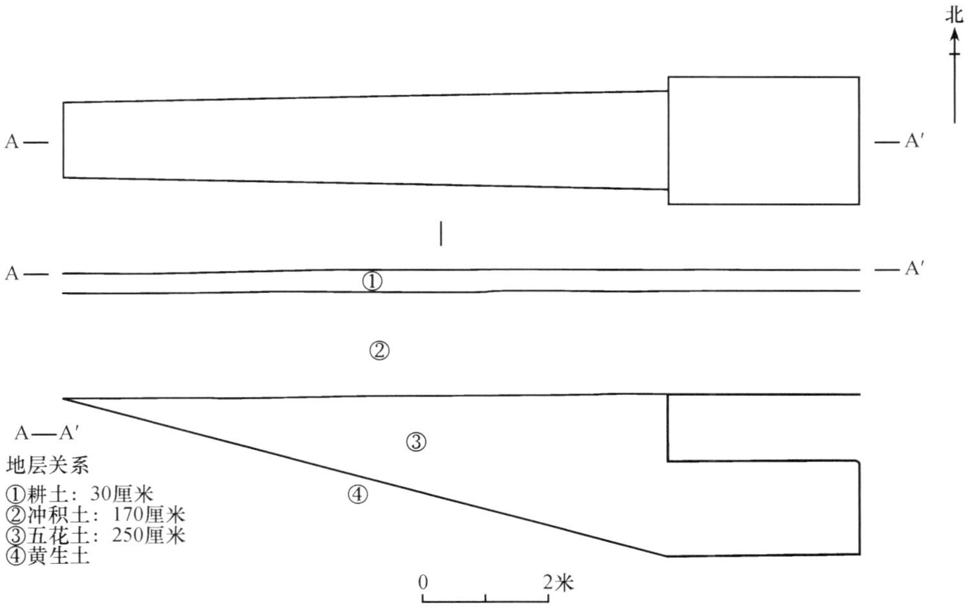

图14-16　2014QHM8勘探平、剖面图

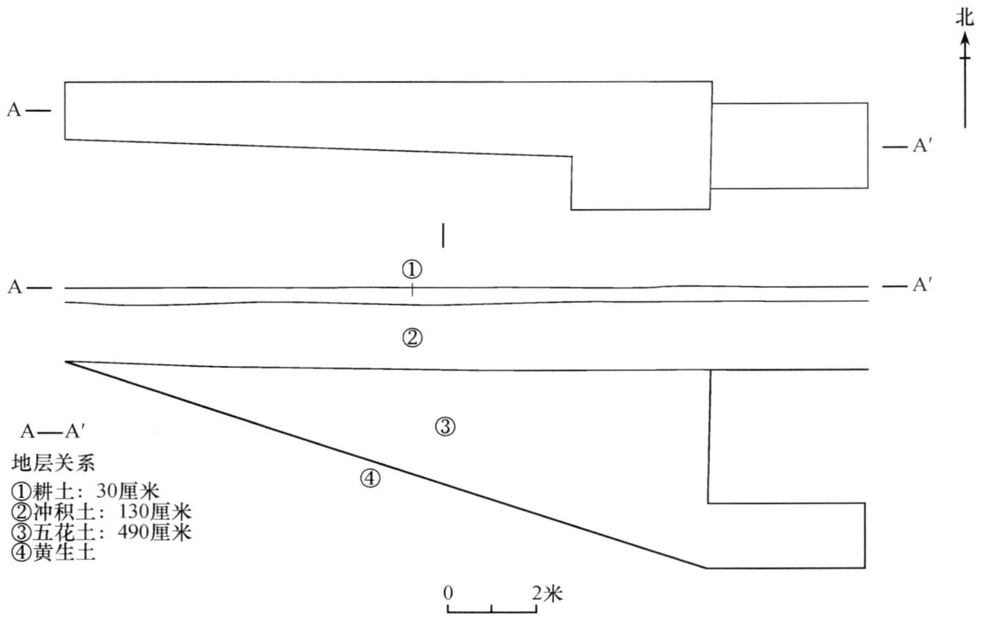

图14-17　2014QHM9勘探平、剖面图

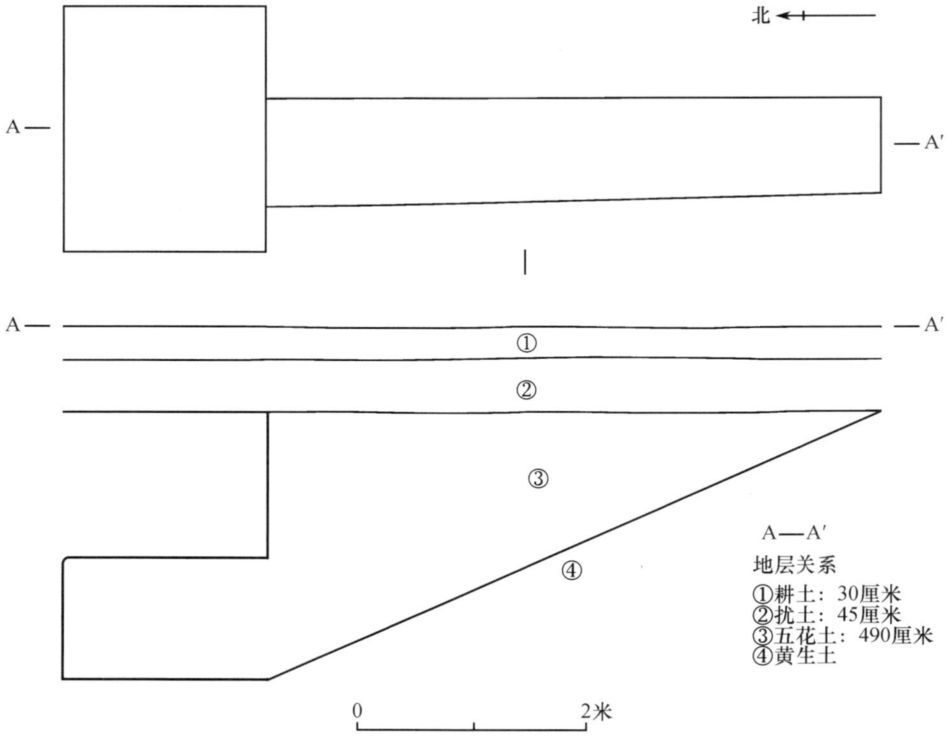

图14-18　2014QHM10勘探平、剖面图

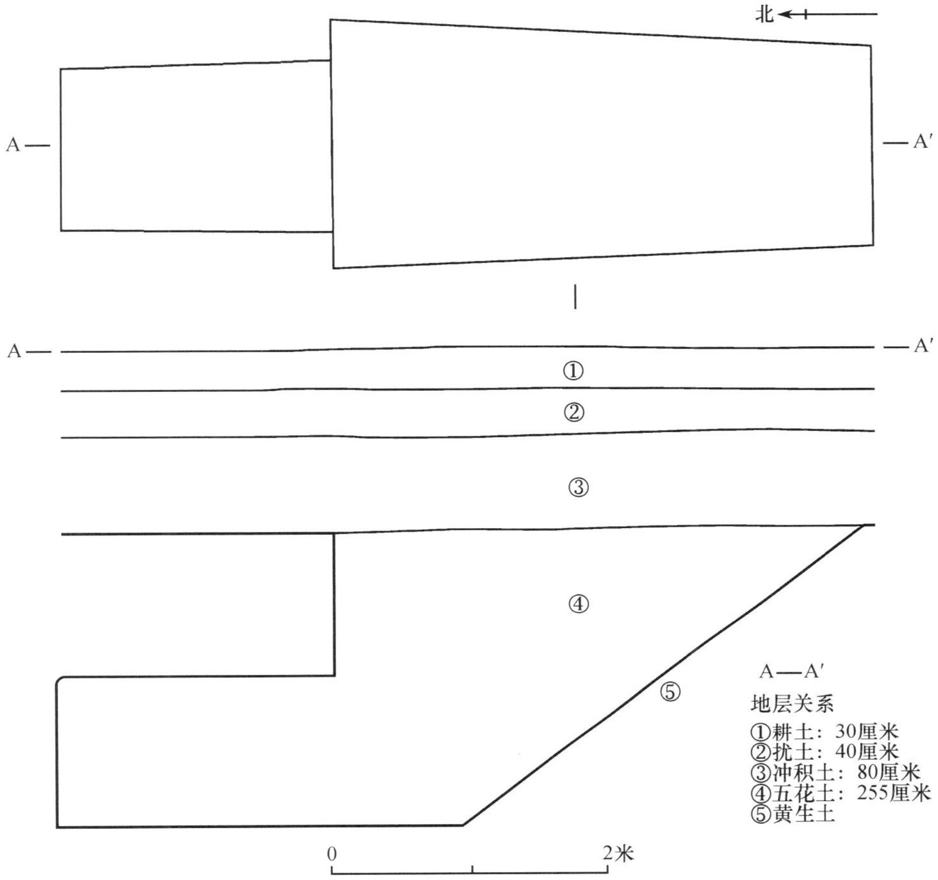

图14-19　2014QHM11勘探平、剖面图

2014QHM14　竖穴墓道洞室墓，开口于②层扰土下，距现地表深1米，方向90°。由墓道及墓室组成，墓道位于墓室东侧，平面呈长方形，东西长3.5米、宽1.5米、深5.5米。墓室为土洞室，平面长方形，宽1.5米，墓室顶部坍塌高度不详，进深3.5米（图14-21）。

2014QHM15　竖穴墓道洞室墓，开口于②层冲积土下，距现地表深1.2米，方向180°。平面呈“甲”字形，由墓道及墓室组成，墓道位于墓室南侧，平面呈长方形，南北长3.5米、宽1米、深2.7米。墓室为土洞室，平面呈长方形，宽1.4米、高1.4米、进深3.5米（图14-22）。

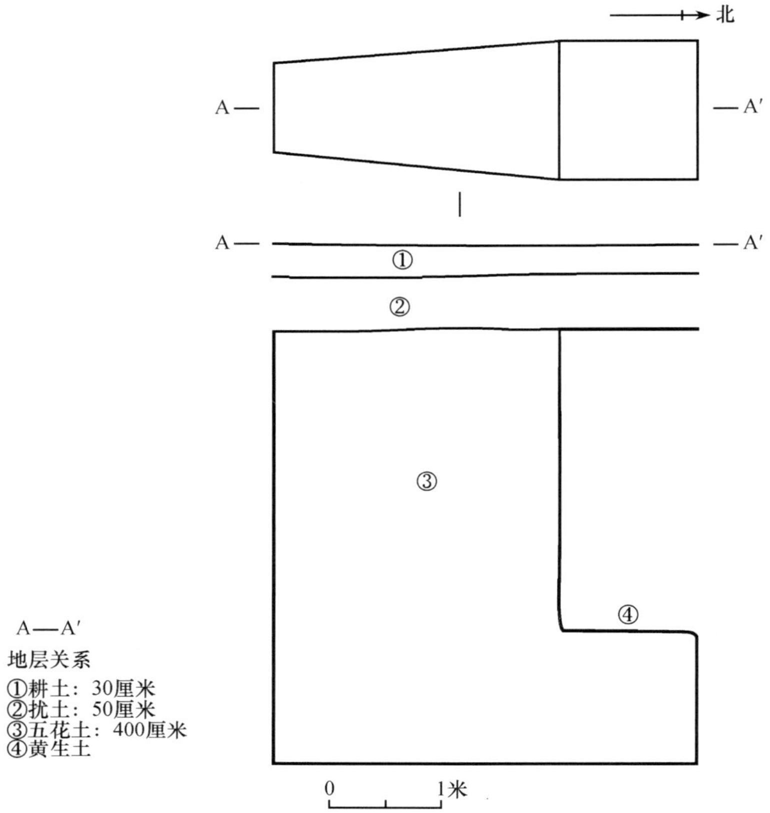

图14-20　2014QHM13勘探平、剖面图

（二）陪葬坑

发现后按陵园规则编号为K201401。该坑位于下焦村的农田内，北面紧邻公路。开口于生土层，上部依次被冲积层、扰土层和耕土层所覆盖。耕土层厚约30厘米，扰土层厚约40厘米，冲积土层厚约140厘米。坑内主要为粗夯土，粗夯土上还有一层厚约10厘米的踩踏土。坑东西长约33米，南北宽约6.6米，坑底距坑口约4.5米，距现地表约6.5米，总面积约220平方米。 坑的东半部分为斜坡门道，长约14米，坑的西、南、北三面有细夯土墙，南北墙宽约1.5米，西墙宽约1米，坑的底部有厚约50厘米的底夯（图14-23）。

该坑在钻探中发现有动物的骨骼、红烧土块、木炭、粗夯土等物体，从这些情况来看，这个坑与秦始皇帝陵园的许多陪葬坑的建筑结构相同，即地下坑道式的土木建筑，因此很可能是秦陵的众多陪葬坑中的一座。

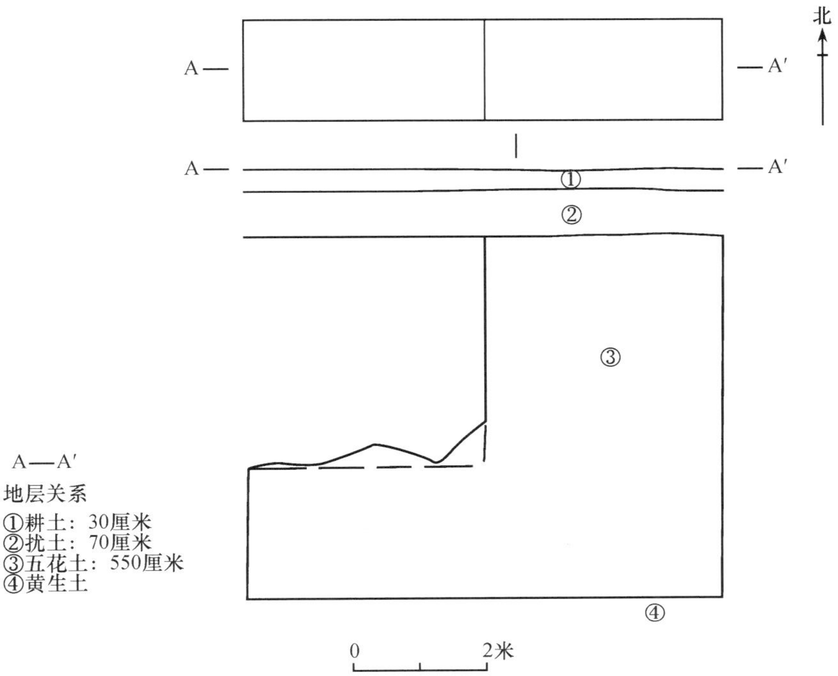

图14-21　2014QHM14勘探平、剖面图

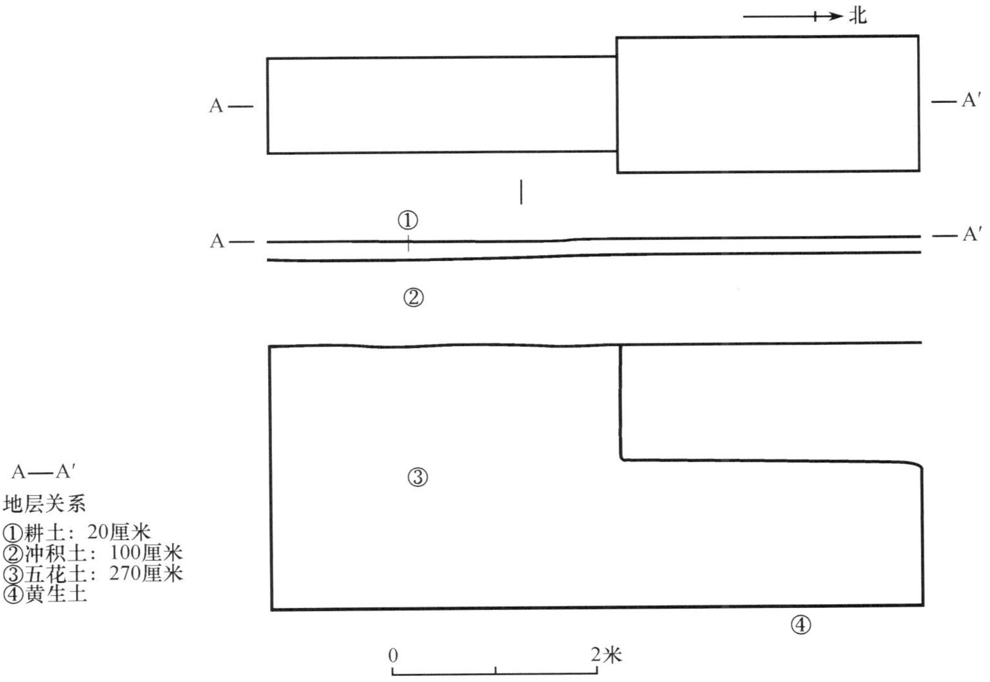

图14-22　2014QHM15勘探平、剖面图

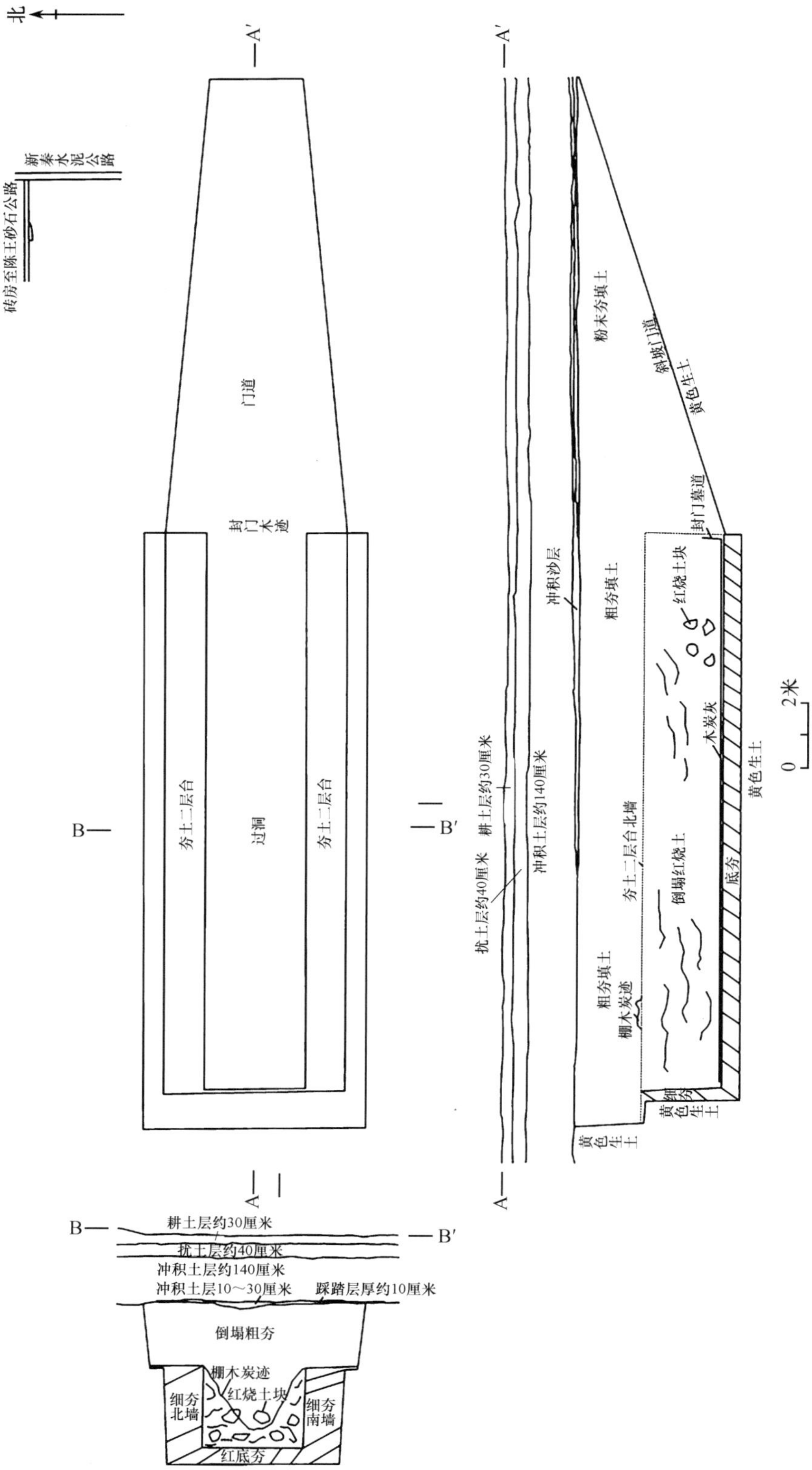

图14-23　K201401勘探平、剖面图

（三）灰坑

H1　平面似长方形，开口于③层冲积土下，距现地表深2.1米，长4.8米，宽2.5米，深1.8米，坑内堆积为青灰色。

H2　开口平面似椭圆形，开口于③层冲积土下，距现地表深1.6米，长径4.2米，短径2.7米，深0.8米，坑内堆积为青灰色。

H3　开口平面似圆形，开口于③层冲积土下，距现地表深2米，直径4.2米，深1.2米，坑内堆积为青灰色。

H4　平面呈南北向椭圆形，开口于③层冲积土下，距现在地表深约3.8米。长径10.8米，短径5.6米，深1.3米，坑内堆积为青灰色。

H5　平面似圆形。开口于③层冲积土下，距现在地表深约3.7米。直径约3.7米，深0.8米，坑内堆积为青灰色。

（四）其他

河床。勘探发现现代及早期南北向河床6条。

踩踏面及路土。在东西向砂石路和吴西村路西北角勘探发现大面积粗夯地面，夯面之上有断断续续的踩踏层。面积在1000平方米以上，在计划勘探区域内未发现粗夯的具体边沿，待以后重点详探。粗夯层开口于③层冲积层下，距离现地表层深0.9～1.8米，夯迹厚0.5～1.5米，夯层厚约30厘米，夯层土质较坚硬，颗粒均匀较纯净，灰褐色。粗夯之上踩踏层厚3～6厘米，黑褐色。踩踏层东西宽5～20米，南北间接长约630米，位于大面积夯面东侧的踩踏层即为一条南北向路。粗夯之下有古河床。编号河床①，夯土遗迹的厚度可能与之有关。此大面积夯土遗迹和东侧南北向路可能与修建秦陵有关。

现代墓。在本次70余万平方米的勘探区域内发现近现代墓 90余座，不再描述。

第四节　上焦村区域勘探

一、区位与局域自然环境

上焦村位于秦始皇帝陵陵园外城墙东侧，2017年我们按大遗址理念对这一区域进行了系统勘探。勘探区域南至秦陵南路、北至临马路，西至标准缝纫厂，东至上焦村东侧。该区域行政隶属临潼区秦陵镇杨家村，区域内涉及上焦村、杜家村、李家村、西孙村、上陈村等5个自然村。

区域为骊山北麓的黄土台塬地貌和山前洪积扇裙地貌，其地势东南高、西北低，呈阶梯状倾斜展开。骊山地区位于东亚季风区，降水集中于夏季，经常受到山前洪水的冲蚀（图版40）。

勘探工作严格遵循《田野考古工作规程》中的有关规定进行，对以上区域进行全面细致的考古勘探工作。勘探方法先进行“十”字形或“井”字形解剖，再以普探为基础，找出遗迹后，对其严格卡边钻探，确定其平面后，再对遗迹作柱状剖面分析，做到平剖面结合，确定遗迹的性质。

大面积普探均采取4米×4米中间加一孔的分布方法。遗迹密集区及重要区域采用1米×1米中间加一孔的分布方法。对遗迹墙体、沟的钻探采取每10米卡一对边孔，隔段作柱状孔剖面钻探，以确定各段墙体与沟的地层状况。对其他遗迹探出范围后，中部“十”字形作柱状孔解剖探孔。

二、地层堆积

勘探区域自然地势整体南高北低，呈阶梯斜坡状，高差约59米。自南向北，南部区域两侧高中间低，落差3～5米，中部区域两侧低，中间高，落差约2米，北部区域东高西低，落差3米。该区域在20世纪七八十年代经历过平整土地活动，导致此处地层堆积薄厚不一，交叉分布，地层堆积较浅的地方分三层，堆积较厚的地方分五层，部分区域见冲积层夹杂砂石、石块（图14-24～14-27）。

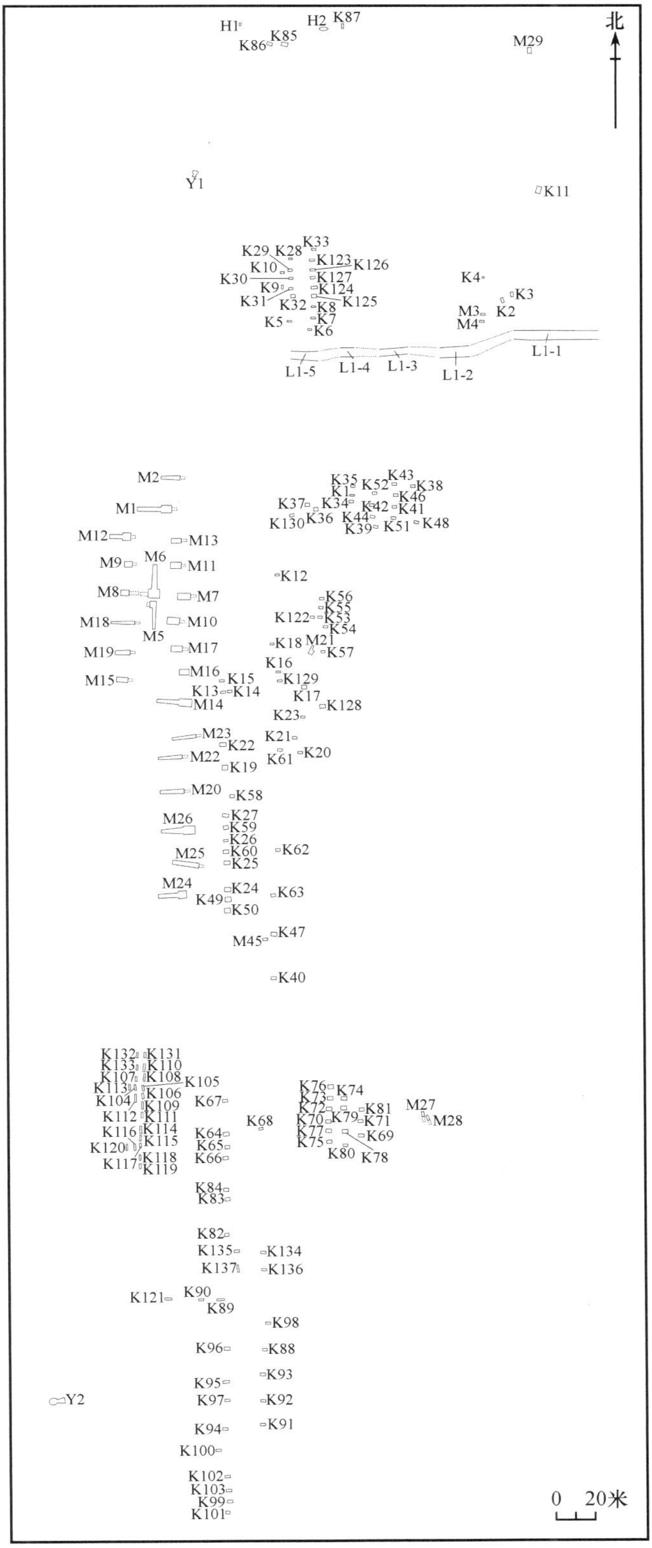

图14-27　上焦村区域遗迹总平面图

1. 堆积较厚的区域地层情况

第①层：表土层，厚0～0.3米，土色浅灰褐花杂，土质松散，含植物根系较多。

第②层：扰土层，厚0.3～1米，土色浅褐色，土质较松。

第③层：冲积夹砂土层，厚0.2～0.7米，土色浅褐色，土质较松，含砂石、石块。仅局部区域可见。

第④层：垆土层，厚0.3～0.5米，土色深褐色，土质较硬。该层下见浅黄色生土，质密，纯净。

第⑤层：生土层。

2. 堆积较薄的区域地层情况

第①层：表土层，厚0～0.3米，土色浅灰褐花杂，土质松散，含植物根系较多。

第②层：扰土层，厚0.3～1米，土色浅褐色，土质较松。

第③层：生土层。

三、主要遗迹

此次勘探工作共发现遗迹现象171处。其中墓葬29座；坑共计137个：马厩坑109个，谷物饲料坑24个，不确定坑4个；灰坑2个；窑址2座；道路1条。遗迹按照发现先后顺序依次编号（图14-28）。

1. 墓葬

经勘探，墓葬共29座，其中斜坡墓道土洞墓11座，斜坡墓道土圹墓3座，竖穴土洞墓10座，竖穴土圹墓5座，平面呈“甲”字形的有21座，长方形的有6座，刀形的有2座。按照发现顺序依次编号为M1～M29。

M1　位于探方B1014A内，方向275°。为斜坡墓道土洞墓，平面呈“甲”字形，开口于①层下，距地表深约0.3米。由墓道、前室和后室组成，总长约20.1米（图14-29）。

墓道　斜坡墓道，平面呈梯形，西窄东宽，东西长12米，南北宽1.8～2.3米，底距地表深0.3～5.7米，填土为五花土，质密，有夯筑痕迹。

前室　位于墓道东侧，平面呈长方形，长5.6米，宽3.5米，底距地表深5.7米，填土为五花土，土质较致密。

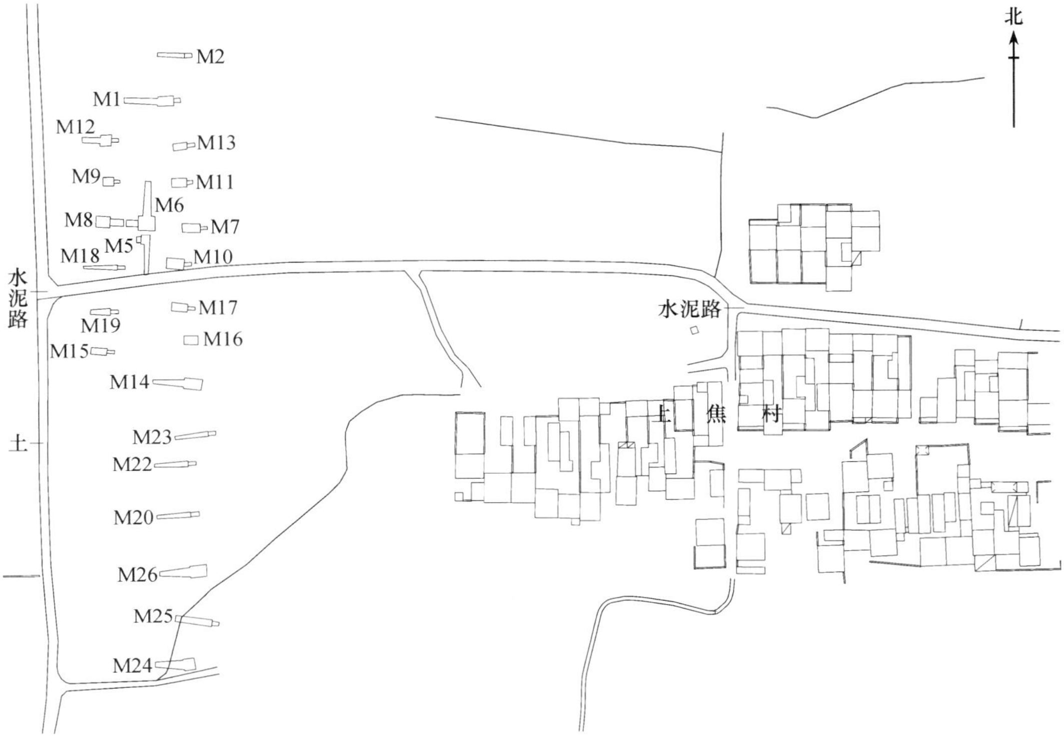

图14-28　上焦村区域墓葬位置示意图

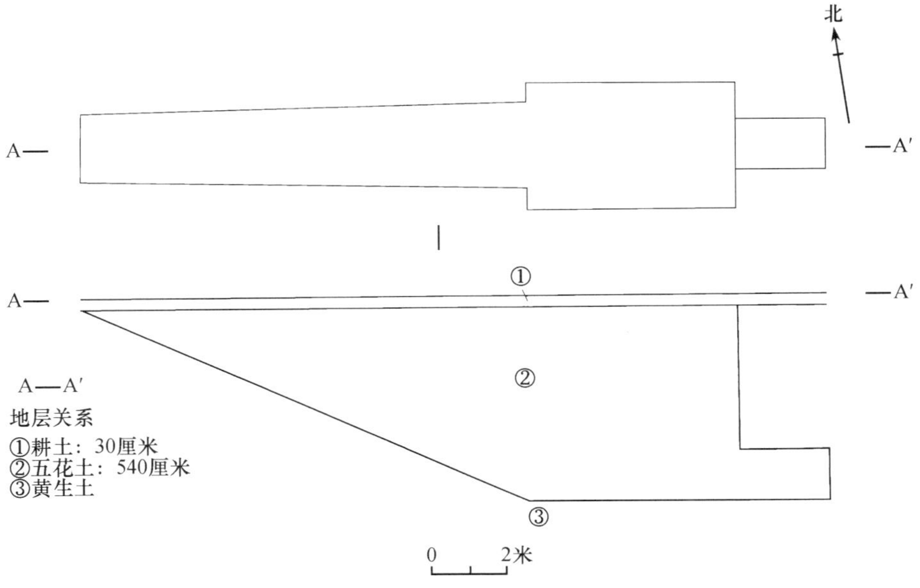

图14-29　上焦村区域M1勘探平、剖面图

后室　位于前室东侧，土洞结构，平面呈长方形，东西长2.5米，南北宽1.5米，高1.4米，底距地表深5.7米，填土为五花土，土质较致密。

M2　位于探方B1014A内，方向283°。为斜坡墓道土洞墓，平面呈“甲”字形，开口于①层下，距地表深约0.3米。由墓道和墓室组成，总长11.8米（图14-30）。

墓道　斜坡墓道，平面呈梯形，西窄东宽，东西长9.5米，南北宽1.2～1.5米，底距地表深0.3～3.8米，填土为五花土，质密，有夯筑痕迹。

墓室　位于墓道东侧，土洞结构，已坍塌，平面呈长方形，东西长2.3米，南北宽1.3米，残高1.8米，底距地表深3.8米，填土为五花土，土质较致密，含骨骼。

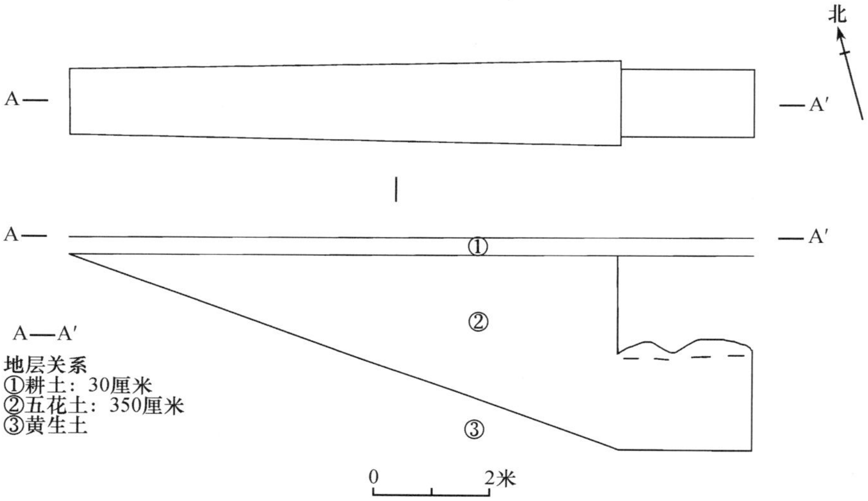

图14-30　上焦村区域M2勘探平、剖面图

M3　位于探方B1010T内，方向105°。为竖穴土圹墓，平面呈长方形，开口于②层下，距地表深约1米。东西长2.4米，南北宽1米，底距地表深2.8米，填土为五花土，土质较致密，底部见青砖、骨块（图14-31）。

M4　位于探方B1010T内。方向105°。为竖穴土圹墓，平面呈长方形，开口于②层下，距地表深约1米。东西长2.3米，南北宽1米，底距地表深2.8米，填土为五花土，土质较致密，底部见青砖（图14-32）。

M5　位于B1014F与B1014K内，方向180°。为斜坡道偏土洞墓，平面呈刀形，开口于②层下，距地表深1.8米。由墓道、前室和侧室组成，总长14.7米（图14-33）。

墓道　斜坡墓道，平面呈梯形，南窄北宽，南北长11.2米，东西宽1.3～2米，底距地表深6.9米，填土为五花土，质密，有夯筑痕迹。

前室　位于墓道北侧，平面呈长方形，南北长3.5米，东西宽3.2米，底距地表深6.9米，填土为五花土，质密。

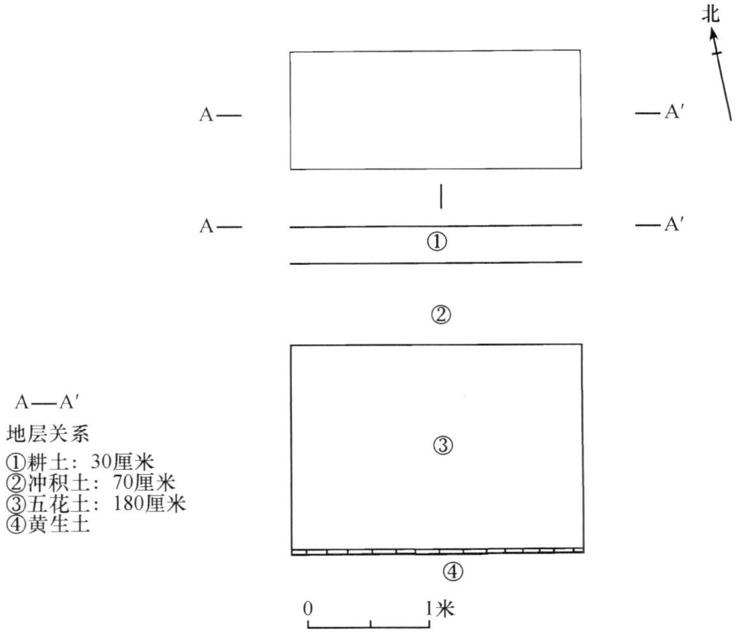

图14-31　上焦村区域M3勘探平、剖面图

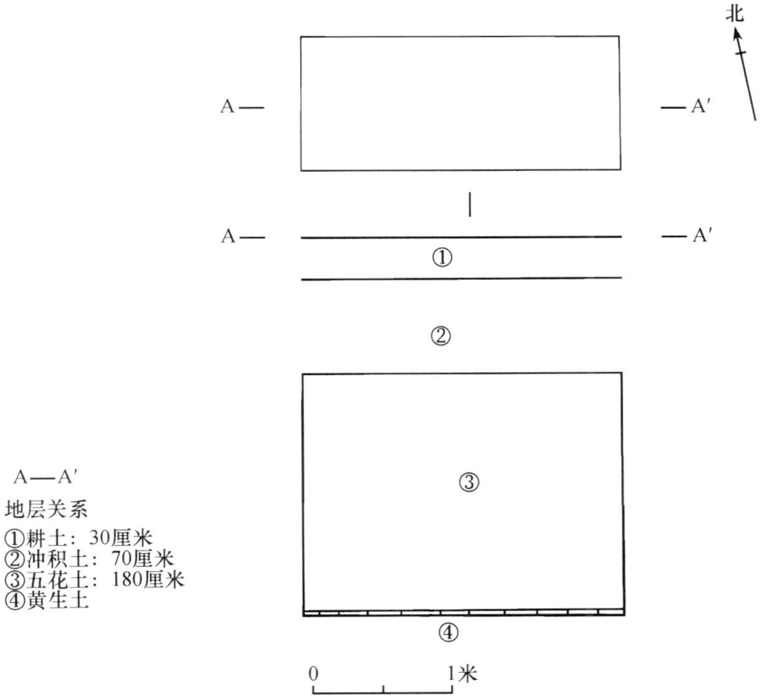

图14-32　上焦村区域M4勘探平、剖面图

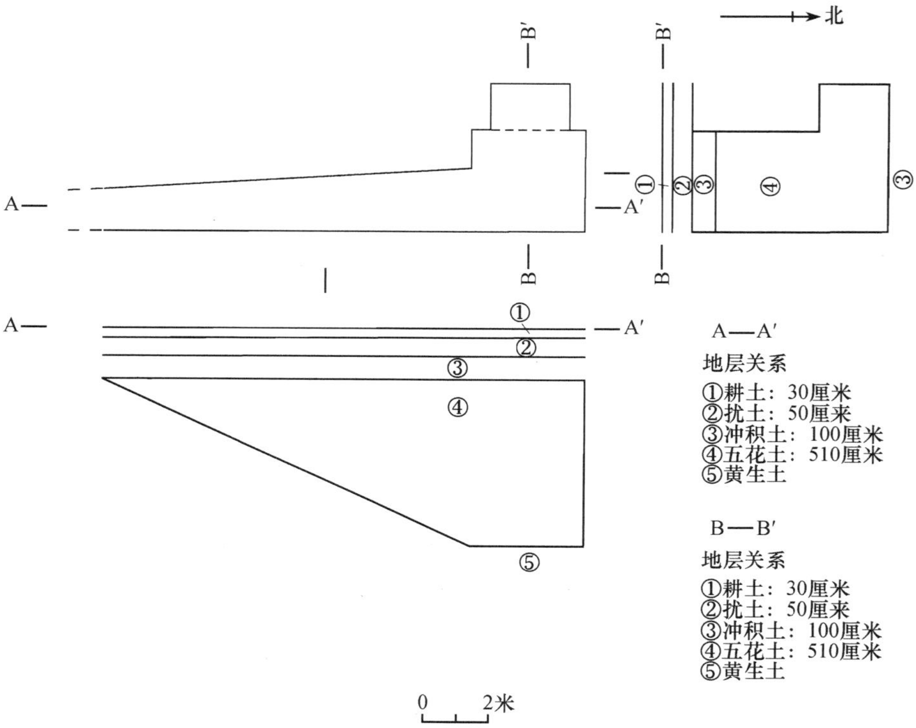

图14-33　上焦村区域M5勘探平、剖面图

侧室　位于前室西侧，土洞结构，平面呈长方形，南北长2.4米，东西宽1.5米，高2.2米，底距地表深6.9米，填土为五花土，土质较致密。

M6　位于探方B1014F内，方向0°。为斜坡墓道偏土洞墓，平面呈“甲”字形，开口于②层下，距地表深0.9米。由墓道、前室和侧室组成，总长17.5米（图14-34）。

墓道　斜坡墓道，平面呈梯形，南北长12.5米，东西宽2～3米，底距地表深0.9～7米，填土为五花土，质密，有夯筑痕迹。

前室　位于墓道南侧，平面呈长方形，东西长6米，南北宽5米，底距地表深7米，填土为五花土，土质较致密。底部四周有二层台，高1.5米，宽0.9米。

侧室　位于前室西侧，土洞结构，平面呈长方形，东西长4米，南北宽2米，高1.5米，底距地表深7米，填土为五花土，土质较致密。

M7　位于探方B1014F内，方向280°。为竖穴土洞墓，平面呈“甲”字形，开口于②层下，距地表深1米。由墓道和墓室组成，总长9米（图14-35）。

墓道　平面呈长方形，东西长6.3米，南北宽3.2米，底距地表深6.3米，填土为五花土，质密，有夯筑痕迹。

墓室　位于墓道东侧，土洞结构，平面呈长方形，东西长2.7米，南北宽1.3米，高1.6米，底距地表深6.3米，填土为五花土，土质较致密，含骨块。

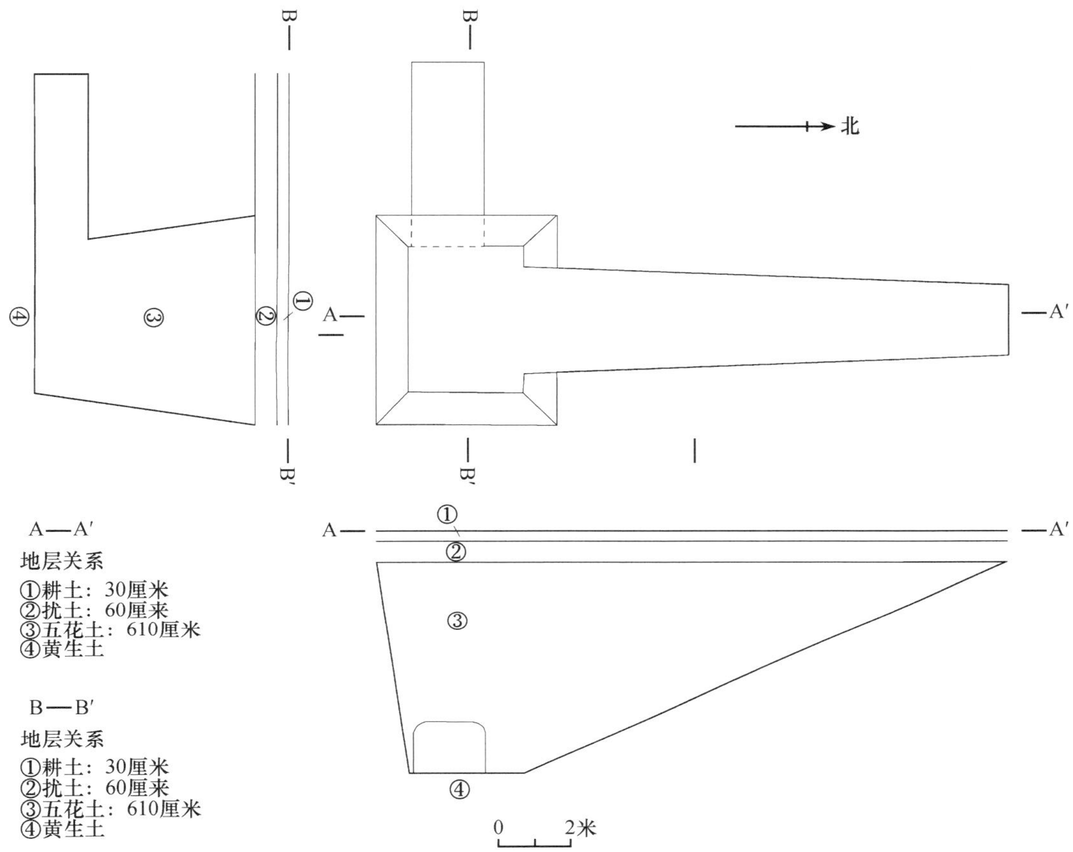

图14-34　上焦村区域M6勘探平、剖面图

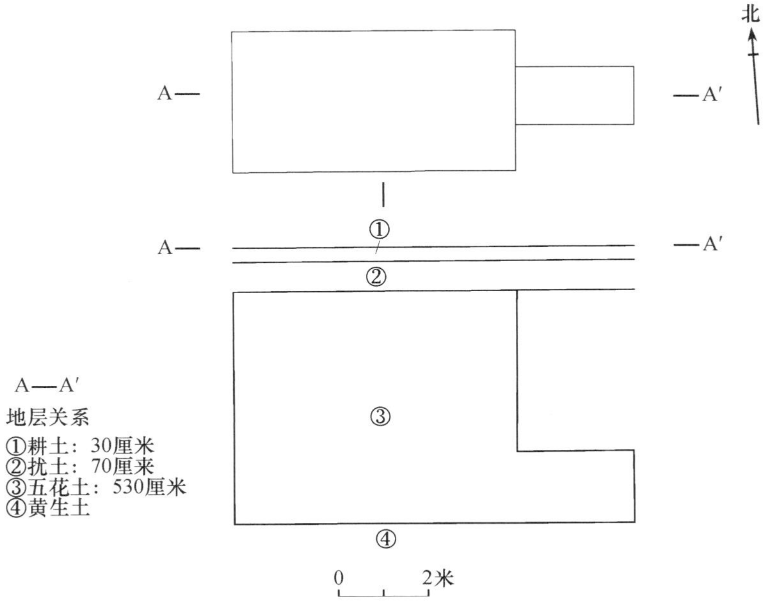

图14-35　上焦村区域M7勘探平、剖面图

M8 位于探方B1014F内，方向280°。为竖穴土洞墓，平面呈“甲”字形，开口于②层下，距地表深0.9米。由墓道和墓室组成，总长9.8米（图14-36）。

墓道 平面呈长方形，东西长5米，南北宽4米，底距地表深6.8米，填土为五花土，质密，有夯筑痕迹。

墓室 位于墓道东侧，洞室结构，已坍塌，平面呈长方形，东西长4.8米，南北宽2.5米，残高2.5米，底距地表深6.8米，填土为五花土，土质较致密，底部见红烧土。

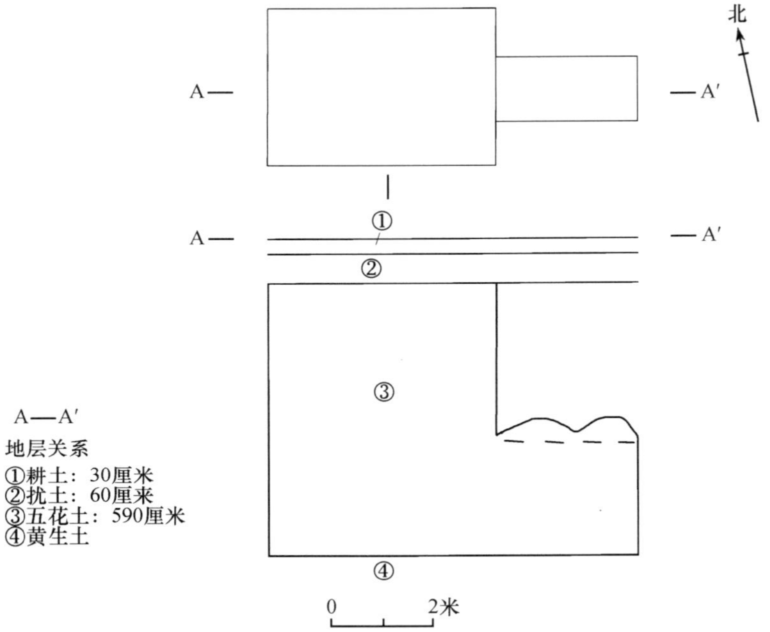

图14-36　上焦村区域M8勘探平、剖面图

M9 位于探方B1014F内，方向276°。竖穴土洞墓，平面呈“甲”字形，开口于②层下，距地表深0.9米。由墓道和墓室组成，总长7米（图14-37）。

墓道 平面呈长方形，东西长4.2米，南北宽3.2米，底距地表深6.2米，填土为五花土，质密，有夯筑痕迹。

墓室 位于墓道东侧，土洞结构，平面呈长方形，东西长2.8米，南北宽1.3米，底距地表深6.2米，填土为五花土，土质较致密，含骨块、朽木。

M10 位于B1014F与B1014K内，方向281°。为竖穴土洞墓，平面呈“甲”字形，开口于②层下，距地表深1米。由墓道和墓室组成，总长9米（图14-38）。

墓道 平面呈长方形，东西长6.3米，南北宽4米，底距地表深6.3米，填土为五花土，质密，有夯筑痕迹。

墓室 位于墓道东侧，土洞结构，平面呈长方形，东西长2.7米，南北宽1.3米，高1.6米，底距地表深6.3米，填土为五花土，土质较致密，含淤土。

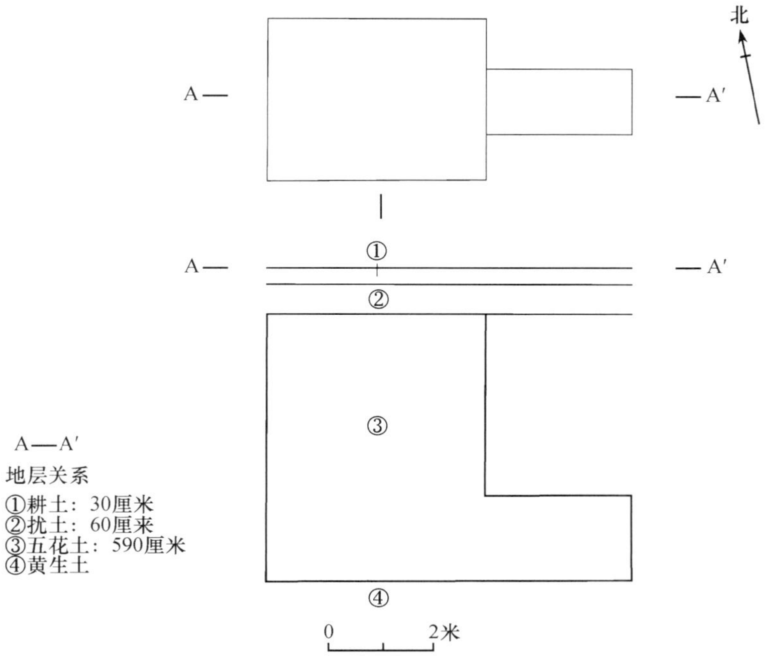

图14-37　上焦村区域M9勘探平、剖面图

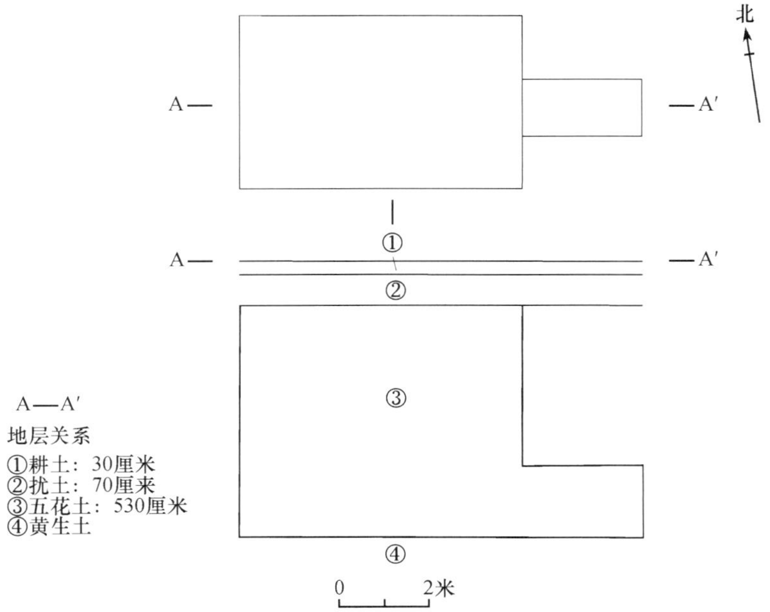

图14-38　上焦村区域M10勘探平、剖面图

M11　位于探方B1014F内，方向270°。为竖穴土洞墓，平面呈“甲”字形，开口于②层下，距地表深1米。由墓道和墓室组成，总长8.3米（图14-39）。

墓道　平面呈长方形，东西长5.5米，南北宽3.2米，底距地表深5.8米，填土为五花土，质密，有夯筑痕迹。

墓室　位于墓道东侧，土洞结构，平面呈长方形，东西长2.8米，南北宽1.3米，高1.3米，底距地表深5.8米，填土为五花土，土质较致密，含朽木。

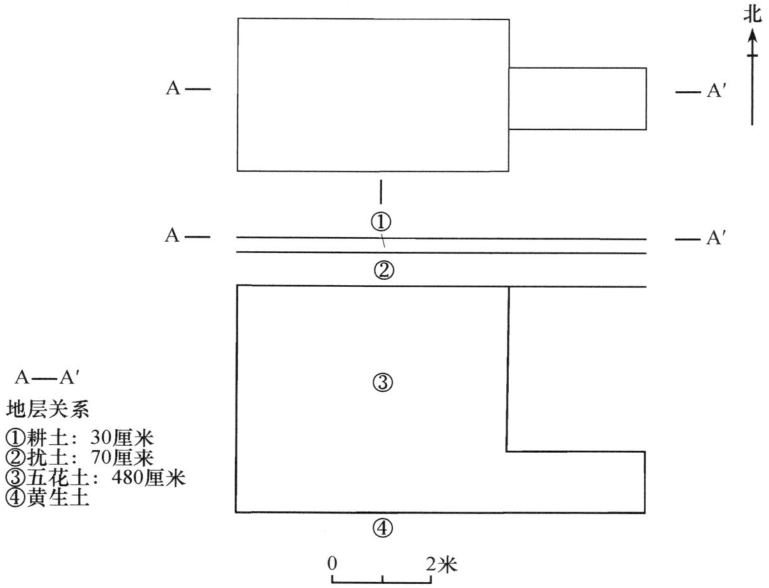

图14-39　上焦村区域M11勘探平、剖面图

M12　位于探方B1014F内，方向280°。为斜坡墓道土洞墓，平面呈“甲”字形，开口于②层下，距地表深1米。由墓道、前室和后室组成，总长13.1米（图14-40）。

墓道　斜坡墓道，平面呈长方形，东西长6.3米，南北宽2米，底距地表深1～3.8米，填土为五花土，质密，有夯筑痕迹。

前室　位于墓道东侧，平面呈正方形，边长4米，底距地表深3.8米，填土为五花土，土质较致密。

后室　位于前室东侧，平面呈长方形，东西长2.8米，南北宽1.3米，高1.8米，底距地表深3.8米，填土为五花土，土质较致密，含骨块、朽木。

M13　位于探方B1014F内，方向273°。为竖穴土洞墓，平面呈“甲”字形，开口于②层下，距地表深1米。由墓道和墓室组成，总长7.7米（图14-41）。

墓道　平面呈长方形，东西长4.8米，南北宽2.6米，底距地表深4.6米，填土为五花土，质密，有夯筑痕迹。

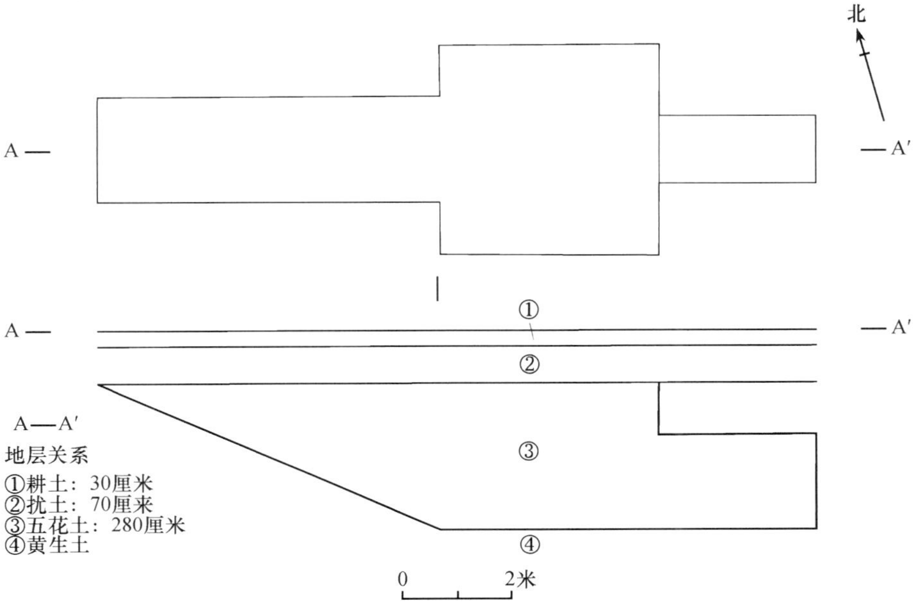

图14-40　上焦村区域M12勘探平、剖面图

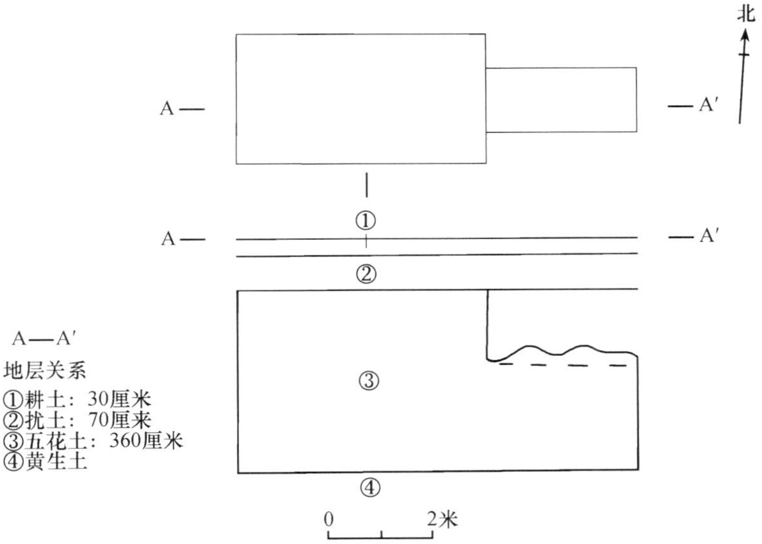

图14-41　上焦村区域M13勘探平、剖面图

墓室　位于墓道东侧，土洞结构，平面呈长方形，东西长2.8米，南北宽1.3米，高2.2米，底距地表深4.6米，填土为五花土，土质较致密。底部见青灰。

M14　位于探方B1014K内，方向274°。为斜坡墓道土洞墓，平面呈“甲”字形，开口于①层下，距地表深0.3米，东部因取土地层已破坏，由墓道和墓室组成，总长17米（图14-42）。

墓道　斜坡墓道，平面呈梯形，西窄东宽，东西长11米，南北宽1.3～2.5米，底距地表深2.6米，填土为五花土，质密，有夯筑痕迹。

墓室　位于墓道东侧，土洞结构，已坍塌，平面呈长方形，东西长6米，南北宽4米，底距地表深2.6米，填土为五花土，土质较致密。

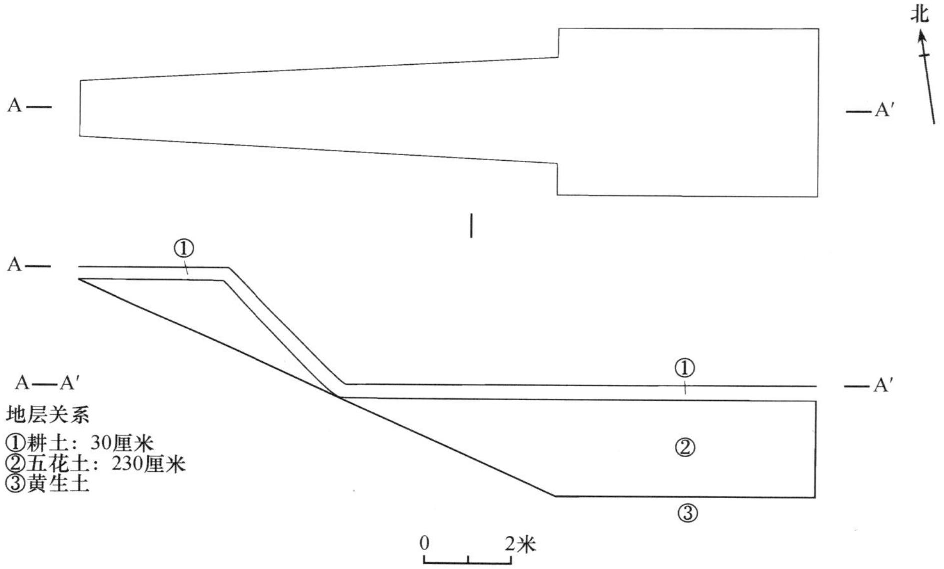

图14-42　上焦村区域M14勘探平、剖面图

M15　位于探方B1014K内，方向284°。为竖穴土洞墓，平面呈“甲”字形，开口于②层下，距地表深0.9米，由墓道和墓室组成，总长8.6米（图14-43）。

墓道　平面呈长方形，东西长5.7米，南北宽2.5米，底距地表深3.7米，填土为五花土，质密。

墓室　位于墓道东侧，土洞结构，平面呈长方形，东西长2.9米，南北宽1.3米，高1.4米，底距地表深3.7米，填土为五花土，土质较致密。

M16　位于探方B1014K内，方向93°。为竖穴土圹墓，平面呈长方形，开口于②层下，距地表深0.9米，东西长5米，南北宽3.3米，底距地表深6.8米，填土为五花土，土质较致密，底部见朽木。底部南北两侧发现二层台，宽0.6米（图14-44）。

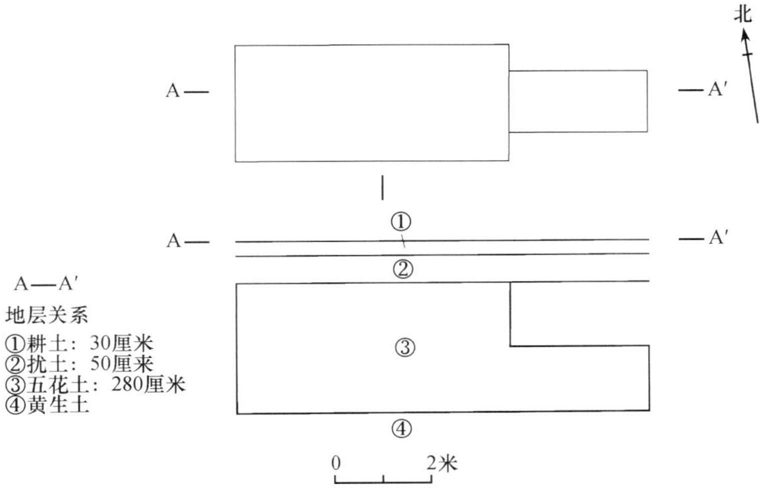

图14-43　上焦村区域M15勘探平、剖面图

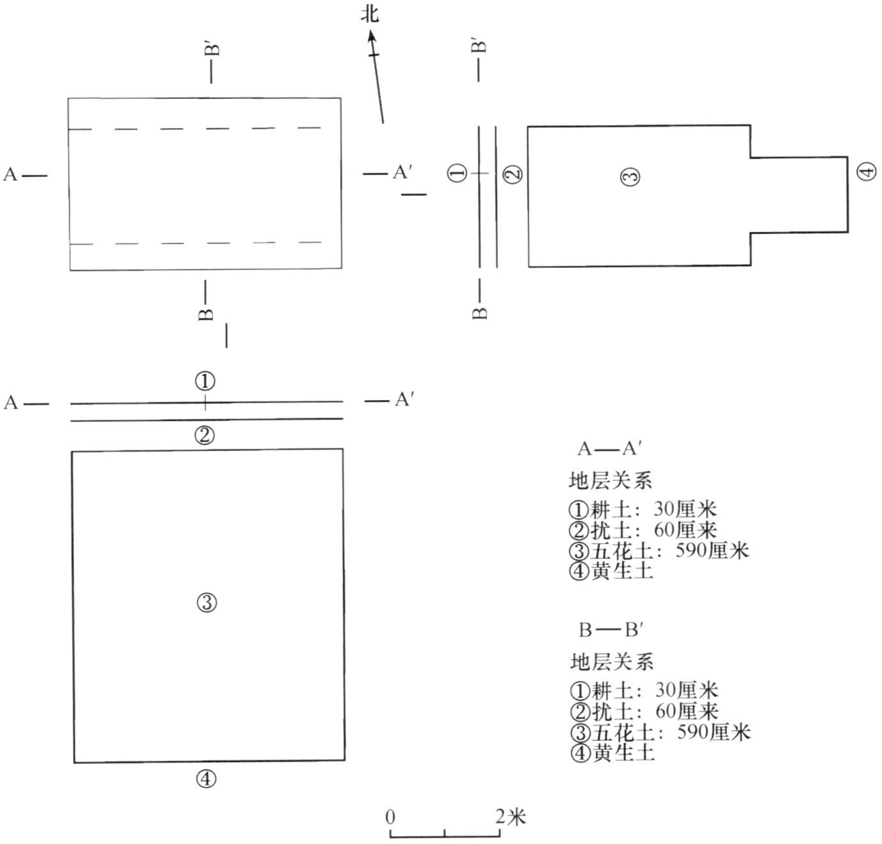

图14-44　上焦村区域M16勘探平、剖面图

M17　位于探方B1014K内，方向285°。为竖穴土洞墓，平面呈“甲”字形，开口于②层下，距地表深0.8米，由墓道和墓室组成，总长8.9米（图14-45）。

墓道　平面呈长方形，东西长5.5米，南北宽3.2米，底距地表深5.7米，填土为五花土，质密，有夯筑痕迹。

墓室　位于墓道东侧，土洞结构，平面呈长方形，东西长2.9米，南北宽1.3米，底距地表深5.7米，填土为五花土，土质较致密。

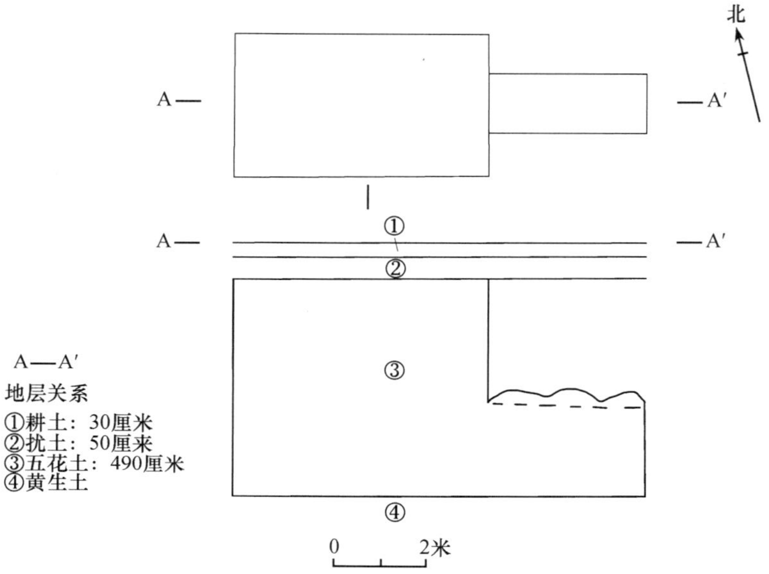

图14-45　上焦村区域M17勘探平、剖面图

M18　位于探方B1014K内，方向275°。为斜坡墓道土洞墓，平面呈“甲”字形，开口于②层下，距地表深0.9米，由墓道和墓室组成，总长15米（图14-46）。

墓道　斜坡墓道，平面呈梯形，西窄东宽，东西长12米，南北宽1.2～1.8米，底距地表深0.8～5.2米，填土为五花土，质密，有夯筑痕迹。

墓室　位于墓道东侧，土洞结构，平面呈长方形，东西长3米，南北宽1.3米，高1.7米，底距地表深5.2米，底部见淤土层，填土为五花土，土质较致密。

M19　位于探方B1014K内，方向275°。为斜坡墓道土洞墓，平面呈“甲”字形，开口于②层下，距地表深0.7米，由墓道和墓室组成，总长10.2米（图14-47）。

墓道　斜坡墓道，平面呈梯形，西窄东宽，东西长7.2米，南北宽1.4～2.4米，底距地表深0.7～4米，填土为五花土，质密，有夯筑痕迹。

墓室　位于墓道东侧，土洞结构，平面呈长方形，东西长3米，南北宽1.4米，高1.3米，底距地表深4米，填土为五花土，土质较致密。

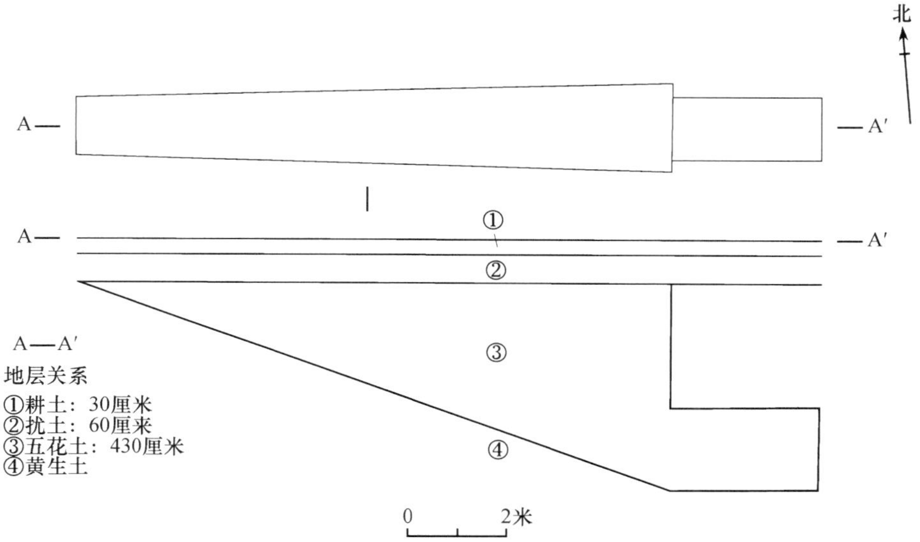

图14-46　上焦村区域M18勘探平、剖面图

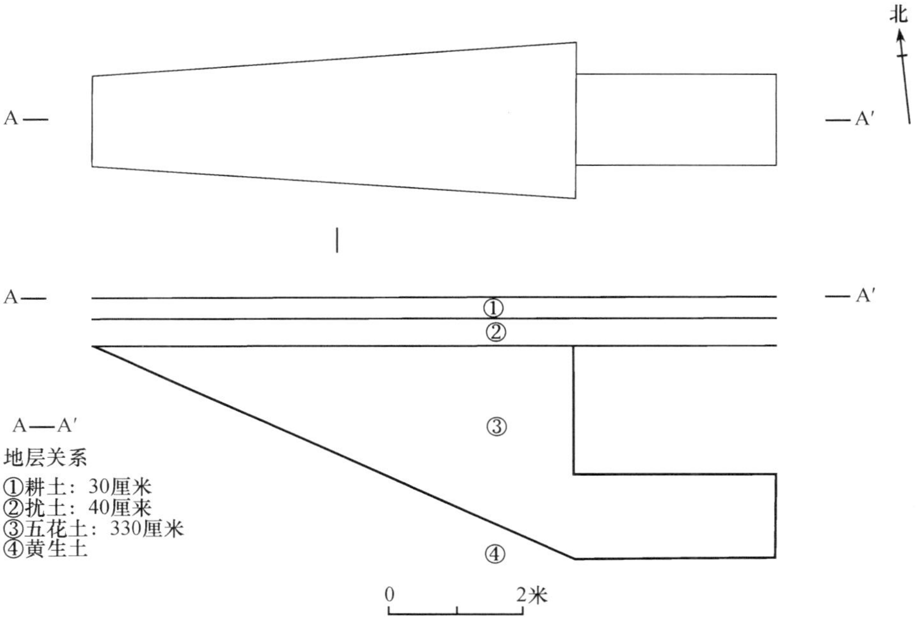

图14-47　上焦村区域M19勘探平、剖面图

M20　位于探方B1014P内，方向272°。为斜坡墓道土洞墓，平面呈“甲”字形，开口于②层下，距地表深1米，由墓道和墓室组成，总长15米（图14-48）。

墓道　斜坡墓道，平面呈梯形，西窄东宽，东西长12米，南北宽1.2～1.8米，底距地表深1～6.5米，填土为五花土，质密，有夯筑痕迹。

墓室　位于墓道东侧，土洞结构，平面呈长方形，东西长3米，南北宽1.3米，高2.5～3米，底距地表深6.5米，填土为五花土，土质较致密。

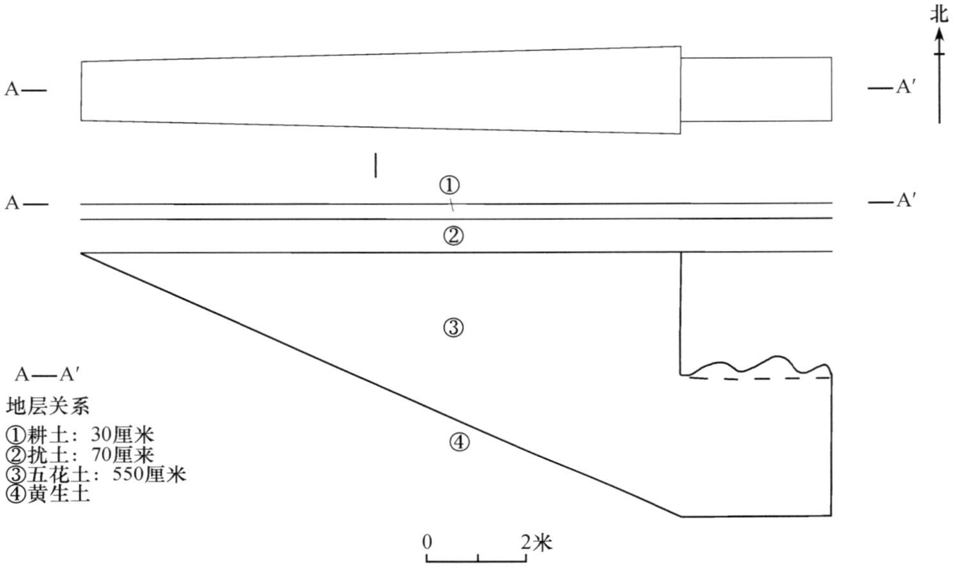

图14-48　上焦村区域M20勘探平、剖面图

M21　位于探方B1014米内，方向30°。为竖穴土圹墓，平面呈刀形，开口于②层下，距地表深0.7米，由墓道和墓室组成，总长4.8米（图14-49）。

墓道　平面呈长方形，南北长2.8米，东西宽1米，底距地表深3.5米，填土为五花土，质密。

墓室　位于墓道南侧，平面呈长方形，东西长2.5米，南北宽2米，底距地表深3.5米，底部见青灰、陶片，填土为五花土，土质较致密。

M22　位于探方B1014P内，方向271°。为斜坡墓道土洞墓，平面呈“甲”字形，开口于②层下，距地表深1～1.4米，由墓道和墓室组成，总长15米（图14-50）。

墓道　斜坡墓道，平面呈梯形，西窄东宽，东西长12米，南北宽1.2～2.2米，底距地表深1.4～5.7米，填土为五花土，质密，有夯筑痕迹。

墓室　位于墓道东侧，土洞结构，平面呈长方形，东西长3米，南北宽1.4米，高2米，底距地表深5.7米，填土为五花土，土质较致密。

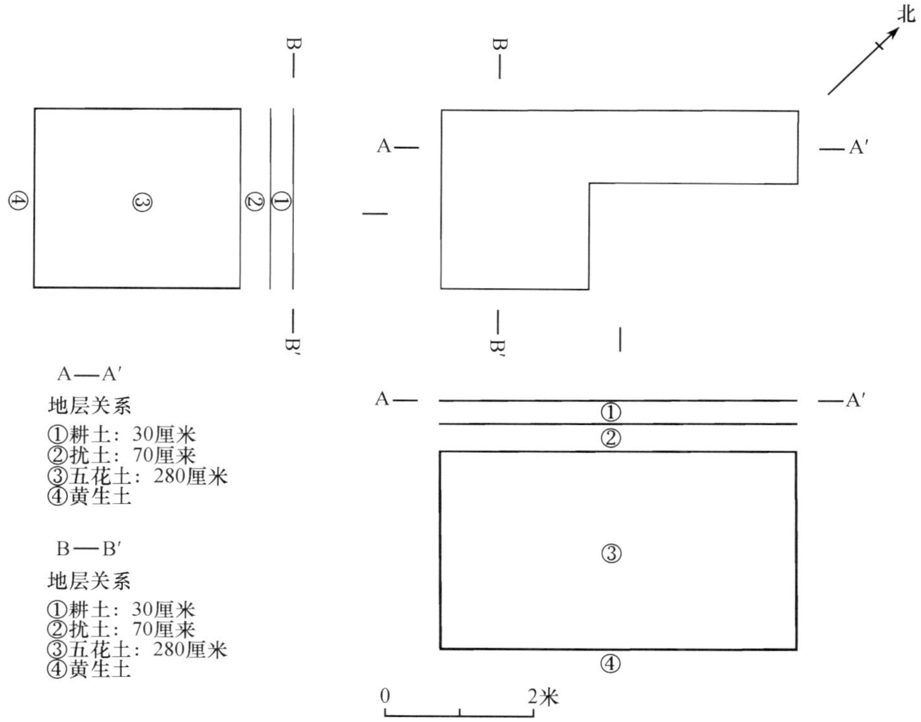

图14-49　上焦村区域M21勘探平、剖面图

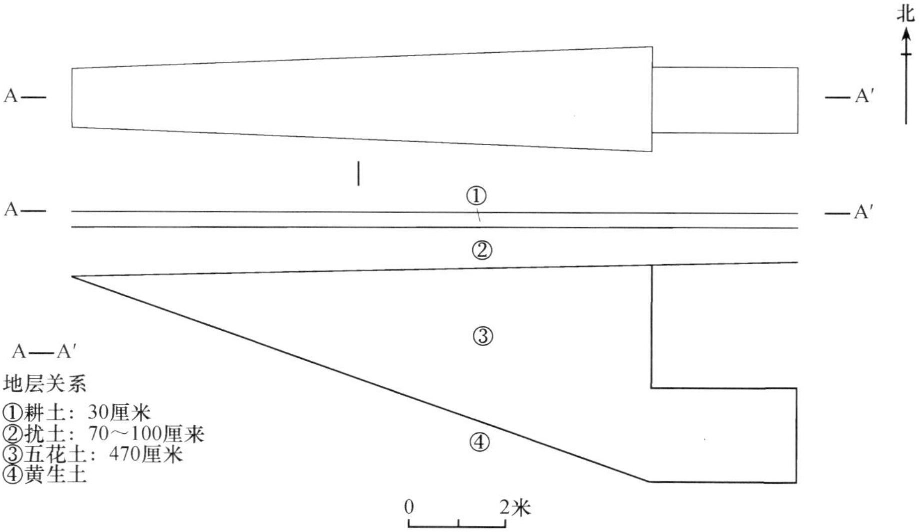

图14-50　上焦村区域M22勘探平、剖面图

M23　位于B1014P与B1014Q之间，方向266°。为斜坡墓道土洞墓，平面呈“甲”字形，开口于②层下，距地表深1～1.3米，由墓道和墓室组成，总长15米（图14-51）。

墓道　斜坡墓道，平面呈梯形，西窄东宽，东西长12米，南北宽1.2～2米，底距地表深1.4～5.7米，填土为五花土，质密，有夯筑痕迹。

墓室　位于墓道东侧，平面呈长方形，东西长3米，南北宽1.4米，高2米，底距地表深5.7米，填土为五花土，土质较致密。

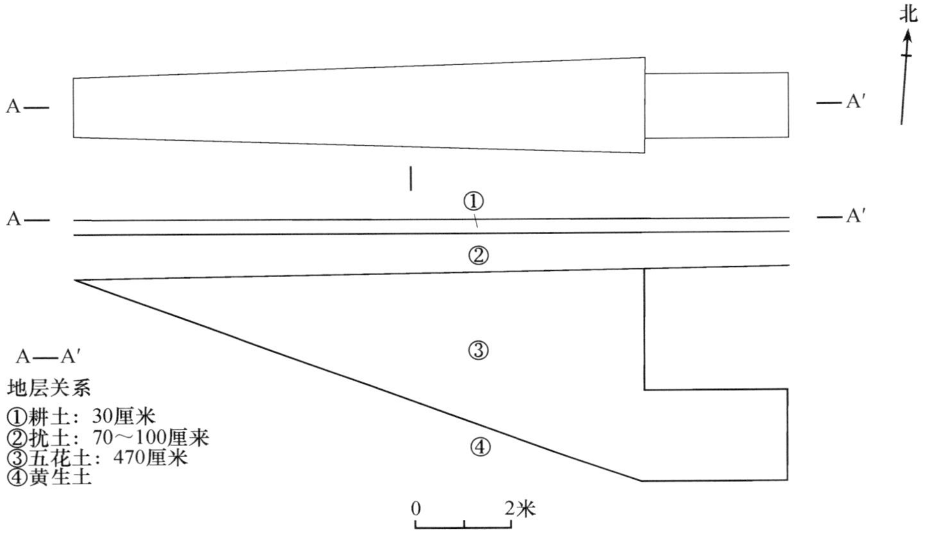

图14-51　上焦村区域M23勘探平、剖面图

M24　位于B1014U与B1102A之间，方向270°。为斜坡墓道土圹墓，平面呈“甲”字形，开口于①层下，距地表深0.3米，由墓道和墓室组成，总长13.5米（图14-52）。

墓道　斜坡墓道，平面呈梯形，西窄东宽，东西长9.5米，南北宽1.8～3.6米，底距地表深0.3～6米，填土为五花土，质密，有夯筑痕迹。

墓室　位于墓道东侧，土洞结构，平面呈长方形，南北长4.2米，东西宽3米，底距地表深6米，填土为五花土，土质较致密。

M25　位于B1014U与B1014V之间，方向285°。为斜坡墓道土洞墓，平面呈“甲”字形，开口于②层下，距地表深0.9米，由墓道和墓室组成，总长16米（图14-53）。

墓道　斜坡墓道，平面呈梯形，西窄东宽，东西长13米，南北宽2.2～2.8米，底距地表深0.9～5米，填土为五花土，质密，有夯筑痕迹。

墓室　位于墓道东侧，土洞结构，平面呈长方形，东西长3米，南北宽1.4米，高2米，底距地表深5米，填土为五花土，土质较致密。

M26　位于B1014U与B1014V之间，方向270°。为斜坡墓道土圹墓，平面呈“甲”字形，开口于②层下，距地表深1米，由墓道和墓室组成，总长17米（图14-54）。

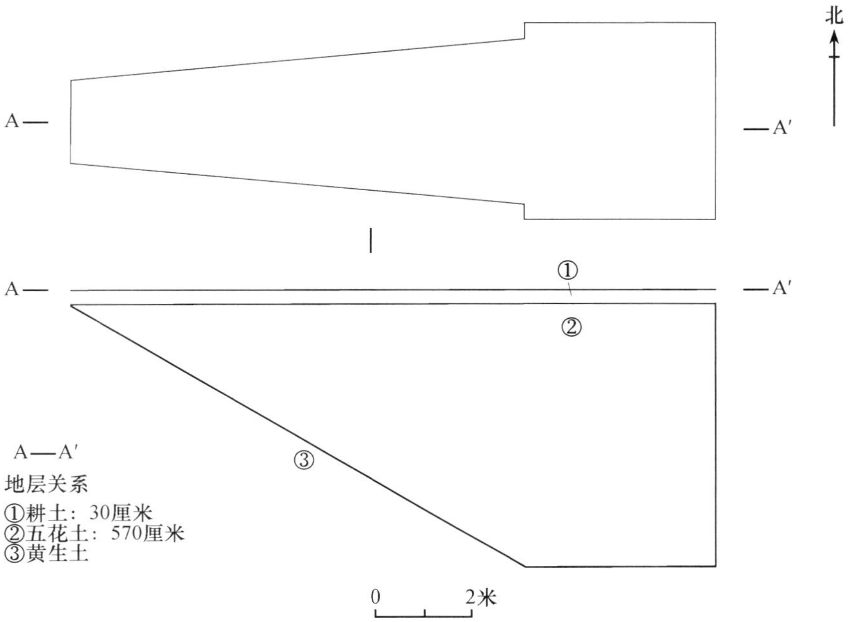

图14-52　上焦村区域M24勘探平、剖面图

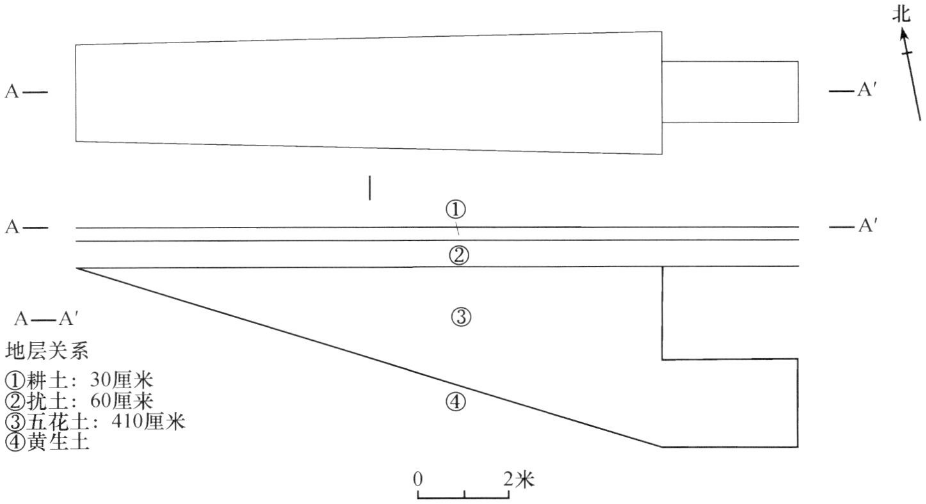

图14-53　上焦村区域M25勘探平、剖面图

墓道　斜坡墓道，平面呈梯形，西窄东宽，东西长11米，南北宽1.6～3.5米，底距地表深1～5.7米，填土为五花土，质密，有夯筑痕迹。

墓室　位于墓道东侧，平面呈长方形，东西长6米，南北宽4.3米，底距地表深5.7米，填土为五花土，土质较致密。四周有一圈二层台，宽0.7米。

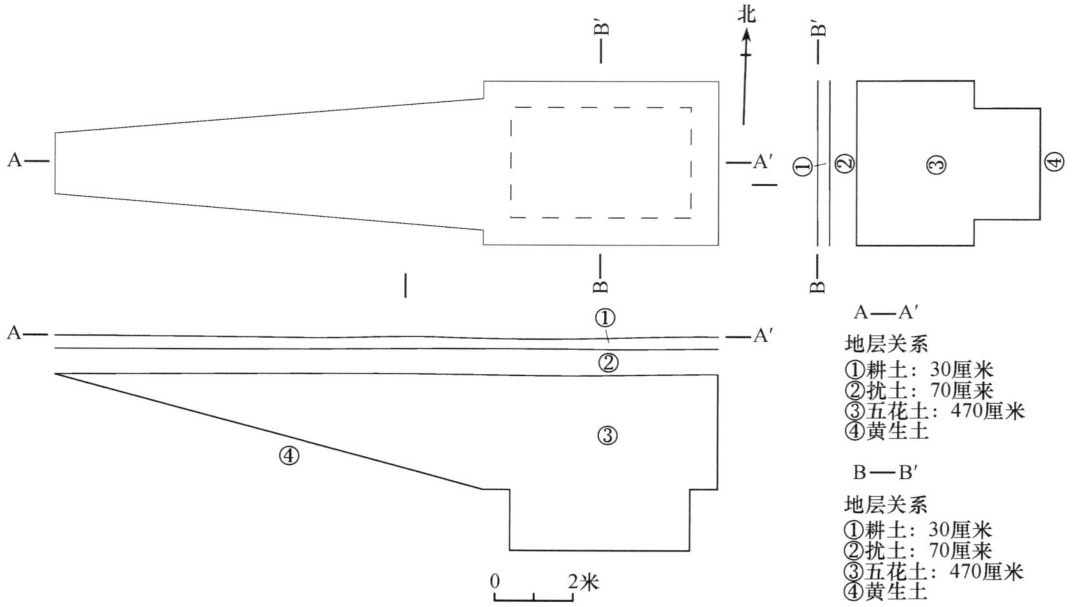

图14-54　上焦村区域M26勘探平、剖面图

M27　位于探方B1102N内，方向354°。为竖穴土洞墓，平面呈长方形，开口于②层下，距地表深0.8米，由墓道和墓室组成，总长5.2米（图14-55）。

墓道　平面呈长方形，南北长2.6米，东西宽1.2米，底距地表深4.8米，填土为五花土，质密，有夯筑痕迹。

墓室　位于墓道南侧，平面呈长方形，南北长2.6米，东宽1.2米，高0.6米，底距地表深4.8米，底部见骨骼、朽木，填土为五花土，土质较致密。

M28　位于探方B1102N内，方向343°。为竖穴土洞墓，平面呈长方形，开口于②层下，距地表深0.8米，由墓道和墓室组成，总长5.2米（图14-56）。

墓道　平面呈长方形，南北长2.6米，东西宽1.2米，底距地表深4.8米，填土为五花土，质密，有夯筑痕迹。

墓室　位于墓道南侧，土洞结构，平面呈长方形，南北长2.6米，东西宽1.2米，高0.7米，底距地表深4.8米，底部见骨骼、朽木、陶片，填土为五花土，土质较致密。

M29　位于探方B1010E内，方向180°。为竖穴土圹墓，平面呈长方形，开口于②层下，距地表深1.2米，南北长3米，东西宽2米，底距地表深7.8米，底部见骨骼、朽木，填土为五花土，土质较致密（图14-57）。

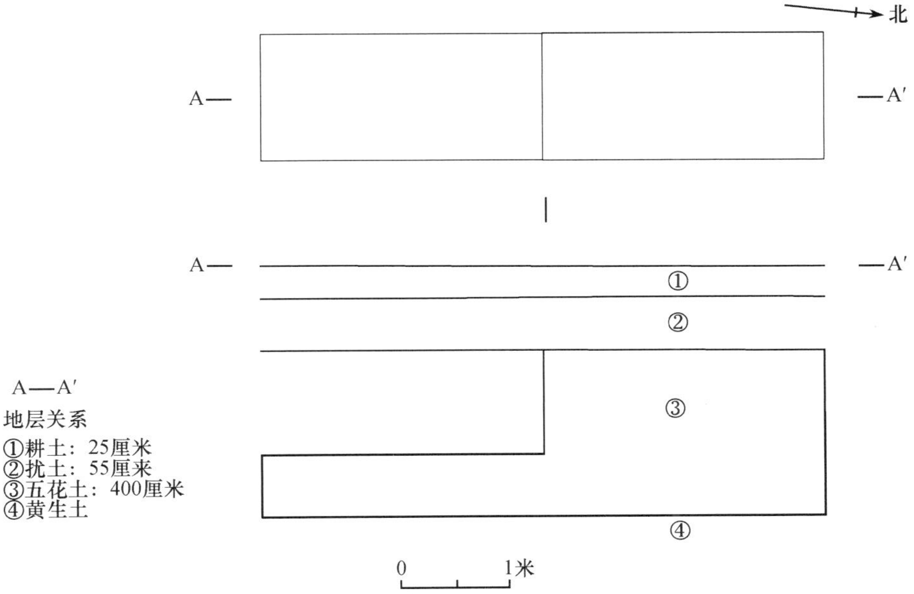

图14-55　上焦村区域M27勘探平、剖面图

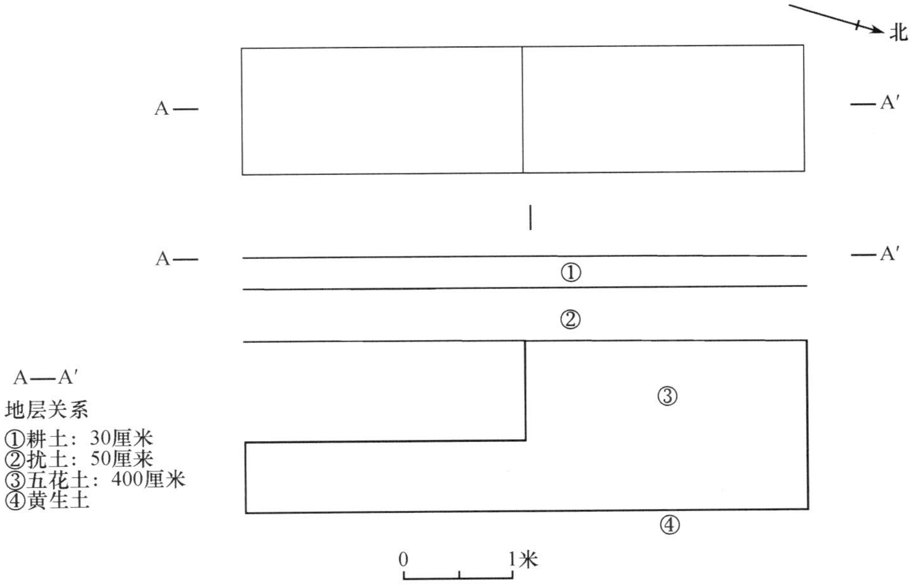

图14-56　上焦村区域M28勘探平、剖面图

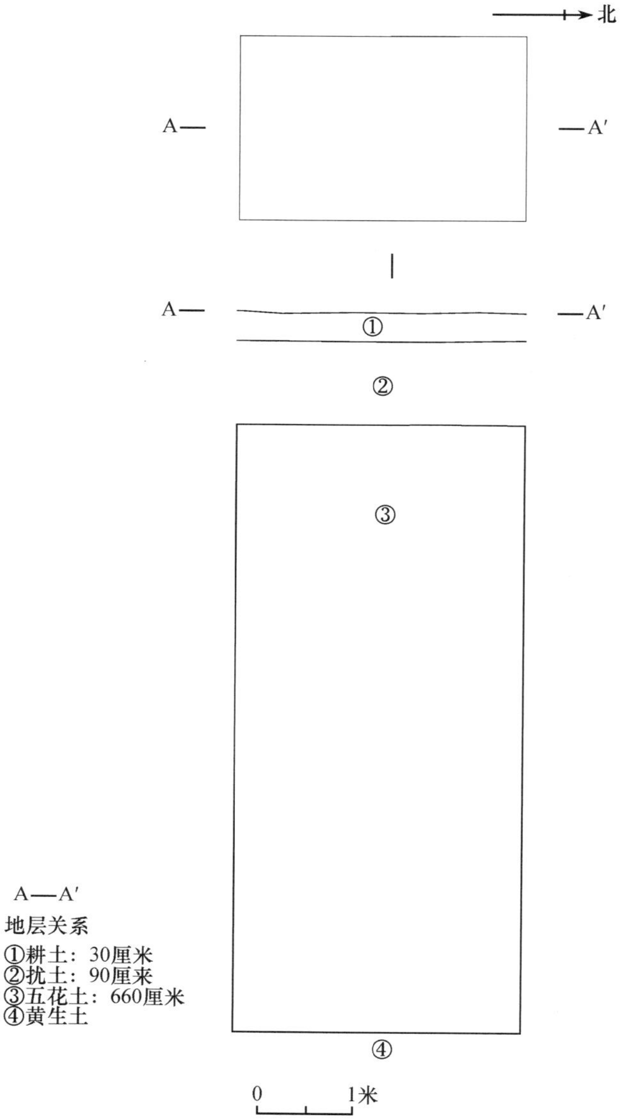

图14-57　上焦村区域M29勘探平、剖面图

2. 马厩坑

经勘探，马厩坑共109个，平面均呈长方形，长2～3.5米，宽1～2.8米，深0.9～5.7米，填土下部多见骨骼（图14-58）。按照发现顺序依次编号：K1、K5～K10、K12～K88、K91～K103、K122～K130、K134～K136，择一部分具体叙述如下：

K1　位于探方B1014C内，方向87°。开口于②层下，距地表深0.7米，平面呈长方形，东西长2.3米，南北宽1米，底距地表深1.5米，内填五花土，土质较致密，底部见骨骼。

形，东西长2.3米，南北宽1.2米，底距地表深1米，内填五花土，土质较致密。

K35　位于探方B1014C内，方向98°。开口于②层下，距地表深0.7米，平面呈长方形，东西长2.3米，南北宽1.3米，底距地表深1.8米，内填五花土，土质较致密，底部见骨骼。

K36　位于探方B1014C内，方向92°。开口于②层下，距地表深0.7米，平面呈正方形，边长2米，底距地表深1.5米，内填五花土，土质较致密。

K37　位于探方B1014C内，方向98°。开口于②层下，距地表深0.5米，平面呈长方形，东西长2.3米，南北宽2米，底距地表深1.1米，内填五花土，土质较致密，底部见骨骼。

K38　位于探方B1014D内，方向92°。开口于②层下，距地表深0.8米，平面呈长方形，东西长2.3米，南北宽1.4米，底距地表深2.5米，内填五花土，土质较致密，底部见陶片。

K39　位于探方B1014H内，方向102°。开口于②层下，距地表深0.6米，平面呈长方形，东西长2.2米，南北宽1.3米，底距地表深2.9米，内填五花土，土质较致密，底部见骨骼。

K40　位于探方B1102B内，方向95°。开口于②层下，距地表深0.5米，平面呈长方形，东西长2.8米，南北宽1.6米，底距地表深2.4米，内填五花土，土质较致密，底部见骨骼。

K41　位于探方B1014D内，方向93°。开口于②层下，距地表深1.4米，平面呈长方形，东西长2.3米，南北宽1.3米，底距地表深2.2米，内填五花土，土质较致密，底部见骨骼。

K42　位于探方B1014C内，方向96°。开口于②层下，距地表深1.3米，平面呈长方形，东西长2.3米，南北宽1.2米，底距地表深2米，内填五花土，土质较致密，底部见陶片。

K43　位于探方B1014D内，方向104°。开口于②层下，距地表深1米，平面呈长方形，东西长2.3米，南北宽1.3米，底距地表深2.3米，内填五花土，土质较致密，底部见陶片。

K44　位于探方B1014C内，方向104°。开口于②层下，距地表深1.3米，平面呈长方形，东西长2.3米，南北宽1.3米，底距地表深2米，内填五花土，土质较致密，底部见骨骼。

K45　位于探方B1102B内，方向90°。开口于②层下，距地表深1.4米，平面呈长方形，东西长2.6米，南北宽1.1米，底距地表深3.3米，内填五花土，土质较致密。

K46　位于探方B1014D内，方向98°。开口于②层下，距地表深1.1米，平面呈长方形，东西长2.3米，南北宽1.3米，底距地表深2米，内填五花土，土质较致密，底部见骨骼、陶片。

K47　位于探方B1102B内，方向105°。开口于②层下，距地表深1.3米，平面呈长方形，东西长3.2米，南北宽2米，底距地表深3.3米，内填五花土，土质较致密，底部见骨骼。

K48　位于B1014D与B1014I之间，方向97°。开口于②层下，距地表深1.2米，平面呈长方形，东西长2.3米，南北宽1.2米，底距地表深2米，内填五花土，土质较致密，底部见青灰。

K49　位于探方B1102B内，方向90°。开口于②层下，距地表深0.6米，平面呈长方形，东西长3.2米，南北宽2.5米，底距地表深3米，内填五花土，土质较致密，底部见骨骼。

K50　位于探方B1014D内，方向93°。开口于②层下，距地表深0.5米，平面呈长方形，东西长2.3米，南北宽1.3米，底距地表深2.2米，内填五花土，土质较致密，底部见骨骼。

K51　位于探方B1014D内，方向97°。开口于②层下，距地表深1米，平面呈长方形，东西长2.3米，南北宽1.3米，底距地表深2米，内填五花土，土质较致密，底部见骨骼。

K52　位于探方B1014C内，方向92°。开口于②层下，距地表深1.1米，平面呈长方形，东西长2.3米，南北宽1.3米，底距地表深1.9米，内填五花土，土质较致密，底部见骨骼。

K53　位于探方B1014M内，方向97°。开口于②层下，距地表深0.8米，平面呈长方形，东西长2.3米，南北宽1.3米，底距地表深2米，内填五花土，土质较致密，底部见骨骼。

K54　位于探方B1014M内，方向97°。开口于②层下，距地表深0.8米，平面呈长方形，东西长2.3米，南北宽1.3米，底距地表深2米，内填花土，土质较致密，底部见骨骼。

K55　位于探方B1014H内，方向97°。开口于②层下，距地表深0.8米，平面呈长方形，东西长2.3米，南北宽1.3米，底距地表深2米，内填五花土，土质较致密，底部见骨骼。

K56　位于探方B1014H内，方向97°。开口于②层下，距地表深0.7米，平面呈长方形，东西长2.3米，南北宽1.3米，底距地表深2.7米，内填五花土，土质较致密，底部见骨骼。

K57　位于探方B1014M内，方向97°。开口于②层下，距地表深0.7米，平面呈长方形，东西长2米，南北宽1.2米，底距地表深2.2米，内填五花土，土质较致密。

K58　位于探方B1014Q内，方向98°。开口于②层下，距地表深1米，平面呈长方形，东西长2.3米，南北宽1.5米，底距地表深2.7米，内填五花土，土质较致密。

K59　位于探方B1014V内，方向82°。开口于②层下，距地表深0.8米，平面呈长方形，东西长2.8米，南北宽2米，底距地表深2.5米，内填五花土，土质较致密。

K60　位于探方B1014V内，方向97°。开口于②层下，距地表深0.7米，平面呈长方形，东西长3米，南北宽2米，底距地表深2.3米，内填五花土，土质较致密。

K61　位于探方B1014Q内，方向94°。开口于②层下，距地表深0.7米，平面呈长方形，东西长2.3米，南北宽1.5米，底距地表深2.5米，内填五花土，土质较致密，底部见骨骼。

K62　位于探方B1014V内，方向92°。开口于②层下，距地表深0.9米，平面呈长方形，东西长2.4米，南北宽1.3米，底距地表深2.4米，内填五花土，土质较致密。

K63　位于探方B1102B内，方向88°。开口于②层下，距地表深1米，平面呈长方形，东西长2.3米，南北宽1.5米，底距地表深2.4米，内填五花土，土质较致密。

K64　位于探方B1102L内，方向92°。开口于②层下，距地表深0.7米，平面呈长方形，东西长3米，南北宽2米，底距地表深2.4米，内填五花土，土质较致密，底部见骨骼。

K65　位于探方B1102L内，方向92°。开口于②层下，距地表深0.7米，平面呈长方形，东西长2.5米，南北宽1.8米，底距地表深2.4米，内填五花土，土质较致密，底部见骨骼。

K66　位于探方B1102L内，方向91°。开口于②层下，距地表深0.7米，平面呈长方形，东西长3米，南北宽1.6米，底距地表深2.4米，内填五花土，土质较致密。

K67　位于探方B1102L内，方向92°。开口于②层下，距地表深0.9米，平面呈长方形，东西长2.5米，南北宽1.5米，底距地表深2.7米，内填五花土，土质较致密。

K68　位于探方B1102L内，方向97°。开口于②层下，距地表深1米，平面呈长方形，东西长2.5米，南北宽1.3米，底距地表深2.5米，内填五花土，土质较致密，底部见青灰。

K69　位于探方B1102M内，方向96°。开口于②层下，距地表深0.9米，平面呈长方形，东西长3米，南北宽1.5米，底距地表深1.9米，内填五花土，土质较致密，底部见骨骼。

K70　位于探方B1102M内，方向94°。开口于②层下，距地表深0.8米，平面呈长方形，东西长2.8米，南北宽1.8米，底距地表深1.9米，内填五花土，土质较致密，底部见骨骼。

K71　位于探方B1102M内，方向93°。开口于②层下，距地表深0.8米，平面呈长方形，东西长2.8米，南北宽1.5米，底距地表深1.8米，内填五花土，土质较致密，底部见骨骼。

K72　位于探方B1102M内，方向94°。开口于②层下，距地表深0.8米，平面呈长方形，东西长3米，南北宽2米，底距地表深2米，内填五花土，土质较致密，底部见骨骼。

K73　位于探方B1102M内，方向94°。开口于②层下，距地表深0.8米，平面呈长方形，东西长3米，南北宽2米，底距地表深2米，内填五花土，土质较致密，底部见骨骼。

K74　位于探方B1102M内，方向94°。开口于②层下，距地表深0.9米，平面呈长方形，东西长3米，南北宽2米，底距地表深2.2米，内填五花土，土质较致密，底部见骨骼。

K75　位于探方B1102M内，方向92°。开口于②层下，距地表深0.8米，平面呈长方形，东西长2.8米，南北宽1.6米，底距地表深1.8米，内填五花土，土质较致密，底部见骨骼。

K76　位于探方B1102M内，方向94°。开口于②层下，距地表深0.9米，平面呈长方形，东西长3米，南北宽2米，底距地表深2米，内填五花土，土质较致密。

K77　位于探方B1102M内，方向96°。开口于②层下，距地表深0.9米，平面呈长方形，东西长3米，南北宽2米，底距地表深2.1米，内填五花土，土质较致密，底部见骨骼。

K78　位于探方B1102M内，方向92°。开口于②层下，距地表深0.8米，平面呈长方形，东西长3米，南北宽2米，底距地表深2.2米，内填五花土，土质较致密，底部见骨骼。

K79　位于探方B1102M内，方向93°。开口于②层下，距地表深0.9米，平面呈长方形，东西长3米，南北宽2米，底距地表深2米，内填五花土，土质较致密。

K80　位于探方B1102M内，方向94°。开口于②层下，距地表深0.8米，平面呈长方形，东西长2.5米，南北宽1.4米，底距地表深2米，内填五花土，土质较致密，底部见骨骼。

K81　位于探方B1102M内，方向94°。开口于②层下，距地表深0.8米，平面呈长方形，东西长2.6米，南北宽1.6米，底距地表深2米，内填五花土，土质较致密，底部见骨骼。

K82　位于探方B1102Q内，方向93°。开口于②层下，距地表深0.6米，平面呈长方形，东西长2.5米，南北宽1.5米，底距地表深1.5米，内填五花土，土质较致密。

K83　位于探方B1102Q内，方向92°。开口于②层下，距地表深0.9米，平面呈长方形，东西长2.8米，南北宽1.8米，底距地表深2米，内填五花土，土质较致密。

K84　位于探方B1102Q内，方向94°。开口于②层下，距地表深1.2米，平面呈长方形，东西长2.8米，南北宽1.8米，底距地表深3米，内填五花土，土质较致密。

K85　位于B1010B与B1010C之间，方向296°。开口于②层下，距地表深1米，平面呈长方形，东西长3.2米，南北宽2米，底距地表深2.4米，内填五花土，土质较致密。

K86　位于探方B1010B内，方向290°。开口于②层下，距地表深1米，平面呈长方形，东西长3米，南北宽1.5米，底距地表深2.5米，内填五花土，土质较致密。

K87　位于探方B1010C内，方向180°。开口于②层下，距地表深1米，平面呈长方形，南北长2.5米，东西宽1米，底距地表深3.2米，内填五花土，土质较致密。

K88　位于探方B1102V内，方向97°。开口于②层下，距地表深0.8米，平面呈长方形，东西长2.5米，南北宽1.3米，底距地表深1.9米，内填五花土，土质较致密，底部见骨骼。

K91　位于探方B1106B内，方向92°。开口于②层下，距地表深0.5米，平面呈长方形，东西长2.8米，南北宽1.5米，底距地表深1.1米，内填五花土，土质较致密，底部见骨骼。

K92　位于探方B1106B内，方向94°。开口于②层下，距地表深0.3米，平面呈长方形，东西长2.5米，南北宽1.3米，底距地表深0.9米，内填五花土，土质较致密，底部见骨骼。

K93　位于探方B1106B内，方向93°。开口于②层下，距地表深0.6米，平面呈长方形，东西长2.7米，南北宽1.4米，底距地表深1.9米，内填五花土，土质较致密，底部见骨骼。

K94　位于探方B1106B内，方向92°。开口于②层下，距地表深0.9米，平面呈长方形，东西长2.8米，南北宽1.3米，底距地表深1.7米，内填五花土，土质较致密，底部见骨骼。

K95　位于探方B1106B内，方向90°。开口于②层下，距地表深0.9米，平面呈长方形，东西长3.5米，南北宽1.4米，底距地表深2.1米，内填五花土，土质较致密，底部见骨骼。

K96　位于探方B1102V内，方向92°。开口于②层下，距地表深1米，平面呈长方形，东西长3米，南北宽1.8米，底距地表深2.6米，内填五花土，土质较致密。

K97　位于探方B1106B内，方向93°。开口于②层下，距地表深0.9米，平面呈长方形，东西长2.8米，南北宽1.3米，底距地表深2米，内填五花土，土质较致密，底部见骨骼。

K98　位于探方B1102V内，方向93°。开口于②层下，距地表深1.3米，平面呈长方形，东西长2.8米，南北宽1.3米，底距地表深2.8米，内填五花土，土质较致密。

K99　位于探方B1106G内，方向91°。开口于②层下，距地表深0.7米，平面呈长方形，东西长3米，南北宽1.6米，底距地表深1.8米，内填五花土，土质较致密，底部见骨骼。

K100　位于探方B1106B内，方向92°。开口于②层下，距地表深1.5米，平面呈长方形，东西长3米，南北宽1.3米，底距地表深3.4米，内填五花土，土质较致密。

K101　位于探方B1106G内，方向92°。开口于②层下，距地表深0.7米，平面呈长方形，东西长2.3米，南北宽1.5米，底距地表深1.6米，内填五花土，土质较致密，底部见骨骼、陶片。

K102　位于探方B1106G内，方向93°。开口于②层下，距地表深0.9米，平面呈长方形，东西长3米，南北宽1.3米，底距地表深2.2米，内填五花土，土质较致密。

K103　位于探方B1106G内，方向93°。开口于②层下，距地表深0.9米，平面呈长方形，东西长3米，南北宽1.3米，底距地表深1.9米，内填五花土，土质较致密。

K122　位于探方B1014M内，方向94°。开口于②层下，距地表深0.8米，平面呈长方形，长2.3米，宽1.2米，底距地表深2.2米，内填五花土，土质较致密。

K123　位于探方B1010R内，方向93°。开口于②层下，距地表深2米，平面呈长方形，东西长2.8米，南北宽1.1米，底距地表深5.0米，内填五花土，土质较致密。

K124　位于探方B1010R内，方向93°。开口于②层下，距地表深1.7米，平面呈长方形，东西长3.4米，南北宽1.5米，底距地表深4.5米，内填五花土，土质较致密。

K125　位于探方B1010R内，方向93°。开口于②层下，距地表深1.7米，平面呈长方形，东西长2.8米，南北宽1.8米，底距地表深4.3米，内填五花土，土质较致密。

K126　位于探方B1010R内，方向93°。开口于②层下，距地表深1.7米，平面呈长方形，东西长3米，南北宽1.2米，底距地表深5.7米，内填五花土，土质较致密。

K127　位于探方B1010R内，方向93°。开口于②层下，距地表深1.7米，平面呈长方形，东西长2.9米，南北宽1.2，底距地表深4米，内填五花土，土质较致密。

K128　位于探方B1014M内，方向93°。开口于②层下，距地表深0.5米，平面呈长方形，东西长3米，南北宽1.9米，底距地表深2.4米，内填五花土，土质较致密，底部见骨骼。

K129　位于探方B1014L内，方向92°。开口于②层下，距地表深0.7米，平面呈长方形，东西长2.6米，南北宽1.2米，底距地表深2.2米，内填五花土，土质较致密，底部见骨骼。

K130　位于探方B1014C内，方向92°。开口于②层下，距地表深0.9米，平面呈长方形，东西长2.6米，南北宽1.2米，底距地表深1.8米，内填五花土，土质较致密。

K134　位于探方B1102Q内，方向92°。开口于②层下，距地表深1.7米，平面呈长方形，东西长2.8米，南北宽1.3米，底距地表深3.8米，内填五花土，土质较致密，底部见骨骼。

K135　位于探方B1102Q内，方向93°，开口于②层下，距地表深1.9米，平面呈长方形，东西长2.8米，南北宽1.3米，底距地表深3.8米，内填五花土，土质较致密。

K136　位于探方B1102V内，方向91°。开口于②层下，距地表深1.5米，平面呈长方形，东西长2.6米，南北宽1.2米，底距地表深2.7米，内填五花土，土质较致密，底部见骨骼。

3. 谷物饲料坑

因勘探中发现有颗粒状谷物遗物，似为饲料而暂定名。谷物饲料坑共24个，平面均呈长方形，长2～4米，宽1～1.1米，深1～3.6米，谷物主要发现于填土内。按照发现顺序依次编号为K89、K90、K104～K121、K131～K133、K137（图14-59）。

K89　位于探方B1102V内，方向90°，开口于②层下，距地表深0.7米，平面呈长方形，东西长4米，南北宽1.1米，底距地表深2米，内填五花土，土质较致密，底部见谷物。

K90　位于探方B1102V内，方向92°。开口于②层下，距地表深0.7米，平面呈长方形，东西长2.8米，南北宽1.1米，底距地表深2.4米，内填五花土，土质较致密，底部见谷物。

K104　位于探方B1102K内，方向170°。开口于②层下，距地表深0.8米，平面呈长方形，南北长3.2米，东西宽1米，底距地表深1.7米，内填五花土，土质较致密，底部见谷物。

K105　位于探方B1102K内，方向170°。开口于②层下，距地表深0.8米，平面呈长方形，南北长3米，东西宽1.1米，底距地表深1.2米，内填五花土，土质较致密，底部见谷物。

K106　位于探方B1102K内，方向179°。开口于②层下，距地表深0.8米，平面呈长方形，南北长3米，东西宽1.1米，底距地表深2米，内填五花土，土质较致密，底部见谷物。

K107　位于探方B1102F内，方向180°。开口于②层下，距地表深0.8米，平面呈长方形，南北长2.8米，东西宽1米，底距地表深1.7米，内填五花土，土质较致密，底部见谷物。

K108　位于探方B1102F内，方向179°。开口于②层下，距地表深0.8米，平面呈长方形，南北长3.8米，东西宽1米，底距地表深1.8米，内填五花土，土质较致密，底部见谷物。

K109　位于探方B1102K内，方向190°。开口于②层下，距地表深0.8米，平面呈长方形，南北长4米，东西宽1米，底距地表深2米，内填五花土，土质较致密，底部见谷物。

K110　位于探方B1102F内，方向179°。开口于②层下，距地表深0.8米，平面呈长方形，南北长4米，东西宽1米，底距地表深1.8米，内填五花土，土质较致密，底部见谷物。

K111　位于探方B1102K内，方向185°。开口于②层下，距地表深0.8米，平面呈长方形，南北长3米，东西宽1.1米，底距地表深1.5米，内填五花土，土质较致密，底部见谷物。

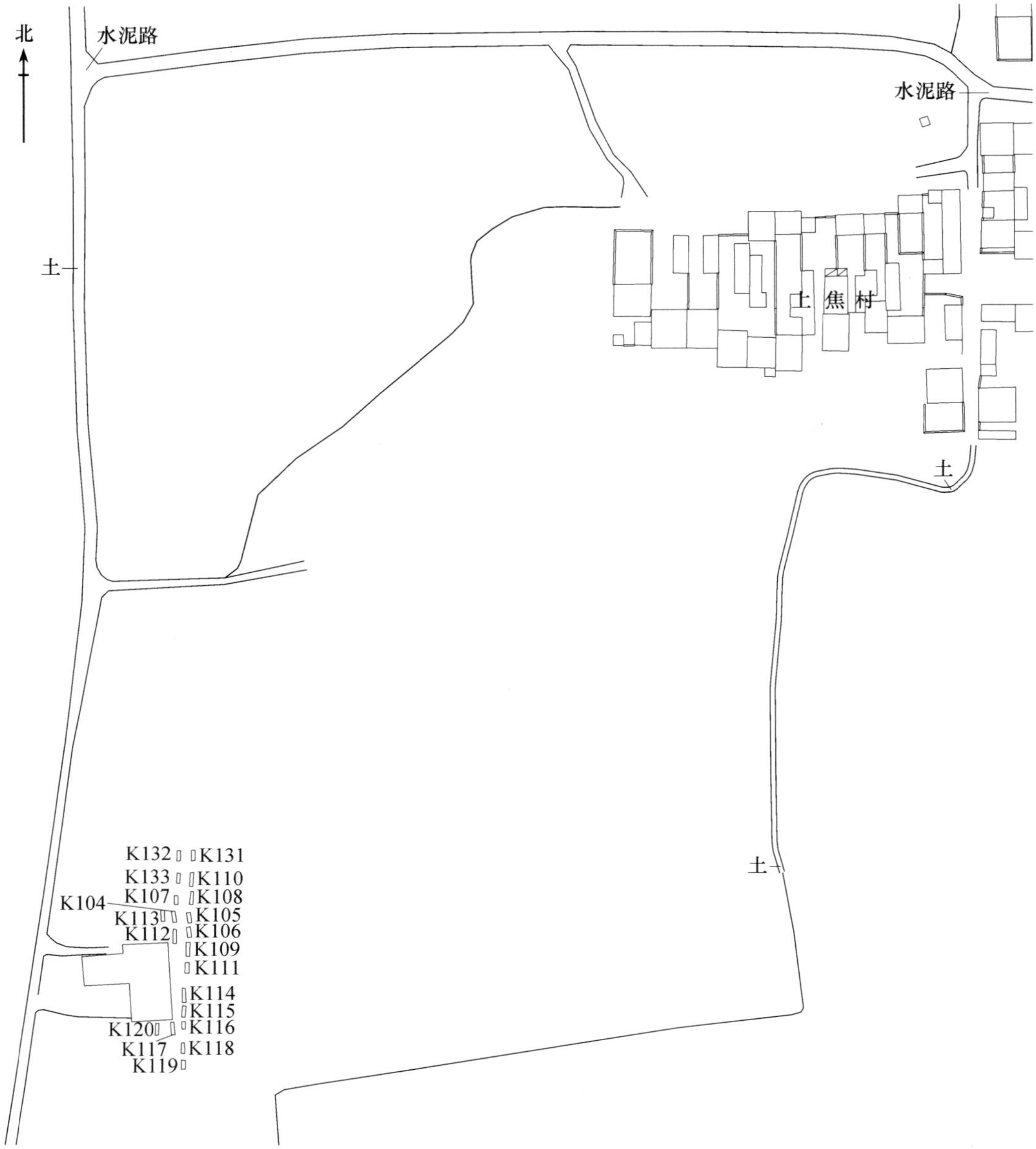

图14-59　上焦村区域谷物饲料坑位置示意图

注：K89、K90、K121、K137在图示区域之南，另见图14-27

K112　位于探方B1102K内，方向187°。开口于②层下，距地表深0.8米，平面呈长方形，南北长4米，东西宽1米，底距地表深1.7米，内填五花土，土质较致密，底部见谷物。

K113　位于探方B1102K内，方向179°。开口于②层下，距地表深0.8米，平面呈长方形，南北长4米，东西宽1米，底距地表深2米，内填五花土，土质较致密，底部见谷物。

K114　位于探方B1102K内，方向179°。开口于②层下，距地表深0.5米，平面呈长方形，南北长4米，东西宽1米，底距地表深1.2米，内填五花土，土质较致密，底部见谷物。

K115　位于探方B1102K内，方向179°。开口于②层下，距地表深0.5米，平面呈长方形，南北长3.2米，东西宽1米，底距地表深1米，内填五花土，土质较致密，底部见谷物。

K116　位于探方B1102K内，方向179°。开口于②层下，距地表深0.5米，平面呈长方形，南北长2米，东西宽1米，底距地表深1米，内填五花土，土质较致密，底部见谷物。

K117　位于探方B1102K内，方向179°。开口于②层下，距地表深0.7米，平面呈长方形，南北长3.8米，东西宽1米，底距地表深1.2米，内填五花土，土质较致密，底部见谷物。

K118　位于探方B1102K内，方向179°。开口于②层下，距地表深0.7米，平面呈长方形，南北长3米，东西宽1米，底距地表深1.1米，内填五花土，土质较致密，底部见谷物。

K119　位于探方B1102K内，方向179°。开口于②层下，距地表深0.7米，平面呈长方形，南北长2.8米，东西宽1米，底距地表深1.4米，内填五花土，土质较致密，底部见谷物。

K120　位于探方B1102K内，方向180°。开口于②层下，距地表深0.7米，平面呈长方形，南北长3.2米，东西宽1米，底距地表深1.5米，内填五花土，土质较致密，底部见谷物。

K121　位于探方B1102U内，方向280°。开口于②层下，距地表深1.2米，平面呈长方形，东西长3.8米，南北宽1.1米，底距地表深3.5米，内填五花土，土质较致密，底部见谷物。

K131　位于探方B1102F内，方向179°。开口于②层下，距地表深0.9米，平面呈长方形，南北长3米，东西宽1.1米，底距地表深2米，内填五花土，土质较致密，底部见谷物。

K132　位于探方B1102F内，方向179°。开口于②层下，距地表深0.9米，平面呈长方形，南北长3米，东西宽1.1米，底距地表深2米，内填五花土，土质较致密，底部见谷物。

K133　位于探方B1102F内，方向179°。开口于②层下，距地表深0.9米，平面呈长方形，南北长2.8米，东西宽1米，底距地表深1.8米，内填五花土，土质较致密，底部见谷物。

K137　位于B1102Q与B1102V之间，方向179°。开口于②层下，距地表深1.5米，平面呈长方形，南北长4米，东西宽1米，底距地表深3.6米，内填五花土，土质较致密，底部见谷物。

4. 灰坑

2个，平面均呈椭圆形，锅底状。按照发现顺序依次编号为H1、H2。

H1　位于探方B1010B内。开口于②层下，距地表深1.4米，平面呈椭圆形，锅底状，南北长1.5米，东西宽1.2米，底距地表深2.1米，底部见灰土（图14-60）。

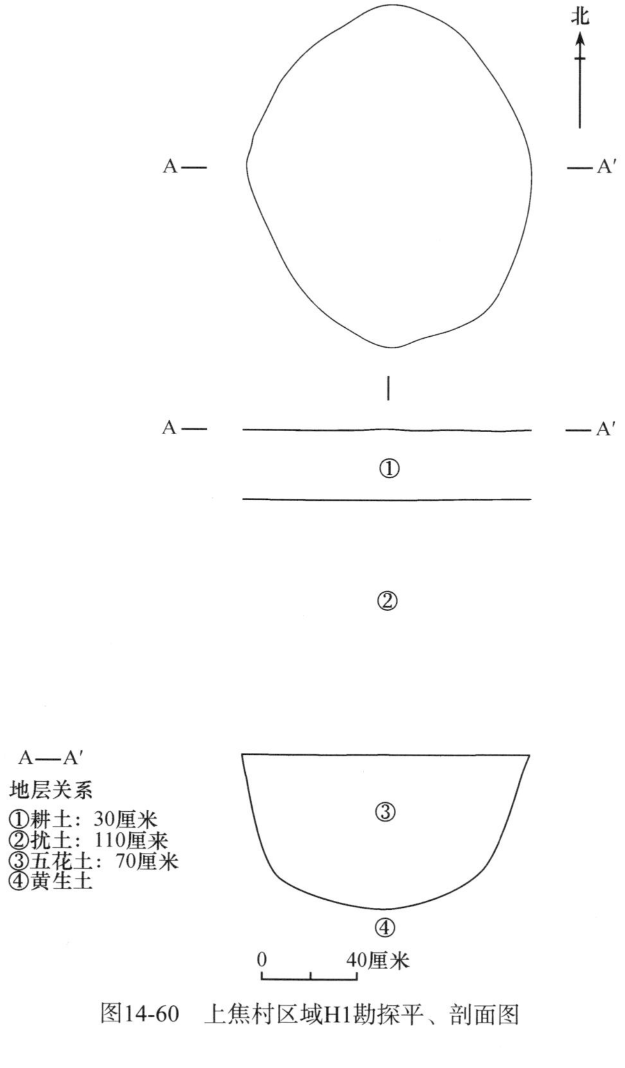

图14-60　上焦村区域H1勘探平、剖面图

H2　位于探方B1010C内。开口于②层下，距地表深1米，平面呈椭圆形，锅底状，东西长4.8米，南北宽1.8～3.2米，底距地表深2.2米，底部见灰土（图14-61）。

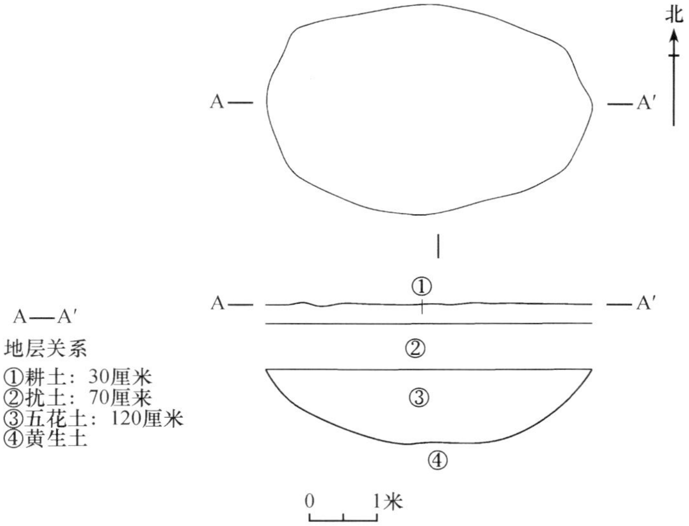

图14-61　上焦村区域H2勘探平、剖面图

5. 窑址

2座，平面形状不一，底部见烧结面，时代暂定为秦代。按照发现顺序依次编号为Y1、Y2。

Y1　位于探方B1010L内，方向10°。开口于①层下，距地表深0.3米，平面呈不规则圆形，已被后期破坏，由操作间、火膛和窑床组成，总长3.3米（图14-62）。

操作间　平面呈不规则形，南北长1～2米，东西宽1.5米，底距地表0.7～1.5米。

火膛　位于操作间北侧，平面呈不规则形，南北长2.2米，东西宽0.7～1米，底距地表深1.8米。

窑床　位于火膛北侧，平面呈不规则形，南北长2.5米，东西宽0.7～1米，底距地表深1.2米，底部见烧结面，厚0.1～0.2米。

Y2　位于探方B1105E内，方向275°。开口于①层下，距地表深0.5米，平面呈不规则形，由操作间、火膛和窑床组成，总长8米（图14-63）。

操作间　平面呈梯形，东西长4.6米，南北宽1.5～3米，底距地表深0.5～1.9米。

火膛　位于操作间东侧，平面呈不规则形，南北长3.1米，东西宽1.1米，底距地表深1米。

窑床　位于火膛东侧，平面呈不规则形，南北长3.6米，东西宽2.3米，底距地表深1米，底部见烧结面。

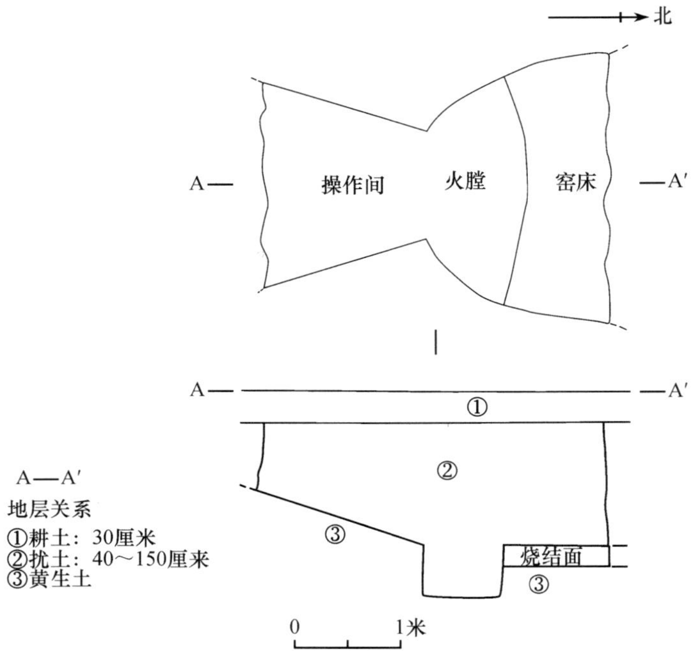

图14-62　上焦村区域Y1勘探平、剖面图

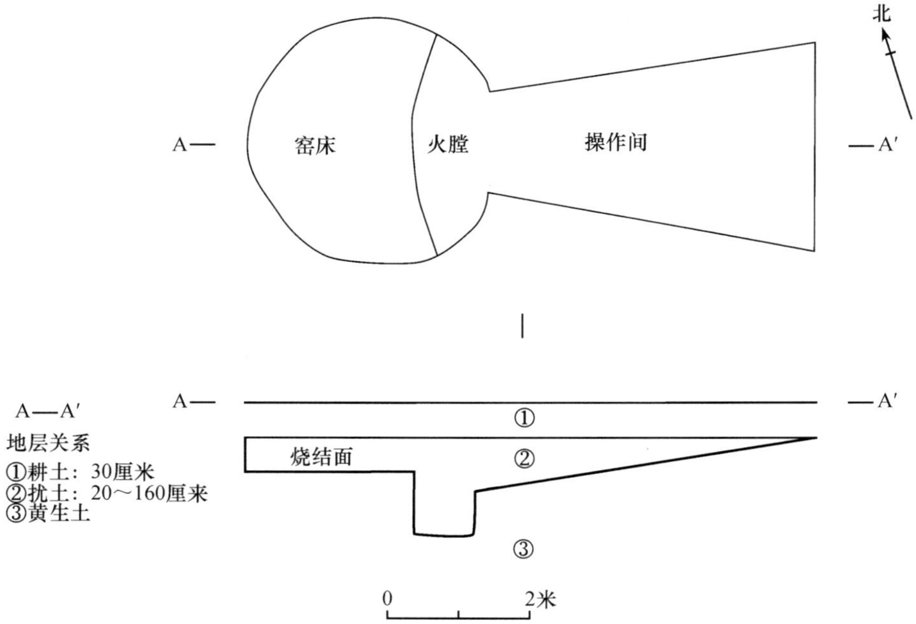

图14-63　上焦村区域Y2勘探平、剖面图

6. 道路

已在前述陵园东侧神道描述，此处不再赘述。

7. 性质不清陪葬坑

平面均呈长方形，填土内多见青灰，其性质有待于进一步发掘再作判断。按照发现顺序依次编号为K2、K3、K4、K11。

K2　位于探方B1010T内。开口于②层下，距地表深1米，平面呈长方形，南北长2.5米，东西宽1.3米，底距地表深1.8米（图14-64）。

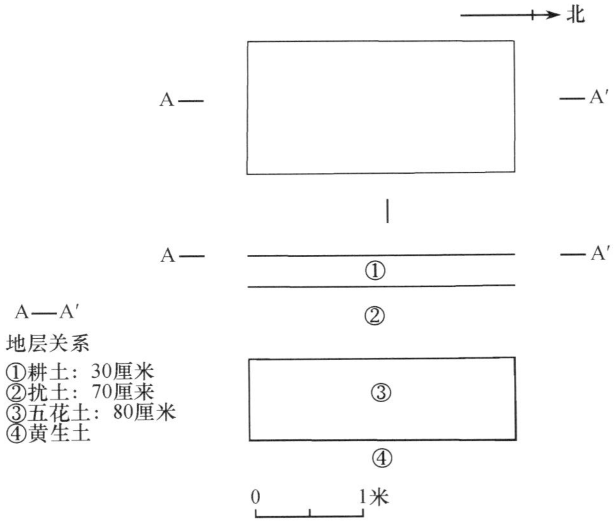

图14-64　上焦村区域K2勘探平、剖面图

K3　位于探方B1010T内。开口于②层下，距地表深1米，平面呈长方形，东西长2.5米，南北宽1.4米，底距地表深2米，底部见淤土、青灰（图14-65）。

K4　位于探方B1010T内。开口于②层下，距地表深1米，平面呈正方形，边长1米，底距地表深1.7米，底部见青灰（图14-66）。

K11　位于探方B1010O内。开口于②层下，距地表深0.8米，平面呈长方形，南北长3.9米，东西宽2.3米，底距地表深2.7～3.5米，底部见青灰（图14-67）。

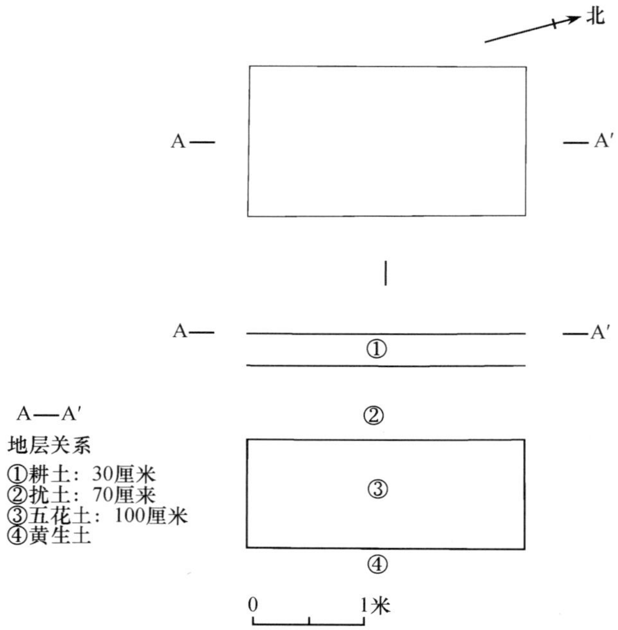

图14-65　上焦村区域K3勘探平、剖面图

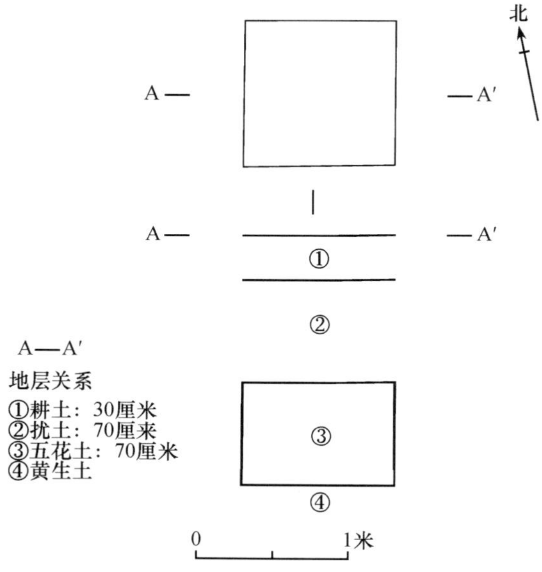

图14-66　上焦村区域 K4勘探平、剖面图

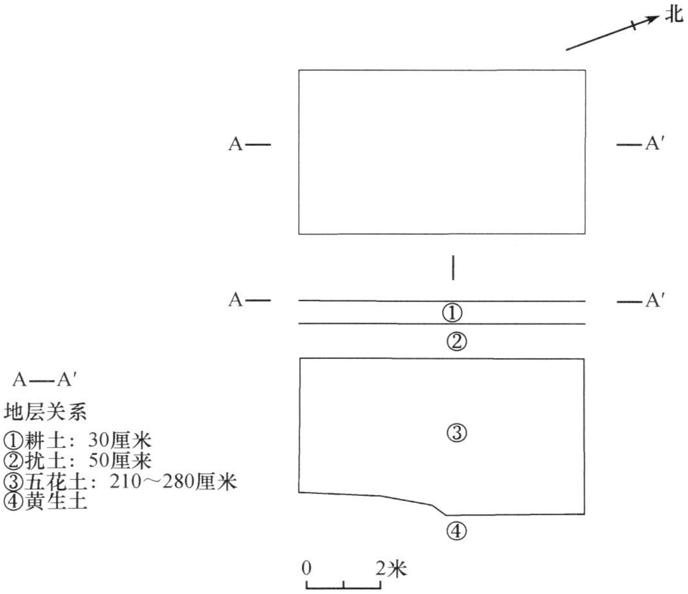

图14-67　上焦村区域K11勘探平、剖面图

四、结　　语

本次对于该区域的勘探自2017年11月开始至2018年3月底结束，历时5个多月，共发现遗迹现象171处（见附表二），其中墓葬29座；陪葬坑共计137个，其中马厩坑109个，谷物饲料坑24个，性质不明陪葬坑4个；灰坑2个；窑址2座；道路1条。

墓葬29座，其中汉唐时期墓葬2座，为M21、M29；明清时期墓葬2座，为M27、M28；秦代墓葬25座，为M1、M2、M3、M4、M5、M6、M7、M8、M9、M10、M11、M12、M13、M14、M15、M16、M17、M18、M19、M20、M22、M23、M24、M25、M26。秦代墓葬均打破垆土层。M3、M4为东西向，与马厩坑形制接近，但底部有铺地砖，砖上发现有朽骨，初步判断为墓葬。23座墓葬集中分布于西侧，呈南北向有序排列，M5、M6为南北向，形制相近，平面呈“甲”字形，为斜坡墓道偏土洞墓，两墓室南北相邻，墓道分朝南北，其余21座墓葬为东西向，以M5、M6为中心，呈南北两列并排，东侧15座墓葬，西侧6座墓葬，排列规律明显，据此初步判断M5、M6可能为这处墓葬群中最高级别的墓葬。

陪葬坑共计137个，均打破垆土层，为秦代遗存，其中马厩坑109个，谷物饲料坑24个（K89、K90、K104、K105、K106、K107、K108、K109、K110、K111、K112、K113、K114、K115、K116、K117、K118、K119、K120、K121、K131、K132、K133、K137），性质不明陪葬坑4个（K2、K3、K4、K11）。

109个马厩坑，整体自南向北分布，呈东西向，其中K9为南北向，下见陶片。以LI为界，北侧马厩坑共可辨为4排，其中3排较集中。南侧大约为7排，大致可辨3排距离较近，和2排距离较近的排列。

24个谷物饲料坑，分布于墓葬南侧，马厩坑西侧，呈南北向的有21个，东西向的仅3个，可辨为3排距离较近排列，南北向的3列，东西向的3列（仅发现3个）。此处已经新建大量民宅，据此推测还有坑被现代民房叠压。

4个性质不明的坑，呈南北向，位于道路北侧，与马厩坑距离较近，具体用途不明，待后期发掘进一步确定。

灰坑2个，初步推测为秦汉时期遗存。窑址2座，可能为秦代遗存。

通过此次勘探工作，我们已经明确了这一区域的墓葬、马厩坑的数量、形制等情况，为后期该区域的考古发掘提供翔实的基础资料，为秦始皇帝陵的深入研究提供重要资料，同时为秦始皇帝陵的保护规划提供科学依据。

附　　表

附表一　2011年度秦始皇帝陵园考古勘探墓葬登记表

墓号	方向	层位关系	形制结构	墓道	墓室	遗迹遗物	备注
HDM1	南北	开口于②层下，上口距地表1.3米，墓底距地表8.8米	斜坡墓道竖穴土圹洞室墓	墓道位于墓室南侧，平面呈刀形，长29.1米、宽3.4～4.2米	墓室宽2.2～2.6米、高3.5米、进深4.2米	墓室内勘探发现铜器	墓道西北角有二层台
HDM2	南北	开口于②层下，上口距地表1.7米，墓底距地表9.3米	斜坡墓道竖穴土圹洞室墓	墓道位于墓室南侧，平面呈刀形，长30.5米、宽3.5～5.4米	墓室宽3米、高1.9米、进深2.7米	未发现	墓室后壁有一壁龛
HDM3	南北	开口于②层下，上口距地表1.8米，墓底距地表5米	竖穴斜坡墓道洞室墓	墓道位于墓室南侧，平面呈刀形，长5米、宽2.3～3.6米	墓室宽1米、高1.2米、进深2.2米	未发现	墓道底部有斜坡
HDM4	南北	开口于②层下，上口距地表1.8米，墓底距地表6.5米	斜坡墓道竖穴土圹洞室墓	墓道位于墓室南侧，平面呈刀形，长15米、宽2～2.8米	墓室宽1.3米、高1.5米、进深4米	未发现	墓道北侧有二层台
HDM5	南北微偏西	开口于②层下，上口距地表1米，墓底距地表2.9米	竖穴斜坡墓道洞室墓	墓道位于墓室南侧，平面呈长方形，长2.05米、宽1.1米	墓室宽1.7米、高1.4米、进深2.1米	墓室内勘探发现碎骨	总体为“凸”字形，墓道底部呈斜坡状
HDM6	南北微偏西	开口于②层下，上口距地表1米，墓底距地表2.5米	竖穴斜坡墓道洞室墓	墓道位于墓室南侧，平面似方形，长2.3米、宽2米	墓室宽1.1米、高1米、进深1.9米	未发现	总体为刀形，墓道底部呈斜坡状

续表

墓号	方向	层位关系	形制结构	墓道	墓室	遗迹遗物	备注
HDM7	南北微偏西	开口于②层下，上口距地表1米，墓底距地表2.8米	竖穴斜坡墓道洞室墓	墓道位于墓室南侧，平面呈长方形，长2.05米、宽1.4米	墓室宽1.9米、高1.4米、进深2.4米	未发现	总体为“凸”字形，墓道底部呈斜坡状
HDM8	南北	开口于②层下，上口距地表1.1米，墓底距地表3.4米	竖穴斜坡墓道洞室墓	墓道位于墓室南侧，平面呈长方形，长2.8米、宽1.1米	墓室宽1.6米、高1.05米、进深2.7米	墓室底部发现木灰	总体为“凸”字形，墓道底部呈斜坡状
HDM9	南北	开口于②层下，上口距地表1.3米，墓底距地表3.55米	竖穴平底墓道洞室墓	墓道位于墓室南侧，平面呈长方形，长3.3米、宽1.2米	墓室宽1米、高0.9米、进深3.1米	未发现	总体为“凸”字形
HDM10	南北	开口于②层下，上口距地表1米，墓底距地表3米	竖穴斜坡墓道洞室墓	墓道位于墓室南侧，平面呈直拐角，东西向长2.5米、宽1.2米；南北向长3.4米、宽1.45米	墓室宽1米、高1米、进深1.8米	未发现	墓道底部呈斜坡状
HDM11	南北	开口于②层下，上口距地表0.8米，墓底距地表3.5米	竖穴平底墓道洞室墓	墓道位于墓室南侧，平面呈长方形，长3.1米、宽1.4米	墓室宽0.9米、高1米、进深2.2米	未发现	总体为“凸”字形，墓道底部略斜坡
HEM1	南北	开口于②层下，上口距地表1米，墓底距地表3米	竖穴平底墓道洞室墓	墓道位于墓室南侧，平面呈梯形，长2.8米、宽0.8～1.5米	墓室宽1.5米、高1米、进深1.5米	未发现	墓室底部与墓道底部平行
FDM1	南北	开口于②层下，上口距地表0.8米，墓底距地表7米	斜坡墓道竖穴土圹洞室墓	墓道位于墓室南侧，平面呈刀形，长23.5米、宽3～4.05米	墓室宽2.3米、高1.9米、进深4米	未发现	墓道南端被FDM2打破
FDM2	南北	开口于②层下，上口距地表0.7米，墓底距地表4.1米	竖穴斜坡墓道洞室墓	墓道位于墓室南侧，平面呈梯形，长4.7米、宽1.3～2米	墓室宽1.2米、高1.1米、进深2米	未发现	FDM2打破FDM1
FDM3	南北	开口于②层下，上口距地表1.5米，墓底距地表4米	竖穴斜坡墓道洞室墓	墓道位于墓室南侧，平面呈刀形，长3.6米、宽1.2～2.1米	墓室宽1米、高1.7米、进深1.6米	未发现	墓道底为先台阶再斜坡

续表

墓号	方向	层位关系	形制结构	墓道	墓室	遗迹遗物	备注
FDM4	南北	开口于②层下，上口距地表1.7米，墓底距地表3.3米	竖穴斜坡墓道洞室墓	墓道位于墓室南侧，平面呈“凸”形，长3.2米、宽1.2～1.5米	墓室宽1.2米、高1.1米、进深1.6米	未发现	墓道底南部为斜坡
FDM5	南北	开口于②层下，上口距地表2米，墓底距地表4米	竖穴斜坡墓道洞室墓	墓道位于墓室南侧，平面呈刀形，长2.1米、宽1.05～2.7米	墓室宽1.2米、高1.1米、进深1.3米	未发现	墓道南底部呈斜坡状
FDM6	南北	开口于②层下，上口距地表1.8～2.5米，墓底距地表4.7米	竖穴斜坡墓道洞室墓	墓道位于墓室南侧，平面呈刀形，长4.7米、宽1～1.8米	墓室宽0.8米、高1.7米、进深1.5米	未发现	墓道南底部呈斜坡状
FDM7	南北	开口于②层下，上口距地表2米，墓底距地表4.9米	竖穴斜坡墓道洞室墓	墓道位于墓室南侧，平面呈梯形，长4米、宽1.2～1.6米	墓室宽1.2米、高1.3米、进深1.6米	未发现	墓道底部呈斜坡状
FDM8	南北	开口于②层下，上口距地表0.8米，墓底距地表3.1米	竖穴斜坡墓道洞室墓	墓道位于墓室南侧，平面呈梯形，长3.2米、宽0.9～1.4米	墓室宽1.2米、高0.8米、进深0.8米	未发现	墓道底部呈斜坡状
FDM9	南北	开口于②层下，上口距地表1.7米，墓底距地表4.9米	竖穴斜坡墓道洞室墓	墓道位于墓室南侧，平面呈刀形，长4.4米、宽1.5～3.05米	墓室宽1.1米、高1.8米、进深1.9米	未发现	墓道底南部呈斜坡状
FDM10	南北	开口于②层下，上口距地表1.3米，墓底距地表4.5米	竖穴斜坡墓道洞室墓	墓道位于墓室南侧，平面呈刀形，长4.3米、宽1.7～2.1米	墓室宽1.5米、高1.7米、进深1.9米	未发现	墓道底南部呈斜坡状
FDM11	南北	开口于②层下，上口距地表1.8米，墓底距地表4.5米	竖穴斜坡墓道洞室墓	墓道位于墓室南侧，平面呈刀形，长3.3米、宽1.5～1.95米	墓室宽1米、高1.8米、进深1.55米	未发现	墓道底部呈斜坡状
FDM12	南北	开口于②层下，上口距地表2.5米，墓底距地表6.1米	竖穴斜坡墓道洞室墓	墓道位于墓室南侧，平面不规则，长7.1米、两端宽1.4米，中间宽3.2米	墓室宽1.45米、高1.8米、进深1.7米	未发现	墓道东侧有二层台
FDM13	南北	开口于②层下，上口距地表1.8米，墓底距地表4.5米	竖穴斜坡墓道洞室墓	墓道位于墓室南侧，平面呈长方形，长3.4米、宽1.5米	墓室宽1.5米、高1.1米、进深1.6米	未发现	墓道底部呈斜坡状
FDM14	南北	开口于②层下，上口距地表1米，墓底距地表3米	竖穴斜坡墓道洞室墓	墓道位于墓室南侧，平面呈双刀形，长3.5米、宽0.9～1.55米	墓室宽1.2米、高1.2米、进深1.6米	未发现	墓道底部有斜坡

续表

墓号	方向	层位关系	形制结构	墓道	墓室	遗迹遗物	备注
FDM15	南北	开口于②层下，上口距地表1米，墓底距地表3.3米	竖穴斜坡墓道洞室墓	墓道位于墓室南侧，平面不规则，长3.9米、宽1.2～2米	墓室宽1.6米、高1.15米、进深1.1米	未发现	墓道底部为斜坡
FDM16	南北	开口于②层下，上口距地表1米，墓底距地表3米	竖穴斜坡墓道洞室墓	墓道位于墓室南侧，平面呈双刀形，长4.1米、宽1.4～2.5米	墓室宽1.6米、高1.3米、进深1.7米	未发现	墓道东侧有二层台
FDM17	南北	开口于②层下，上口距地表1米，墓底距地表4米	竖穴斜坡墓道洞室墓	墓道位于墓室南侧，平面呈刀形，长5.4米、宽1.45～2米	墓室宽1.5米、高1.4米、进深1.65米	未发现	墓道底部为斜坡
FDM18	南北	开口于②层下，上口距地表1米，墓底距地表7.2米	斜坡墓道洞室墓	墓道位于墓室南侧，平面呈梯形，长24.6米、宽2.8～4.9米	墓室宽2.5米、进深3.5米	墓室内勘探发现骨灰	墓道底部为斜坡
FDM19	南北	开口于②层下，上口距地表0.45米，墓底距地表2.65米	竖穴斜坡墓道洞室墓	墓道位于墓室南侧，平面呈刀形，长4.1米、宽1.3～2米	墓室宽1.4米、高1.25米、进深1.6米	未发现	墓道底部有斜坡
FDM20	南北	开口于②层下，上口距地表0.4米，墓底距地表2.6米	竖穴斜坡墓道洞室墓	墓道位于墓室南侧，平面呈长方形，长3.1米、宽1.9米	墓室宽1.5米、高1.2米、进深2米	未发现	墓道底部呈斜坡状
FDM21	南北	开口于②层下，上口距地表0.4米，墓底距地表2.6米	竖穴斜坡墓道洞室墓	墓道位于墓室南侧，平面呈刀形，长4.4米、宽1.1～2.2米	墓室宽1.4米、高1.1米、进深1.6米	未发现	墓道底部呈斜坡状
FDM22	南北	开口于②层下，上口距地表1.8米，墓底距地表5.2米	竖穴斜坡墓道洞室墓	墓道位于墓室南侧，平面呈刀形，长5米、宽1.5～2米	墓室宽2米、高1.4米、进深1.8米	未发现	墓道底部呈斜坡状
FDM23	南北	开口于②层下，上口距地表1.5米，墓底距地表4.5米	竖穴斜坡墓道洞室墓	墓道位于墓室南侧，平面呈梯形，长4.4米、宽1.6～2.2米	墓室宽1.6米、高1米、进深1.4米	未发现	墓道底部呈斜坡状
FDM25	南北	开口于②层下，上口距地表2米，墓底距地表5米	竖穴斜坡墓道洞室墓	墓道位于墓室南侧，平面呈梯形，长4.3米、宽1.6～2.1米	墓室宽1.9米、高1.2米、进深1.6米	未发现	墓道底部呈斜坡状
FDM26	南北	开口于②层下，上口距地表1.1米，墓底距地表4.2米	竖穴斜坡墓道洞室墓	墓道位于墓室南侧，平面呈“中”字形，长4.2米、两端宽1.4米，中间宽2.4米	墓室宽1.4米、高1.7米、进深1.8米	未发现	墓道底部呈斜坡状

续表

墓号	方向	层位关系	形制结构	墓道	墓室	遗迹遗物	备注
FDM29	南北	开口于②层下，上口距地表1.9米，墓底距地表4.8米	竖穴斜坡墓道洞室墓	墓道位于墓室南侧，平面呈刀形，长5.3米、宽1.2～2.1米	墓室宽2.1米、高1.3米、进深1.6米	未发现	墓道南部呈斜坡状
FDM30	南北	开口于②层下，上口距地表1.1米，墓底距地表3.7米	竖穴斜坡墓道洞室墓	墓道位于墓室南侧，平面呈刀形，长3.4米、宽1.1～1.6米	墓室宽1.1米、高1.2米、进深1.5米	未发现	墓道底部呈斜坡状
FDM31	南北	开口于②层下，上口距地表1.3米，墓底距地表3.9米	竖穴斜坡墓道洞室墓	墓道位于墓室南侧，平面呈刀形，长3.75米、宽1.1～1.65米	墓室宽1.1米、高1.5米、进深1.35米	未发现	墓道底部呈斜坡状
FDM32	南北	开口于②层下，上口距地表0.7米，墓底距地表3.5米	竖穴斜坡墓道洞室墓	墓道位于墓室南侧，平面呈“凸”字形，长2.9米、宽0.9～1.82米	墓室宽1米、高0.9米、进深1.44米	未发现	墓道底部呈斜坡状
FDM33	南北	开口于②层下，上口距地表0.76米，墓底距地表3.86米	竖穴斜坡墓道洞室墓	墓道位于墓室南侧，平面似长方形，长2.87米、宽1.3米	墓室宽1米、高1.05米、进深1.4米	未发现	墓道底部呈斜坡状
FDM34	南北	开口于②层下，上口距地表0.65米，墓底距地表3.25米	竖穴斜坡墓道洞室墓	墓道位于墓室南侧，平面呈刀形，长3米、宽0.85～1.5米	墓室宽1.42米、高1.09米、进深1.9米	未发现	墓道底部呈斜坡状
FDM35	南北	开口于②层下，上口距地表0.75米，墓底距地表2.75米	竖穴斜坡墓道洞室墓	墓道位于墓室南侧，平面呈刀形，长3.75米、宽1.2～1.6米	墓室宽1.3米、高1.3米、进深1.6米	未发现	墓道底部呈斜坡状
FDM36	南北	开口于②层下，上口距地表0.8米，墓底距地表3.3米	竖穴斜坡墓道洞室墓	墓道位于墓室南侧，平面呈刀形，长4.4米、宽0.8～1.95米	墓室宽1.5米、高1.8米、进深1.6米	未发现	墓道南部呈斜坡状
GEM1	南北	开口于②层下，上口距地表2.8米，墓底距地表10.3米	竖穴土圹墓	墓道平面呈长方形，墓口长6.6米、宽4.5米	墓底长3.6米、宽1.8米	墓底勘探发现朽木	南侧有二层台，东侧有二、三层台
GEM2	南北	开口于②层下，上口距地表1米，墓底距地表3.5米	竖穴平底墓道洞室墓	墓道位于墓室南侧，平面呈刀形，长4.5米、宽1.2～1.7米	墓室宽1.7米、高1.1米、进深1.8米	未发现	墓道底部有台阶
GEM3	东西	开口于②层下，上口距地表0.6米，墓底距地表10.7米	竖穴土圹墓	墓道平面呈长方形，墓口长7.2米、宽4.4米	墓底长2.9米、宽1.8米	墓底勘探发现红色漆皮	南侧有二层台，东侧有二、三层台

续表

墓号	方向	层位关系	形制结构	墓道	墓室	遗迹遗物	备注
GEM4	东西	开口于②层下，上口距地表0.65米，墓底距地表9.45米	竖穴土圹墓	墓道平面呈长方形，墓口长7.4米、宽4.4米	墓底长3.65米、宽1.8米	未发现	东、西两侧有对称二、三层台
GDM1	南北	开口于②层下，上口距地表0.95米，墓底距地表3.8米	竖穴斜坡墓道洞室墓	墓道位于墓室南侧，平面呈梯形，长4.7米、宽0.9～1.7米	墓室宽1.7米、高0.9米、进深2.6米	未发现	墓道呈台阶和斜坡状
GDM2	南北	开口于②层下，上口距地表0.94米，墓底距地表2.85米	竖穴斜坡墓道洞室墓	墓道位于墓室南侧，平面呈长方形，长3米、宽1.4米	墓室宽1.8米、高1.4米、进深1.5米	未发现	墓道呈台阶和斜坡状
GDM3	南北	开口于②层下，上口距地表1.05米，墓底距地表3.1米	竖穴斜坡墓道洞室墓	墓道位于墓室南侧，平面呈刀形，长3.9米、宽1～1.5米	墓室宽1.5米、高1米、进深2.4米	未发现	墓道呈台阶和斜坡状
GDM4	南北	开口于②层下，上口距地表0.65米，墓底距地表3.8米	竖穴斜坡墓道洞室墓	墓道位于墓室南侧，平面呈斜刀形，长4.8米、宽0.8～2.1米	墓室宽1.1米、高1米、进深1.25米	未发现	墓道呈台阶和斜坡状
GDM5	南北	开口于②层下，上口距地表0.65米，墓底距地表3.6米	竖穴斜坡墓道洞室墓	墓道位于墓室南侧，平面呈刀形，长4.2米、宽1.2～2.1米	墓室宽1.3米、高1米、进深1.4米	未发现	墓道呈台阶和斜坡状
GDM6	南北	开口于②层下，上口距地表0.94米，墓底距地表2.85米	竖穴斜坡墓道洞室墓	墓道位于墓室南侧，平面呈“凸”字形，长4.9米、宽1.2～2.3米	墓室宽1.2米、高1.2米、进深1.9米	未发现	墓道呈台阶和斜坡状
GDM7	南北	开口于②层下，上口距地表1米，墓底距地表4.15米	竖穴斜坡墓道洞室墓	墓道位于墓室南侧，平面呈刀形，长3.5米、宽1.2～2.4米	墓室宽0.8米、高1.2米、进深1.2米	未发现	墓道呈台阶和斜坡状
GDM8	南北	开口于②层下，上口距地表0.8米，墓底距地表3.05米	竖穴斜坡墓道洞室墓	墓道位于墓室南侧，平面呈梯形，长4.4米、宽0.8～2.1米	墓室宽0.95米、高1米、进深1.4米	未发现	墓道呈台阶和斜坡状
GDM9	南北	开口于②层下，上口距地表0.95米，墓底距地表3.8米	竖穴斜坡墓道洞室墓	墓道位于墓室南侧，平面呈长方形，长3米、宽1.4～1.6米	墓室宽1.6米、高1.6米、进深2.5米	未发现	墓道呈台阶和斜坡状
GDM10	南北	开口于②层下，上口距地表0.8米，墓底距地表3米	竖穴斜坡墓道洞室墓	墓道位于墓室南侧，平面呈梯形，长6.55米、宽1.5～2.2米	墓室宽1.6米、高1.1米、进深1.5米	未发现	

续表

墓号	方向	层位关系	形制结构	墓道	墓室	遗迹遗物	备注
GDM11	南北	开口于②层下，上口距地表0.3米	竖穴斜坡墓道洞室墓	墓道位于墓室南侧，长2.6米、宽1米	墓室宽1.1米、进深1.4米	未发现	被扰坑打破
GDM12	南北	开口于②层下，上口距地表0.8～3.4米，墓底距地表9.6米	竖穴斜坡墓道洞室墓	墓道位于墓室南侧，平面呈梯形，长37.4米、宽4.1～7.05米	墓室宽2.2米、高2.1米、进深4米	墓室内勘探发现骨块及漆皮	墓道东、西两侧有二层台
GDM13	南北	开口于②层下，上口距地表0.8米	竖穴斜坡墓道洞室墓	墓道位于墓室南侧，平面呈刀形，长4.2米、宽1.2～2.1米	墓室宽1.3米、高1米、进深1.4米	未发现	墓道呈台阶和斜坡状
GDM14	南北	开口于②层下，上口距地表1.9米，墓底距地表3.9米	竖穴平底墓道洞室墓	墓道位于墓室南侧，平面呈斜刀形，长2.6米、宽0.85～1.65米	墓室宽0.85米、高1米、进深1.4米	未发现	
GDM15	南北	开口于②层下，上口距地表0.7～1.2米，墓底距地表5.6米	竖穴斜坡墓道洞室墓	墓道位于墓室南侧，长12米、宽2～3.1米	墓室宽2.6米、高2.6米、进深3.1米	未发现	墓道东壁有一壁龛
GDM16	南北	开口于②层下，上口距地表1.4米，墓底距地表3.05米	竖穴斜坡墓道洞室墓	墓道位于墓室南侧，平面呈梯形，长2米、宽1.5～1.75米	墓室宽1.9米、高1.2米、进深1.8米	未发现	
GDM17	南北	开口于②层下，上口距地表1.3米，墓底距地表3.5米	竖穴斜坡墓道洞室墓	墓道位于墓室南侧，平面呈梯形，长4.2米、宽1.1～2.2米	墓室宽1.6米、高1.6米、进深2.5米	未发现	墓道呈台阶和斜坡状
GDM18	南北	开口于②层下，上口距地表1.3米，墓底距地表3.8米	竖穴斜坡墓道洞室墓	墓道位于墓室南侧，平面呈长方形，长2.8米、宽1.7米	墓室宽1.2米、高0.8米、进深2米	未发现	墓道南端为斜坡
GDM19	南北	开口于②层下，上口距地表1米，墓底距地表2米	竖穴斜坡墓道洞室墓	墓道位于墓室南侧，平面呈“凸”字形，长3.25米、宽0.9～2.4米	墓室宽1.1米、进深、进深1.1米	未发现	墓道南端为斜坡
GDM20	南北	开口于②层下，上口距地表0.8米，墓底距地表2.6米	竖穴斜坡墓道洞室墓	墓道位于墓室南侧，平面呈刀形，长4.1米、宽1.3～2米	墓室宽1.45米、高0.9米、进深1.1米	未发现	墓道南端为斜坡
GDM22	南北	开口于②层下，上口距地表2.8米，墓底距地表4.8米	竖穴斜坡墓道洞室墓	墓道位于墓室南侧，平面呈刀形，长4.2米、宽0.8～2.5米	墓室宽1.7米、高1.1米、进深1.55米	未发现	墓道底呈坡状

续表

墓号	方向	层位关系	形制结构	墓道	墓室	遗迹遗物	备注
GDM23	南北	开口于②层下，上口距地表1.7米，墓底距地表3.9米	竖穴平底墓道洞室墓	墓道位于墓室南侧，平面呈斜刀形，长2.2米、宽0.8～2.5米	墓室宽1.7米、高1.1米、进深1.55米	未发现	
GDM24	南北	开口于②层下，上口距地表1.1米，墓底距地表3.5米	竖穴斜坡墓道洞室墓	墓道位于墓室南侧，平面呈“凸”字形，长3.3米、宽0.9～2.5米	墓室宽0.9米、高1.1米、进深2米	未发现	墓道呈台阶和斜坡状
GDM25	南北	开口于②层下，上口距地表0.5米，墓底距地表2米	竖穴斜坡墓道洞室墓	墓道位于墓室南侧，平面呈刀形，长2.7米、宽0.9～1.6米	墓室宽0.95米、高1.3米、进深1米	未发现	墓道底部有斜坡
GDM26	南北	开口于②层下，上口距地表近1米，墓底距地表4.4米	竖穴墓道洞室墓	墓道位于墓室南侧，平面呈刀形，长3.2米、宽1.2～1.6米	墓室宽0.9米、高1米、进深1.7米	未发现	
GDM30	南北	开口于②层下，上口距地表0.75米，墓底距地表2.15米	竖穴斜坡墓道洞室墓	墓道位于墓室南侧，平面呈梯形，长2.7米、宽1.4～1.85米	墓室宽1.3米、高0.85米、进深1.6米	未发现	墓道南端底部略高
GDM32	南北	开口于②层下，上口距地表2.1米，墓底距地表5米	竖穴斜坡墓道洞室墓	墓道位于墓室南侧，平面呈长方形，长4.7米、宽1.8米	墓室宽1.5米、高1米、进深1.9米	未发现	墓道东侧有二层台
GDM33	南北	开口于②层下，上口距地表2.5米，墓底距地表4.6米	竖穴斜坡墓道洞室墓	墓道位于墓室南侧，平面呈刀形，长4.4米、宽1.3～1.7米	墓室宽1.3米、高0.8米、进深1.7米	未发现	墓道南端底部呈斜坡
GDM34	南北	开口于②层下，上口距地表2米，墓底距地表5.2米	竖穴斜坡墓道洞室墓	墓道位于墓室南侧，平面呈梯形，长4.2米、宽1.1～1.9米	墓室宽1米、高0.8米、进深1.7米	未发现	墓道南端底部呈斜坡
GDM36	南北	开口于②层下，上口距地表1米，墓底距地表3.4米	竖穴斜坡墓道洞室墓	墓道位于墓室南侧，平面呈长方形，长4.8米、宽1.2～1.8米	墓室宽1米、高1.1米、进深1.4米	未发现	墓道南端底部呈斜坡
GDM37	南北	开口于②层下，上口距地表1.5米，墓底距地表5.2米	竖穴台阶式墓道洞室墓	墓道位于墓室南侧，平面呈长方形，长2.7米、宽1.8米	墓室宽0.9米、高1.3米、进深1米	未发现	墓道底部呈台阶状
GDM38	南北	开口于②层下，上口距地表2米，墓底距地表4.8米	竖穴斜坡墓道洞室墓	墓道位于墓室南侧，平面呈长方形，长4.9米、宽2米	墓室宽1.3米、高1.8米、进深1.7米	未发现	墓道底部有斜坡

续表

墓号	方向	层位关系	形制结构	墓道	墓室	遗迹遗物	备注
GDM39	南北	开口于②层下，上口距地表2.2米，墓底距地表4.5米	竖穴斜坡墓道洞室墓	墓道位于墓室南侧，平面呈梯形，长6.9米、宽1～2.3米	墓室宽1.5米、高1米、进深1.3米	未发现	
GDM40	南北	开口于②层下，上口距地表1.7米，墓底距地表4米	竖穴斜坡墓道洞室墓	墓道位于墓室南侧，平面呈刀形，长4.6米、宽1.8～2.45米	墓室宽1.85米、高1米、进深1.55米	未发现	墓道底部有斜坡
GDM41	南北	开口于②层下，上口距地表2.1米，墓底距地表5米	竖穴斜坡墓道洞室墓	墓道位于墓室南侧，平面呈刀形，长6.5米、宽1.1～1.4米	墓室宽1.4米、高1米、进深1米	未发现	墓道底部有斜坡
GDM42	南北	开口于②层下，上口距地表1.3米，墓底距地表3.7米	竖穴斜坡墓道洞室墓	墓道位于墓室南侧，平面呈长方形，长6.3米、宽2米	墓室宽1.6米、高1.5米、进深1.9米	未发现	墓道底部呈台阶和斜坡
GDM43	南北	开口于②层下，上口距地表1.2米，墓底距地表4.3米	竖穴台阶式墓道洞室墓	墓道位于墓室南侧，平面呈长方形，长4.5米、宽2.1米	墓室宽1.2米、高1米、进深1.5米	未发现	墓道底部有三道台阶
GDM44	南北	开口于②层下，上口距地表1.6米，墓底距地表4.6米	竖穴斜坡墓道洞室墓	墓道位于墓室南侧，平面呈梯形，长3.5米、宽1.3～1.85米	墓室宽1.6米、高0.9米、进深1.7米	未发现	墓道底部呈斜坡
GDM45	南北	开口于②层下，上口距地表1.6米，墓底距地表4.8米	竖穴斜坡墓道洞室墓	墓道位于墓室南侧，平面呈梯形，长6.6米、宽1.45～2米	墓室宽1.5米、高1.7米、进深1.7米	未发现	墓道底部呈台阶和斜坡
GDM46	南北	开口于②层下，上口距地表1.5米，墓底距地表3.5米	竖穴斜坡墓道洞室墓	墓道位于墓室南侧，平面呈长方形，长2.95米、宽1.05米	墓室宽1.05米、高1米、进深1.45米	未发现	墓道底部有斜坡
GDM47	南北	开口于②层下，上口距地表1.7米，墓底距地表4.1米	竖穴土圹墓	墓道平面呈“目”字形，墓口长7.4米、宽1.2～2.4米	墓底长2.2米、宽1.7米	未发现	南、北两侧有台阶式斜坡
GDM48	南北	开口于②层下，上口距地表1.7米，墓底距地表4.1米	竖穴斜坡墓道洞室墓	墓道位于墓室南侧，平面呈长方形，长4.4米、宽2米	墓室宽1.4米、高1.2米、进深1.9米	未发现	墓道底部有斜坡
GDM49	南北	开口于②层下，上口距地表2.7米，墓底距地表4.6米	竖穴斜坡墓道洞室墓	墓道位于墓室南侧，平面呈刀形，长6.6米、宽1.4～2.1米	墓室宽1.4米、高1.7米、进深1.8米	未发现	墓道底部有台阶和斜坡
GDM50	南北	开口于②层下，上口距地表2.2米，墓底距地表4.1米	竖穴斜坡墓道洞室墓	墓道位于墓室南侧，平面呈长方形，长4.6米、宽2.6米	墓室宽1.5米、高1.2米、进深2米	未发现	墓道底部有斜坡

续表

墓号	方向	层位关系	形制结构	墓道	墓室	遗迹遗物	备注
GDHM1	南北	开口于②层下，上口距地表1.8米，墓底距地表4.3米	竖穴台阶式墓道洞室墓	墓道位于墓室南侧，平面呈刀形，长3.4米、宽2.35～4米	墓室宽1.35米、高1.1米、进深1.8米	未发现	墓室后壁有一壁龛
GDHM2	南北	开口于②层下，上口距地表0.8～2米，墓底距地表5.5米	竖穴斜坡墓道洞室墓	墓道位于墓室南侧，平面呈梯形，长4.5米、宽1.5～2.1米	墓室宽1.6米、高0.7米、进深1.6米	未发现	墓道底部有斜坡
GDHM3	南北	开口于②层下，上口距地表0.2～2米，墓底距地表5.3米	竖穴斜坡墓道洞室墓	墓道位于墓室南侧，平面呈梯形，长6米、宽1.4～1.9米	墓室宽1.1米、高0.8米、进深1.6米	未发现	墓道底部有斜坡
GDHM4	南北	开口于②层下，上口距地表0.7米，墓底距地表3.1米	竖穴斜坡墓道洞室墓	墓道位于墓室南侧，平面呈长体形，长3.6米、宽1.5～2米	墓室宽1.7米、高1.1米、进深1.6米	未发现	墓道底部有斜坡
GDIM1	南北	开口于②层下，上口距地表0.5米，墓底距地表2.5米	竖穴斜坡墓道洞室墓	墓道位于墓室南侧，平面呈刀形，长3.7米、宽2～2.3米	墓室宽1.75米、高1米、进深1.9米	未发现	墓道底部有斜坡
GDIM2	南北	开口于②层下，上口距地表0.6～2米，墓底距地表4.5米	竖穴斜坡墓道洞室墓	墓道位于墓室南侧，平面呈长方形，长4米、宽1.55米	墓室宽1.05米、高1米、进深2.1米	未发现	墓道底部有斜坡

附表二　上焦村区域勘探遗迹登记表

序号	遗迹编号		形状	长（米）	宽（米）	深（米）	备注
1	M1	墓道	梯形	12	1.8～2.3	0.3～5.7	斜坡墓道土洞墓
		前室	长方形	5.6	3.5	5.7	
		后室	长方形	2.5	1.5	1.4	
2	M2	墓道	梯形	9.5	1.2～1.5	0.3～3.8	斜坡墓道土洞墓
		墓室	长方形	2.3	1.3	3.8	
3	M3		长方形	2.4	1	2.80	竖穴土圹墓
4	M4		长方形	2.3	1	2.80	竖穴土圹墓
5	M5	墓道	梯形	11.2	1.3～2	6.9	斜坡墓道土洞墓
		前室	长方形	3.5	3.2	6.9	
		侧室	长方形	2.4	1.5	6.9	
6	M6	墓道	梯形	12.5	2～3	0.9～7	斜坡墓道土圹墓
		前室	长方形	6	5	7	
		后室	长方形	4	2	7	
7	M7	墓道	长方形	6.3	3.2	6.3	竖穴土洞墓
		墓室	长方形	2.7	1.3	6.3	
8	M8	墓道	长方形	5	4	6.8	竖穴土洞墓
		墓室	长方形	4.8	2.5	6.8	
9	M9	墓道	长方形	4.2	3.2	6.2	竖穴土洞墓
		墓室	长方形	2.8	1.3	6.2	
10	M10	墓道	长方形	6.3	4	6.3	竖穴土洞墓
		墓室	长方形	2.7	1.3	6.3	
11	M11	墓道	长方形	5.5	3.2	5.8	竖穴土洞墓
		墓室	长方形	2.8	1.3	5.8	
12	M12	墓道	长方形	6.3	2	1～3.8	斜坡墓道土洞墓
		前室	正方形	4	4	3.8	
		后室	长方形	2.8	1.3	3.8	
13	M13	墓道	长方形	4.8	2.6	4.6	竖穴土洞墓
		墓室	长方形	2.8	1.3	4.6	
14	M14	墓道	梯形	11	1.3～2.5	2.6	斜坡墓道土洞墓
		墓室	长方形	6	4	2.6	
15	M15	墓道	长方形	5.7	2.5	3.7	竖穴土洞墓
		墓室	长方形	2.9	1.3	3.7	
16	M16		长方形	5	3.3	6.8	竖穴土圹墓

续表

序号	遗迹编号		形状	长（米）	宽（米）	深（米）	备注
17	M17	墓道	长方形	5.5	3.2	5.7	竖穴土洞墓
		墓室	长方形	2.9	1.3	5.7	
18	M18	墓道	梯形	12	1.2～1.8	0.8～5.2	斜坡墓道土洞墓
		墓室	长方形	3	1.3	5.2	
19	M19	墓道	梯形	7.2	1.4～2.4	0.7～4	斜坡墓道土洞墓
		墓室	长方形	3	1.4	4	
20	M20	墓道	梯形	12	1.2～1.8	1～6.5	斜坡墓道土洞墓
		墓室	长方形	3	1.3	6.5	
21	M21	墓道	长方形	2.8	1	3.5	竖穴土圹墓
		墓室	长方形	2.5	2	3.5	
22	M22	墓道	梯形	12	1.2～2.2	1.4～5.7	斜坡墓道土洞墓
		墓室	长方形	3	1.4	5.7	
23	M23	墓道	梯形	12	1.2～2	1.4～5.7	斜坡墓道土洞墓
		墓室	长方形	3	1.4	5.7	
24	M24	墓道	梯形	9.5	1.8～3.6	0.3～6	斜坡墓道土圹墓
		墓室	长方形	4.2	3	6	
25	M25	墓道	梯形	13	2.2～2.8	0.9～5	斜坡墓道土洞墓
		墓室	长方形	3	1.4	5	
26	M26	墓道	梯形	11	1.6～3.5	1～5.7	斜坡墓道土圹墓
		墓室	长方形	6	4.3	5.7	
27	M27	墓道	长方形	2.6	1.2	4.8	竖穴土洞墓
		墓室	长方形	2.6	1.2	4.8	
28	M28	墓道	长方形	2.6	1.2	4.8	竖穴土洞墓
		墓室	长方形	2.6	1.2	4.8	
29	M29	/	长方形	3	2	7.8	竖穴土圹墓

附表三　陪葬坑、灰坑统计表

序号	遗迹编号	形状	长（米）	宽（米）	深（米）	备注
30	K1	长方形	2.3	1	1.5	马厩坑
31	K5	长方形	2.2	1	1.9～4	马厩坑
32	K6	长方形	2.2	1	3.9	马厩坑
33	K7	长方形	2.2	1	3.5	马厩坑
34	K8	长方形	2.2	1	4	马厩坑
35	K9	长方形	2.2	1	2.4	马厩坑
36	K10	长方形	2.2	1	3.1	马厩坑
37	K12	长方形	2	1	2.1	马厩坑
38	K13	长方形	2	1	1.4	马厩坑
39	K14	长方形	2.2	1.1	1.4	马厩坑
40	K15	长方形	2.2	1	1.4	马厩坑
41	K16	长方形	2.2	1	2	马厩坑
42	K17	长方形	2.8	2	2.4	马厩坑
43	K18	长方形	2.2	1	2	马厩坑
44	K19	长方形	3	2.4	2.6	马厩坑
45	K20	长方形	2.2	1	2.8	马厩坑
46	K21	长方形	2.2	1	2	马厩坑
47	K22	长方形	3.4	2	2.6	马厩坑
48	K23	长方形	2.2	1	2.3	马厩坑
49	K24	长方形	3.2	2.4	3	马厩坑
50	K25	长方形	3.2	2.2	2.6	马厩坑
51	K26	长方形	2.5	1.3	2.4	马厩坑
52	K27	长方形	2.8	2.2	2.7	马厩坑
53	K28	长方形	2.3	1.1	4	马厩坑
54	K29	长方形	2.3	1.1	4	马厩坑
55	K30	长方形	2.3	1.1	4	马厩坑
56	K31	长方形	2.3	1.2	3.5	马厩坑
57	K32	长方形	2.3	1.8	4.4	马厩坑
58	K33	长方形	2.3	1.2	2	马厩坑
59	K34	长方形	2.3	1.2	1	马厩坑
60	K35	长方形	2.3	1.3	1.8	马厩坑
61	K36	正方形	2	2	1.5	马厩坑
62	K37	长方形	2.3	2	1.1	马厩坑
63	K38	长方形	2.3	1.4	2.5	马厩坑

续表

序号	遗迹编号	形状	长（米）	宽（米）	深（米）	备注
64	K39	长方形	2.2	1.3	2.9	马厩坑
65	K40	长方形	2.8	1.6	2.4	马厩坑
66	K41	长方形	2.3	1.3	2.2	马厩坑
67	K42	长方形	2.3	1.2	2	马厩坑
68	K43	长方形	2.3	1.3	2.3	马厩坑
69	K44	长方形	2.3	1.3	2	马厩坑
70	K45	长方形	2.6	1.1	3.3	马厩坑
71	K46	长方形	2.3	1.3	2	马厩坑
72	K47	长方形	3.2	2	3.3	马厩坑
73	K48	长方形	2.3	1.2	2	马厩坑
74	K49	长方形	3.2	2.5	3	马厩坑
75	K50	长方形	2.3	1.3	2.2	马厩坑
76	K51	长方形	2.3	1.3	2	马厩坑
77	K52	长方形	2.3	1.3	1.9	马厩坑
78	K53	长方形	2.3	1.3	2	马厩坑
79	K54	长方形	2.3	1.3	2	马厩坑
80	K55	长方形	2.3	1.3	2	马厩坑
81	K56	长方形	2.3	1.3	2.7	马厩坑
82	K57	长方形	2	1.2	2.2	马厩坑
83	K58	长方形	2.3	1.5	2.7	马厩坑
84	K59	长方形	2.8	2	2.5	马厩坑
85	K60	长方形	3	2	2.3	马厩坑
86	K61	长方形	2.3	1.5	2.5	马厩坑
87	K62	长方形	2.4	1.3	2.4	马厩坑
88	K63	长方形	2.3	1.5	2.4	马厩坑
89	K64	长方形	3	2	2.4	马厩坑
90	K65	长方形	2.5	1.8	2.4	马厩坑
91	K66	长方形	3	1.6	2.4	马厩坑
92	K67	长方形	2.5	1.5	2.7	马厩坑
93	K68	长方形	2.5	1.3	2.5	马厩坑
94	K69	长方形	3	1.5	1.9	马厩坑
95	K70	长方形	2.8	1.8	1.9	马厩坑
96	K71	长方形	2.8	1.5	1.8	马厩坑
97	K72	长方形	3	2	2	马厩坑

续表

序号	遗迹编号	形状	长（米）	宽（米）	深（米）	备注
98	K73	长方形	3	2	2	马厩坑
99	K74	长方形	3	2	2.2	马厩坑
100	K75	长方形	2.8	1.6	1.8	马厩坑
101	K76	长方形	3	2	2	马厩坑
102	K77	长方形	3	2	2.1	马厩坑
103	K78	长方形	3	2	2.2	马厩坑
104	K79	长方形	3	2	2	马厩坑
105	K80	长方形	2.5	1.4	2	马厩坑
106	K81	长方形	2.6	1.6	2	马厩坑
107	K82	长方形	2.5	1.5	1.5	马厩坑
108	K83	长方形	2.8	1.8	2	马厩坑
109	K84	长方形	2.8	1.8	3	马厩坑
110	K85	长方形	3.2	2	2.4	马厩坑
111	K86	长方形	3	1.5	2.5	马厩坑
112	K87	长方形	2.5	1	3.2	马厩坑
113	K88	长方形	2.5	1.3	1.9	马厩坑
114	K91	长方形	2.8	1.5	1.1	马厩坑
115	K92	长方形	2.5	1.3	0.9	马厩坑
116	K93	长方形	2.7	1.4	1.9	马厩坑
117	K94	长方形	2.8	1.3	1.7	马厩坑
118	K95	长方形	3.5	1.4	2.1	马厩坑
119	K96	长方形	3	1.8	2.6	马厩坑
120	K97	长方形	2.8	1.3	2.0	马厩坑
121	K98	长方形	2.8	1.3	2.8	马厩坑
122	K99	长方形	3	1.6	1.8	马厩坑
123	K100	长方形	3	1.3	3.4	马厩坑
124	K101	长方形	2.3	1.5	1.6	马厩坑
125	K102	长方形	3	1.3	2.2	马厩坑
126	K103	长方形	3	1.3	1.9	马厩坑
127	K122	长方形	2.3	1.2	2.2	马厩坑
128	K123	长方形	2.8	1.1	5.0	马厩坑
129	K124	长方形	3.4	1.5	4.5	马厩坑
130	K125	长方形	2.8	1.8	4.3	马厩坑
131	K126	长方形	3	1.2	5.7	马厩坑

续表

序号	遗迹编号	形状	长（米）	宽（米）	深（米）	备注
132	K127	长方形	2.9	1.2	4	马厩坑
133	K128	长方形	3	1.9	2.4	马厩坑
134	K129	长方形	2.6	1.2	2.2	马厩坑
135	K130	长方形	2.6	1.2	1.8	马厩坑
136	K134	长方形	2.8	1.3	3.8	马厩坑
137	K135	长方形	2.8	1.3	3.8	马厩坑
138	K136	长方形	2.6	1.2	2.7	马厩坑
139	K89	长方形	4	1.1	2	谷物饲料坑
140	K90	长方形	2.8	1.1	2.4	谷物饲料坑
141	K104	长方形	3.2	1	1.7	谷物饲料坑
142	K105	长方形	3	1.1	1.2	谷物饲料坑
143	K106	长方形	3	1.1	2	谷物饲料坑
144	K107	长方形	2.8	1	1.7	谷物饲料坑
145	K108	长方形	3.8	1	1.8	谷物饲料坑
146	K109	长方形	4	1	2	谷物饲料坑
147	K110	长方形	4	1	1.8	谷物饲料坑
148	K111	长方形	3	1.1	1.5	谷物饲料坑
149	K112	长方形	4	1	1.7	谷物饲料坑
150	K113	长方形	4	1	2	谷物饲料坑
151	K114	长方形	4	1	1.2	谷物饲料坑
152	K115	长方形	3.2	1	1	谷物饲料坑
153	K116	长方形	2	1	1	谷物饲料坑
154	K117	长方形	3.8	1	1.2	谷物饲料坑
155	K118	长方形	3	1	1.1	谷物饲料坑
156	K119	长方形	2.8	1	1.4	谷物饲料坑
157	K120	长方形	3.2	1	1.5	谷物饲料坑
158	K121	长方形	3.8	1.1	3.5	谷物饲料坑
169	K131	长方形	3	1.1	2	谷物饲料坑
160	K132	长方形	3	1.1	2	谷物饲料坑
161	K133	长方形	2.8	1	1.8	谷物饲料坑
162	K137	长方形	4	1	3.6	谷物饲料坑
163	H1	椭圆形	1.5	1.2	2.1	
164	H2	椭圆形	4.8	1.8～3.2	2.2	
165	K2	长方形	2.5	1.3	1.8	

续表

序号	遗迹编号	形状	长（米）	宽（米）	深（米）	备注
166	K3	长方形	2.5	1.4	2	
167	K4	正方形	1	1	1.7	
168	K11	长方形	3.9	2.3	2.7～3.5	
179	Y1	不规则圆形	2.2	2.6	1.7～1.8	
170	Y2	不规则形	8.3	3.5	1～1.9	
171	L1-1	长条形	45.5	4～5	1.6	
	L1-2	长条形	15.5	5～6	1.25	
	L1-3	长条形	16	3～4	1.35	
	L1-4	长条形	7	5	1.5	
	L1-5	长条形	16	4～5.5	1.45	

图　　版

图版 1　陵寝建筑第 1 排东侧建筑台青石台阶遗存

图版 2　K9901 发掘现场

图版 3　陵寝建筑第 1 排建筑遗址出土的壁画残块

图版 4　陵寝建筑第 2 排建筑遗址内部排水系统

图版 5　陵园小型墓葬

图版 6　陵园小型墓葬发现人骨

图版 7　2014 年西内外城间发掘区域

图版 8　2014 年北内外城间发掘区域（一）

图版 9　2014 年北内外城间发掘区域（二）

图版 10　封土东侧剖面（南—北）

图版 11　封土东侧剖面（北—南）

图版 12　封土典型堆积（一）

图版 13　封土典型堆积（二）

图版 14　封土典型堆积细部（一）

图版 15　封土典型堆积细部（二）

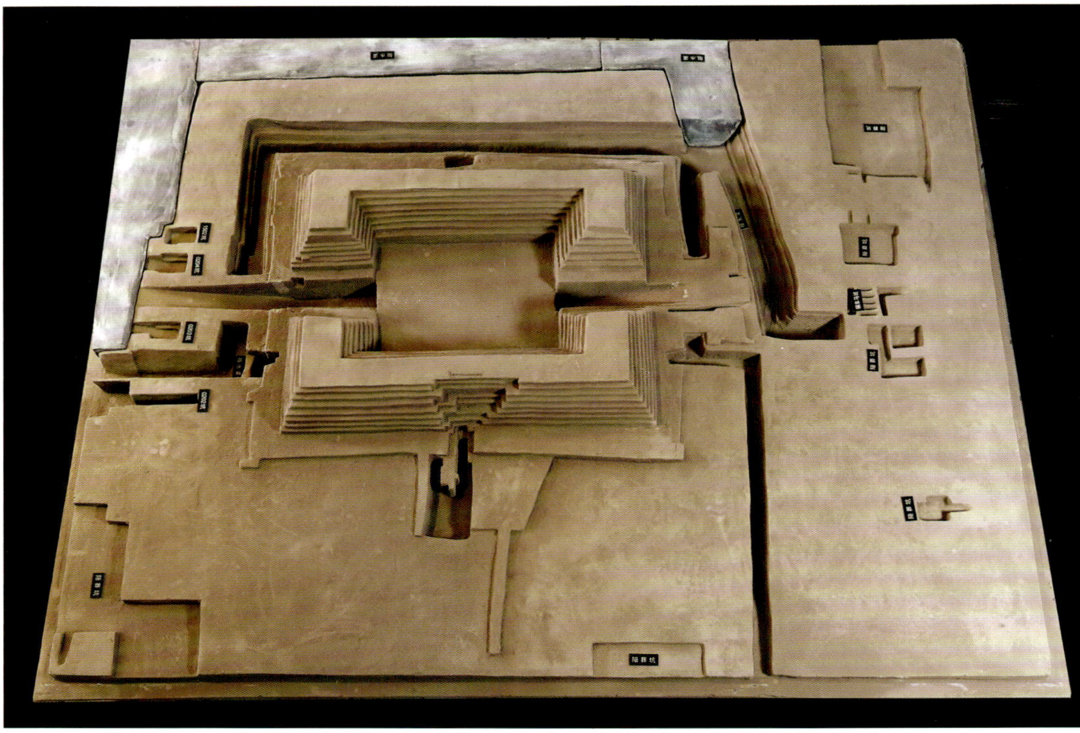

图版 16　封土下台体建筑 1∶100 模型

图版 17　封土下台体建筑 1∶200 模型

图版 18　GEM1 勘探照片（北—南）

图版 19　GEM3 勘探照片（北—南）

图版 20　GEM4 勘探照片（北—南）

图版 21　HDM1 勘探照片（北—南）

图版 22　HDM2 勘探照片（北—南）

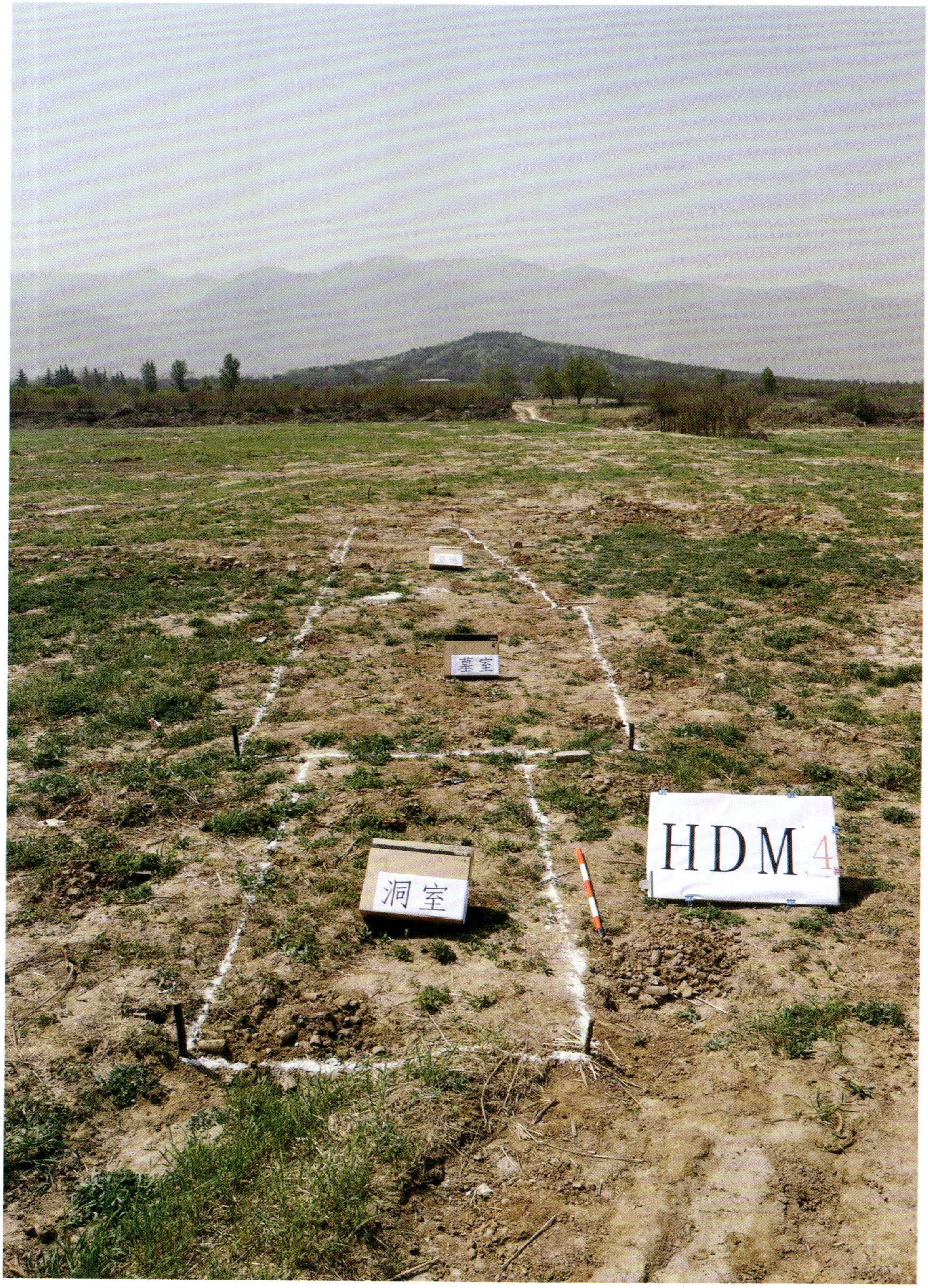

图版 23　HDM4 勘探照片（北—南）

图版 24　FDM18 勘探照片（北—南）

图版 25　HDM3 勘探照片（北—南）

图版26　HDM5勘探照片（北—南）

图版 27　HDM6 勘探照片（北—南）

图版 28　HEM1 勘探照片（北—南）

图版 29　HDM9 勘探照片（北—南）

图版 30　GDM37 勘探照片（北—南）

图版 31　GDM43 勘探照片（北—南）

图版 32　防洪堤渠遗址西段起点夯层照片

图版 33　杨家村剖面远视

图版 34　杨家村 1 号剖面三维模型渲染图（局部）

图版 35　杨家村 2 号剖面三维模型渲染图（局部）

图版 36　李家村 1 号剖面

图版 37　李家村 2 号剖面

图版 38　李家村 3 号剖面

图版 39　李家村 5 号剖面

图版 40　陵园及上焦村区域 DEM 效果图